INTRODUCCIÓN
A LA JURISDICCIÓN
CONTENCIOSO-ADMINISTRATIVA

MARIANO BACIGALUPO SAGGESE
SILVIA DEL SAZ CORDERO
CARMEN FERNÁNDEZ RODRÍGUEZ
JESÚS ÁNGEL FUENTETAJA PASTOR
SARA MEDINA GONZÁLEZ
JUAN JOSÉ MONTERO PASCUAL

INTRODUCCIÓN A LA JURISDICCIÓN CONTENCIOSO-ADMINISTRATIVA

3ª edición, revisada y actualizada
1ª en esta editorial

UNED

EDICIONES ACADÉMICAS

ISBN: 978-978-84-946052-6-0
Dep. Legal: M-15.780-2017

Imprime: *Zrididigital*. Tel.: 910 840 986

SUMARIO

LECCIÓN 1.
EL CONTROL JUDICIAL DE LA ACTIVIDAD ADMINISTRATIVA. LA JURISDICCIÓN CONTENCIOSO ADMINISTRATIVA EN LA CONSTITUCIÓN

Silvia del Saz

LECCIÓN 2
ÁMBITO Y EXTENSIÓN DE LA JURISDICCIÓN CONTENCIOSO-ADMINISTRATIVA

Juan José Montero Pascual

LECCIÓN 3
LOS ÓRGANOS JURISDICCIONALES Y SUS COMPETENCIAS

Juan José Montero Pascual

LECCIÓN 4
LAS PARTES EN EL PROCESO CONTENCIOSO-ADMINISTRATIVO

Jesús Ángel Fuentetaja Pastor

LECCIÓN 5
EL OBJETO DEL RECURSO CONTENCIOSO-ADMINISTRATIVO

Mariano Bacigalupo Saggese

LECCIÓN 6
EL PROCEDIMIENTO CONTENCIOSO-ADMINISTRATIVO EN PRIMERA O ÚNICA INSTANCIA Y EL PROCEDIMIENTO ABREVIADO

Carmen Fernández Rodríguez

LECCIÓN 7
LA SENTENCIA Y OTROS MODOS DE TERMINACIÓN DEL PROCESO

Sara Medina González

LECCIÓN 8
LOS RECURSOS EN EL PROCESO CONTENCIOSO-ADMINISTRATIVO

Sara Medina González

LECCIÓN 9
LA EJECUCIÓN DE SENTENCIAS
Sara Medina González

LECCIÓN 10
PROCEDIMIENTOS ESPECIALES
Jesús Ángel Fuentetaja Pastor

LECCIÓN 11
LAS MEDIDAS CAUTELARES EN EL PROCESO CONTENCIOSO-ADMINISTRATIVO

Mariano Bacigalupo Saggese

LECCIÓN 1

EL CONTROL JUDICIAL DE LA ACTIVIDAD ADMINISTRATIVA. LA JURISDICCIÓN CONTENCIOSO ADMINISTRATIVA EN LA CONSTITUCIÓN

SILVIA DEL SAZ

SUMARIO:

I. EL CONTROL JUDICIAL DE LA ACTIVIDAD ADMINISTRATIVA

Dentro del Título IV CE, titulado "Del Gobierno y la Administración", el apartado primero del artículo 106 CE se refiere al control por los Tribunales de la potestad reglamentaria, de la legalidad de la actuación administrativa y el sometimiento a los fines que la justifican, correlato necesario de la efectividad del principio de sometimiento pleno a la ley y al derecho con que actúa la Administración para la satisfacción de los intereses generales, según el artículo 103.1 CE.

La elevación a principio constitucional del control judicial de la Administración viene a culminar, así, el camino iniciado con la Ley de la Jurisdicción contencioso-administrativa en 1956, tras dos décadas de inmunidad de una Administración no democrática.

De acuerdo con la doctrina constitucional, el artículo 106.1 CE establece un principio tan consustancial al Estado de Derecho como es el del sometimiento de la actuación de todos los poderes públicos al conjunto del ordenamiento y la verificación de esa sujeción, en última instancia, por los órganos del Poder Judicial. Principio de fiscalización plena de la actuación administrativa que impide que puedan existir comportamientos de la Administración Pública –positivos o de mera inactividad– inmunes al control judicial. El control judicial garantiza la sumisión de la Administración al derecho, lo que conecta, directamente, con la interdicción de arbitrariedad en el obrar de los poderes públicos y la primacía de la Ley, como postulado básico de un Estado de Derecho (por todas STC 52/2014). Y ello implica que, "salvo exclusión legal expresa y fundada en motivos suficientes –que en todo caso corresponde valorar a este Tribunal–, no pueden existir exenciones a la regla general de sujeción de aquella al control y fiscalización de los Tribunales de Justicia" (STC 34/1995).

No cabe, sin embargo, deducir de esta afirmación que el legislador puede excluir del control judicial una determinada actuación administrativa. Así, al menos, lo ha interpretado el Tribunal Constitucional, al declarar la inconstitucionalidad de leyes que eliminaban el control judicial de un tipo de actos administrativos, en un determinado ámbito sectorial. Lo hizo en relación a las faltas militares graves (STC 21/1981), pues consideró que el mantenimiento de la potestad disciplinaria dentro del marco constitucional requería que los órganos jurisdiccionales pudieran controlar la legalidad de las resoluciones adoptadas y garantizar que el procedimiento sancionador no había vulnerado el derecho de defensa (artículo 24.2 CE). En el caso de determinados acuerdos del Tribunal de Defensa de la Competencia, consideró que los preceptos de la ley preconstitucional que eliminaban el control por la jurisdicción contencioso-administrativa habían quedado derogados por la Norma fundamental, al oponerse al control judicial de la actividad administrativa y a la unidad de jurisdicción (STC 197/1998). Las SSTC 177/2011 y 202/2012, se han pronunciado sobre las sanciones leves en el ámbito castrense y en la Guardia Civil, considerando que la exclusión del control judicial de la legalidad ordinaria este tipo de sanciones vulneraba el artículo 106.1 CE, sin que concurrieran motivos excepcionales derivados de la especialidad de la jurisdicción militar que pudieran justificarlo.

Por ello, la exclusión, absolutamente excepcional, del control judicial a la que antes hacíamos referencia tiene más que ver, así lo veremos en el siguiente apartado, con los requisitos procesales que pueden establecerse para el acceso por los particulares a la jurisdicción, cuando recurren una determinada actuación administrativa.

Como consecuencia de lo expuesto, puede afirmarse que la Constitución ha dejado atrás cualquier prevención derivada de una interpretación rigorista del principio de separación de poderes –juzgar a la Administración es también administrar o reemplazar el papel del poder ejecutivo–. De esta forma, mientras que el ejercicio de sus funciones por los dos otros poderes del Estado –legislativo y judicial–, igualmente sometidos a la prohibición de arbitrariedad, solo puede ser controlado por el Tribunal Constitucional, la actividad reglamentaria y ejecutiva de la Administración (artículo 97 CE) es fiscalizada por el poder judicial.

Separación de poderes, sí, como es propio del Estado social y democrático de derecho que proclama el artículo 1.1 CE. Pero un poder judicial reforzado frente a la Administración, aun cuando el Gobierno goza, tras la Constitución, de la legitimidad que le otorga el principio democrático, y la Administración, se asienta sobre una función pública, que aunque sometida al principio de jerarquía, y, por tanto, no independiente del impulso político del Gobierno, está basada en un modelo de función pública profesional y en el principio de mérito y capacidad exigido tanto para el acceso como, con menor intensidad, para la carrera administrativa. Modelo, dicho sea de paso, no exento de críticas, antes incluso de la aprobación de la Constitución, pues, desde 1964, se alzaron las voces que postulaban una revisión crítica de las orientaciones básicas –principio de legalidad, discrecionalidad y legitimación procesal– por entender que establecían un desequilibrio en perjuicio de la Administración y a favor de los intereses particulares: "La administración se asemeja al gigante Gullliver inmovilizado por los enanos de las normas administrativas" escribía el profesor Nieto, ya en 1975[1]. Pero, también tras la aprobación de la Constitución, las críticas del modelo se sucedieron una vez constatado que la Administración no era en modo alguno la Administración anterior a la Constitución, una vez dotada de legitimidad democrática[2].

Un modelo, en fin, judicialista en el que los tribunales controlan al Poder ejecutivo y solo están sometidos al legislador, ya que no pueden resistirse a las leyes postconstitucionales, cuyo control queda reservado al Tribunal Constitucional. Es por ello que la inaplicación judicial de una ley, si es que no cupiera ninguna interpretación posible compatible con la Constitución, debe ir precedida por el planteamiento de la cuestión de inconstitucionalidad, con la suspensión del proceso judicial, y de la previa declaración de inconstitucionalidad que la elimina del ordenamiento jurídico.

Hasta muy recientemente, el órgano judicial ni siquiera podía inaplicar la ley autonómica que contradijera la ley estatal básica. En la medida en que, tal y como había afirmado el Tribunal Constitucional, la consecuencia de la contradicción de una ley, estatal y autonómica, con el orden constitucional de distribución de competencias era su inconstitucionalidad, la contradicción de la ley autonómica con la ley estatal básica era, en todo caso, un problema de inconstitucionalidad mediata, pero no de prevalencia o aplicación directa de la norma estatal. Daba igual que la ley autonómica naciera ya inconstitucional por contradecir desde un principio la ley estatal, o que la contradicción viniera dada por una modificación posterior de la ley básica a la que la ley autonómica no se hubiera adaptado, esto es, en los supuestos de inconstitucionalidad sobrevenida. De ahí que, también en

---

[1] "La vocación del derecho administrativo de nuestro tiempo" *RAP* nº 76/1975.

[2] Así Parejo, Sánchez Morón y Hernández Martín, reseñados ampliamente por Beltrán De Felipe M. *Discrecionalidad administrativa y Constitución*. Tecnos 1996, págs. 68 y ss.

este caso, el juez debiera, igualmente, plantear la cuestión de inconstitucionalidad (STC 163/1995). Y si no lo hacía, estaba vulnerando el derecho a la tutela judicial efectiva, pues habrá dictado una resolución arbitraria (SSTC 73/2000, 104/2000, 120/2000, 173/2002, 66/20122 y 81/2012).

Este planteamiento ha sido, sin embargo, modificado por la doctrina más reciente del Tribunal Constitucional en términos que son aún difíciles de precisar. Así, el Tribunal Constitucional ha determinado que la administración y después el juez puede inaplicar una ley autonómica y aplicar directamente la del Estado (principio de prevalencia), sin necesidad de plantear una cuestión de inconstitucionalidad, cuando la ley autonómica se ha limitado a repetir la legislación básica del Estado y a no adaptarse posteriormente al cambio de ésta (*lege repetitae*) y no se cuestiona la inconstitucionalidad de la ley estatal (SSTC 102/2016, 116/2016 y 127/2016) o cuando la ley autonómica ha regulado un aspecto en el que la legislación básica no había entrado, pero, después, modificada la ley básica estatal, la ley autonómica no se ha adaptado (STC 204/2016). Como se aprecia, los dos casos se refieren a supuestos de inconstitucionalidad o invalidez sobrevenida.

No así, parece, cuando desde un principio la ley autonómica ha incurrido en una clara contradicción con la ley básica estatal vigente cuando ésta se dicta, a pesar del que el Tribunal Constitucional haya declarado la contradicción y, por tanto, la inconstitucionalidad de otras leyes autonómicas iguales. En estos casos de inconstitucionalidad de origen, parece que sigue siendo necesario que la inaplicación de una norma legal vaya precedida del correspondiente planteamiento de la cuestión de inconstitucionalidad y la declaración de nulidad de la misma (STC 1/2017).

Además del supuesto ya relatado[3], el papel subordinado del Juez contencioso administrativo al legislador debe matizarse en lo que atañe al derecho de la Unión europea. Desde la incorporación de España a las Comunidades Europeas, se integró en el ordenamiento español un sistema normativo autónomo, dotado de un régimen de aplicabilidad específico, basado en el principio de prevalencia de sus disposiciones propias frente a cualesquiera del orden interno con las que pudieran entrar en contradicción (DTC 1/2004). Esta prevalencia se predica de todo el ordenamiento jurídico de manera que incluye, también, a las leyes estatales y autonómicas. En consecuencia, si el resultado de la contradicción de las leyes

---

[3] Aunque ya histórico dada la modificación de alcance que ha sufrido el recurso de casación en la Ley de la Jurisdicción contencioso-administrativa (DF 3ª LO 7/2015), el otro caso en que no resultaba aplicable la subordinación de los órganos judiciales a la Ley venía dado por las sentencias dictadas por la Sala de lo Contencioso-administrativo del Tribunal Supremo en *casación en interés de ley*, ya que estas vinculaban, a partir de su publicación en el *BOE*, a los tribunales inferiores como si de una ley se tratase, y podían ser controladas por el Tribunal Constitucional mediante la interposición de la correspondiente cuestión de inconstitucionalidad (STC 37/2012). La doctrina legal de la Sala de lo Contencioso-administrativo del Tribunal Supremo sentada en las Sentencias estimatorias de recursos de casación en interés de ley vinculaba a los órganos judiciales inferiores en grado de dicho orden jurisdiccional cuando hayan de resolver asuntos en los que resulte aplicable la disposición sobre la que ha recaído esa interpretación vinculante, por imperativo legal, del Tribunal Supremo, órgano jurisdiccional superior en todos los órdenes, salvo en materia de garantías constitucionales (artículo 123.1 CE). Sin embargo, no por esa vinculación quedaba abolida o cercenada en tales supuestos la independencia judicial de los órganos judiciales inferiores en grado. De este modo y manera, el Tribunal Supremo se convertía en legislador activo pues solo una nueva sentencia o la modificación legal, podía eliminar el carácter vinculante, esto es, la fuerza normativa de su doctrina.

nacionales con el derecho europeo no es su inconstitucionalidad sino su desplazamiento, y consiguiente inaplicabilidad, resulta que son los órganos judiciales, y no el Tribunal Constitucional, los encargados de controlar el cumplimiento del derecho europeo, sin que, a su vez, el derecho europeo, sea un criterio de constitucionalidad de las leyes. De ahí que se puedan inaplicar las leyes estatales y autonómicas que lo contradicen, sin tener, sin poder plantear siquiera, la cuestión de inconstitucionalidad. No debe ocultarse que esta solución no es la más favorable para la seguridad jurídica, ya que deja en manos del legislador la expulsión del ordenamiento jurídico, mediante su modificación o derogación, de las leyes que contradigan el derecho europeo, incapaces, como son los órganos judiciales, de declarar su nulidad.

El principio de prevalencia del derecho europeo se limita, sin embargo, a las leyes. Cuando se trata de disposiciones reglamentarias, la jurisprudencia del Tribunal Supremo ha encajado en el artículo 62.2 LRJPAC su contradicción con el derecho europeo, de manera que la sanción del reglamento que contradice este derecho es la nulidad y no su inaplicación[4]. En cualquier caso, este problema tampoco se extiende a los actos administrativos de aplicación de las normas, para los que la consecuencia de cualquier infracción del ordenamiento jurídico, al que se ha incorporado el derecho europeo, es la nulidad, aunque está todavía por precisar si se trata de una mera anulabilidad o, al contrario, una nulidad de pleno derecho[5]

II. EL CONTROL JUDICIAL DE LA ACTIVIDAD ADMINISTRATIVA Y SU RELACIÓN CON EL DERECHO FUNDAMENTAL A LA TUTELA JUDICIAL EFECTIVA

El control por los tribunales de la legalidad de la actividad reglamentaria y administrativa del artículo 106.1 CE, se encuentra íntimamente relacionado con el derecho a la tutela judicial efectiva del artículo 24.1 CE. Como señaló tempranamente el Tribunal Constitucional, el control judicial de la actividad administrativa está directamente entroncado con el derecho a la tutela judicial efectiva de los derechos e intereses legítimos frente a las disposiciones y actos de la administración, que consagra el artículo 24 CE, y constituye la culminación del sistema de derechos y garantías característico del Estado de Derecho, esto es, integra más específicamente el derecho de los administrados a que el Juez enjuicie los actos administrativos que les afectan (artículo 24.1 CE), controlando la legalidad de la actuación administrativa (artículo 106.1 CE), esto es, su sometimiento pleno a la Ley y al Derecho (artículo 103.1 CE) (STC 294/1994). En otras palabras, o se consagra el derecho constitucional de los particulares a exigir el control de legalidad de la actuación administrativa, o este principio constitucional se convertiría en un mero principio informador, a merced del legislador, todo ello sin perjuicio de ese control deba venir determinado por la titularidad de un interés legítimo.

---

[4] Por citar alguna, las SSTS 15 de marzo de 1999, RJ\1999\2141 y 8 febrero 2012. RJ 2012\291.

[5] *Vid.* a este respecto FUENTETAJA PASTOR "Invalidez y revisión de los actos administrativos contrarios al derecho europeo" Ponencia en Congreso de la AEPDA (http://www.aepda.es/AEPDAPublicaciones-1603-Actividades-Congresos-de-la-AEPDA-XII-CONGRESO-DE-LA-AEPDA.aspx)

La doctrina constitucional ha definido el interés legítimo en el proceso contencioso-administrativo, como "una relación material unívoca entre el sujeto y el objeto de la pretensión (en este amparo, la resolución administrativa impugnada) de tal forma que su anulación produzca automáticamente un efecto positivo (beneficio) o negativo (perjuicio), actual o futuro, pero cierto" (SSTC 65/1994, de 28 de febrero, FJ 3; 105/1995, de 3 de julio, FJ 2; 122/1998, de 15 de junio, FJ 4; 1/2000, de 17 de enero, FJ 4), debiendo entenderse tal relación referida a un interés en sentido propio, cualificado y específico, actual y real (no potencial o hipotético). Más sencillamente, se trata de la titularidad potencial de una ventaja o de una utilidad jurídica, no necesariamente de contenido patrimonial, por parte de quien ejercita la pretensión, y que se materializaría de prosperar esta. Luego, para que exista interés legítimo, la actuación impugnada debe repercutir de manera clara y suficiente en la esfera jurídica de quien acude al proceso (STC 173/2004).

La relación directa entre la tutela judicial efectiva y el artículo 106.1 CE, determina que el acceso al control judicial para la tutela de derechos e intereses revista peculiaridades, esto es, una mayor intensidad, pues no se trata solo de que los particulares obtengan la tutela sino, también, de hacer efectivo este principio constitucional. Así lo deja entrever la STC 20/2012, cuando analiza la constitucionalidad de la imposición de tasas por el ejercicio de la función jurisdiccional, señalando la diferencia entre el orden contencioso administrativo y los demás: las tasas que gravan el ejercicio de la jurisdicción contencioso-administrativa presentan sus propias peculiaridades desde el punto de vista constitucional, consecuencia del mandato contenido en el artículo 106.1 CE que ordena y garantiza el control jurisdiccional de la Administración por parte de los Tribunales (SSTC 294/1994, de 7 de noviembre, FJ 3, y 177/2011, de 8 de noviembre, FJ 3; en el mismo sentido, STEDH Gran Sala Perdigão c. Portugal, de 16 de noviembre de 2010, as. 24768/06, § 72).

La relación entre el artículo 106.1 CE y el artículo 24.1 CE debe estar presente cuando el legislador regule el acceso a la jurisdicción contencioso administrativa, y cuando los Tribunales interpreten los requisitos procesales impuestos por el legislador. Y es que el artículo 24.1 CE no solo proscribe que los Jueces y Tribunales cierren arbitrariamente los cauces judiciales legalmente previstos a quienes estando legalmente legitimados para ello pretenden defender sus propios derechos e intereses, sino que también prohíbe al legislador que, con normas excluyentes de la vía jurisdiccional les impida el acceso al proceso (STC 113/2006). Este derecho podría verse conculcado por disposiciones legales que impongan requisitos impeditivos o obstaculizadores del acceso a la jurisdicción cuando resulten innecesarias, excesivas o carecen de proporcionalidad o razonabilidad respecto de los fines que puede perseguir el legislador (STS 52/2014)

Precisamente porque estos criterios de enjuiciamiento constitucional deben operar de forma más incisiva en estos supuestos que el acceso a la justicia sirve para asegurar el control judicial de la actividad administrativa, habría que plantearse si el principio de proporcionalidad que debe presidir la imposición por legislador de obstáculos al ejercicio del derecho fundamental, debe ser aplicado de forma rigurosa, es decir, a partir de la comprobación de si los requisitos procesales responden a un valor o bien constitucional, si son adecuados para ello, si existen otras vías menos lesivas del derecho fundamental para conseguir la finalidad pretendida, y, si, finalmente, ponderados los intereses que concurren, debe ceder el derecho a la tutela judicial efectiva por el beneficio que aporta.

Pongamos un ejemplo. Entre las causas de inadmisión que regula el artículo 51 LJCA, la que contempla el artículo 51.2 LJCA se refiere a la exclusión de la tutela judicial efectiva, cuando "se hubieran desestimado en el fondo otros recursos sustancialmente iguales por sentencia firme". En estos casos, el titular de un derecho e interés legítimo se ve privado de su derecho de acceso al control judicial y, obsérvese, que no se exige identidad de los actos impugnados, sino que se trate de un recurso sustancialmente igual. La finalidad de este requisito procesal es clara. Se trata de que los órganos jurisdiccionales no tengan que dictar una sentencia que, en principio, habrá de limitarse a reiterar, la resolución desestimatoria anterior. Ello agiliza el funcionamiento de la Justicia mediante una más eficaz asignación de medios materiales y personales, y sirve, en consecuencia, al objetivo constitucional del ejercicio de la tutela judicial en un plazo razonable. La medida impuesta es, por tanto, adecuada para la finalidad pretendida, siempre y cuando exista una identidad sustancial entre los recursos, de manera que si el segundo de ellos aporta nuevos argumentos razonables para contradecir la anterior resolución desestimatoria, no se cumplirá la condición prevista. Por otra parte, no existe otra vía menos lesiva del derecho fundamental para el cumplimiento de esta finalidad si de lo que se trata es de evitar la reiteración de sentencias desestimatorias sobre recursos iguales. La ponderación, finalmente, debe tener en cuenta, de un lado, el interés que se pretende conseguir y que la actividad impugnada no queda exenta del control judicial de la legalidad de la actuación administrativa que se ha llevado a cabo con motivo de recursos anteriores, y de otro el sacrificio de la tutela judicial efectiva. Esta ponderación, que ya ha realizado el legislador, solo podrá ser controlada por el Tribunal Constitucional, dentro de la lógica prudencia que lleva a no reemplazar la discrecionalidad del legislador en aquello que no vulnere el contenido esencial del derecho.

La relación entre el artículo 106.1 CE y el derecho fundamental debe presidir, también, la interpretación judicial de los requisitos procesales impuestos por el legislador para el acceso a la jurisdicción. La verificación de los presupuestos y requisitos procesales por parte de los Jueces ordinarios constituye, en principio, una cuestión de estricta legalidad ordinaria, cuya resolución compete exclusivamente a los órganos judiciales en el ejercicio de la potestad que les confiere el artículo 117.3 CE. El artículo 24.1 CE no garantiza el acierto de la resolución adoptada en cada caso ni excluye eventuales errores en el razonamiento desplegado, pues asegura solo el derecho de obtener de los órganos judiciales una resolución razonada y fundada en derecho sobre el fondo de las pretensiones oportunamente deducidas por las partes. Por eso cobran relevancia constitucional únicamente la arbitrariedad, la manifiesta irrazonabilidad y el error patente. Solo en estos casos la decisión judicial de inadmisión vulnera el derecho fundamental a la tutela judicial efectiva (artículo 24.1 CE). Sin embargo, el acceso a la jurisdicción constituye la vertiente primaria del derecho fundamental a la tutela judicial efectiva. El derecho a dirigirse a un Juez en busca de protección, al nacer directamente de la propia Ley suprema, tiene más consistencia constitucional que la revisión de la respuesta judicial ya obtenida mediante los recursos previstos. Por eso el control constitucional de las decisiones de inadmisión debe realizarse de forma especialmente intensa con el fin de evitar que determinadas aplicaciones o interpretaciones de los presupuestos procesales eliminen u obstaculicen injustificadamente el derecho a que un órgano judicial conozca y resuelva en Derecho sobre la pretensión a él sometida. La doctrina constitucional ha condensado esta exigencia de un control más amplio o penetrante en el denominado principio *pro actione* que no exige la forzosa selección de la interpretación más favorable a la admisión de entre todas las posibles, pero obliga a los órganos judiciales a interpretar los requisitos procesales de forma proporcionada. Dicho de otro modo, prohíbe las decisiones de inadmisión que por su rigorismo, por su formalismo excesivo o por cualquier otra razón revelen una clara desproporción entre los fines que aquellas causas preservan y los intereses que sacrifican. Es más, el principio *pro actione* es decisivo para afirmar la vulneración del derecho fundamental a acceder a la jurisdicción cuando la interpretación judicial no es claramente errónea ni irrazonable ni arbitraria: la entrada en juego del *pro actione* como canon autónomo de enjuiciamiento presupone, justamente, la ausencia de manifiesta irrazonabilidad en la decisión judicial impugnada (STC 209/2013).

Por otra parte, la configuración del artículo 24.1 CE como un derecho reaccional de los administrados frente a los poderes públicos, ha planteado problemas en relación con las administraciones públicas que, obviamente, no son administrados. ¿Se desprende del artículo 106.1 CE que las administraciones públicas tienen derecho al control judicial cuando solicitan el control de la actividad reglamentaria o administrativa de otras Administraciones? ¿No sería esto contradictorio con la configuración del artículo 24.1 CE como un derecho de reacción de los administrados frente a los poderes públicos?

En este sentido, el Tribunal Constitucional ha señalado (STC 173/2002) que las personas jurídicas de Derecho público pueden ser titulares del derecho a la tutela judicial efectiva previsto en el artículo 24 CE, que, como es sabido, presenta dos grados de intensidad, mayor cuando se trata del acceso a la jurisdicción, menor en lo que respecta al derecho al recurso, aunque con dos importantes salvedades.

El acceso al control judicial viene amparado por el artículo 24.1 CE cuando el ordenamiento jurídico les reconoce la capacidad para ser parte en los procesos. De otro, el contenido del derecho fundamental, aun siendo parte en el proceso, es distinto según (i) se trate de la defensa de sus derechos e intereses legítimos y (ii) la defensa de sus actos y potestades administrativas.

En el primer supuesto, que comprende aquellos casos en las personas públicas reaccionan frente a actos de terceros (particulares u otras Administraciones Públicas) a los que no pueden imponer su voluntad por carecer frente a ellos de un poder exorbitante, ningún reparo existe para reconocerles la titularidad del derecho a la tutela judicial efectiva (artículo 24.1 CE), pues acceden al proceso en una situación procesal análoga a la de los particulares, instando la protección judicial como cualquier particular. En este caso, debe interpretarse que el derecho a exigir el control judicial de la actividad administrativa no derivaría, por regla general, del reconocimiento de su capacidad de ser parte en el proceso, sino directamente del artículo 24.1 CE, salvo que existiera entre la administración recurrente y recurrida una relación de jerarquía que justificara su exclusión por el legislador.

Ahora bien, cuando el objeto de la tutela judicial es la defensa de los actos de las Administraciones públicas dictados en el ejercicio de sus potestades administrativas, de sus potestades exorbitantes, siendo la actuación judicial consecuencia de la reacción del particular frente al acto de la Administración, ya no opera el artículo 106.1 CE, y la protección del artículo 24.1 CE se limita a su derecho a no padecer indefensión en el proceso, lo cual implica, exclusivamente, que se les respeten los derechos procesales que establece el artículo 24.2CE, esto es, el derecho a no sufrir indefensión en el proceso y a la igualdad de armas procesales que incluye la incongruencia extrapetita en la medida en que la administración no ha podido argumentar sobre lo concedido por el tribunal y no solicitado por la otra parte procesal.

En otras palabras, el contenido del derecho fundamental de las Administraciones públicas depende del proceso de que se trate. En un proceso contencioso administrativo, de la posición que esta ocupe en el proceso. Tratándose de procesos ante otros órdenes jurisdiccionales la posición que ocupa la administración es indiferente. Como demandante o demandada, el derecho a la tutela judicial efectiva es pleno.

Cuando, por el contrario, estamos en un procedimiento contencioso administrativo, si la administración actúa como parte demandante, impugnado una disposición o un acto de otra administración o recurre contra un acto dictado por ella misma –recurso de lesividad–, el artículo 106.1 CE configura el derecho a la tutela judicial efectiva. Si lo hace como demandante, le asiste el mismo derecho fundamental, en toda su plenitud, el mismo del que son titulares los administrados. Si lo hace como demandada, defendiendo la legalidad del acto impugnado, el contenido de este derecho se ve sustancialmente limitado, en la medida en que ni siquiera está integrado por el derecho a obtener una resolución fundada en derecho, no arbitraria o razonable. Lo que es lo mismo, cuando la administración actúa como demandada, defendiendo la legalidad del reglamento o acto, tiene derecho a la igualdad de armas en el proceso pero no el de obtener una resolución fundada en derecho, razonable y no arbitraria.

En definitiva, como afirma la STC 45/2004, solo en supuestos excepcionales una organización jurídico pública disfruta ante los órganos judiciales del derecho a la tutela judicial efectiva, los mismos en los que podrá instar el correspondiente recurso de amparo ante el Tribunal Constitucional: cuando ejercen poderes exorbitantes y los órganos judiciales fiscalizan su actividad y limitan el alcance de dichos poderes las personas públicas no pueden invocar este derecho para alzarse frente a los jueces que, cumpliendo con lo previsto en el artículo 106.1 CE, fiscalizan la actuación de los poderes públicos, pues lo que está en juego en esos supuestos no es solo la defensa del interés general atribuido a cada sujeto público, sino, en última instancia, el orden normativo de distribución del poder.

Precisamente por ello, el derecho fundamental a la tutela judicial efectiva del que son titulares los municipios para instar el control judicial de sus derechos e intereses frente a otras administraciones no puede ser invocado en el conflicto en defensa de la autonomía local. Si la autonomía local implica el derecho de la comunidad a participar a través de órganos propios en el gobierno y administración en los asuntos que les atañen, y para el ejercicio de esta participación han de estar dotados de las potestades y prerrogativas públicas que requiere una actuación autónoma, la vulneración de la autonomía local así definida no puede estar basada en la lesión del derecho del artículo 24.1 CE que asiste de igual forma al municipio y los particulares para la defensa de sus derechos e intereses legítimos (STC 37/2014).

III. LA RESERVA CONSTITUCIONAL DE LA JURISDICCIÓN CONTENCIOSO- ADMINISTRATIVA NO IMPIDE EL CONTROL POR OTRAS JURISDICCIONES DE LOS ACTOS DE LA ADMINISTRACIÓN O DE LOS TITULARES DE SUS ÓRGANOS

La Administración no solo actúa sujeta al Derecho administrativo. En algunas ocasiones, dependiendo de cuál sea la actividad de que se trate –servicios públicos, patrimonio, etcétera– las personas jurídico-públicas entablan relaciones sometidas al derecho privado o al derecho laboral, ello sin contar con que muchos entes instrumentales se rigen en todo o en parte por el derecho privado en aquello que no implica ejercicio de funciones de autoridad. Rechazada la existencia de una reserva constitucional de Derecho administrativo que obligue a la Administración a ejercitar las funciones que tiene encomendadas con sujeción a este derecho, el control de la actividad de la Administración no corresponde en exclusiva a la jurisdicción contencioso-administrativa, pues dependerá del derecho que esta aplique.

Cuando la administración actúa sometida al Derecho administrativo es la jurisdicción Contencioso-administrativa la que debe asumir el control de la función reglamentaria y la actividad administrativa. Así lo recoge en el artículo 153 CE que atribuye a la jurisdicción contencioso-administrativa el control de la administración y sus normas reglamentarias, lo que, aunque referido únicamente a la Administración autonómica, es extensible a la Administración estatal. Es decir, el control de legalidad que el artículo 106.1 CE atribuye a los jueces de la potestad reglamentaria y ejecutiva requiere de la existencia de una jurisdicción especializada. Esta reserva admite excepciones, pues, como ha afirmado la STC/1995, puede el legislador, dentro de su ámbito de libre configuración, confiar este control bien a la jurisdicción contencioso administrativa, o a otros órganos judiciales especializados, como es el caso de los Juzgados de vigilancia penitenciaria, encargados de controlar el sometimiento al principio de legalidad de esta función administrativa propia de esta relación de especial sujeción.

En cualquier caso, el ámbito natural de la jurisdicción contencioso administrativa es el de la primacía de los intereses públicos frente a los particulares, esto es, el de las prerrogativas y privilegios, que la doctrina constitucional ha considerado compatibles con la norma fundamental. Así, el privilegio de autotutela atribuido a la Administración engarza con el principio de eficacia del artículo 103 CE, y ha limitado el control de legalidad que proclama el artículo 106.1 CE a que el ejercicio de dichos privilegios también pueda ser sometido al control de los tribunales que podrán y deberán pronunciarse, cuando así se les solicite, resolviendo sobre la suspensión, lo que implica que, durante este tiempo, la administración no podrá ejecutar el acto porque se habría convertido en Juez pero tampoco puede ejecutarse por otro órgano judicial distinto porque esta eventualidad impediría que el tribunal competente pudiera conocer de la autotutela que le impone el derecho fundamental del artículo 24.1 CE (STC 199/1988) obliga a los tribunales a juzgar y hacer ejecutar lo juzgado de manera que si los particulares que acuden a ellos les solicitan se pronuncien sobre la suspensión de los actos los tribunales tienen que pronunciarse con independencia del sentido concreto de la resolución.

Tal y como tiene afirmado la doctrina constitucional, de la declaración contenida en el artículo 106.1 CE se desprende un diseño constitucional de control máximo de la actividad administrativa, pero en modo alguno de los instrumentos procesales que hagan posible ese control. En otras palabras, la Constitución no ha definido cuáles han de ser "los instrumentos procesales que hagan posible ese control jurisdiccional", pero ha afirmado, en cambio, la necesidad de que dichos mecanismos "han de articularse de tal modo que aseguren, sin inmunidades de poder, una fiscalización plena del ejercicio de las atribuciones administrativas" (STC 238/1992. AATC 34/1984 y 731/1985). Es el caso del privilegio de autotutela atribuido a la Administración. Una vez declarada su compatibilidad con la Norma fundamental por su relación con el principio de eficacia del artículo 103 CE, ¿cuál es el alcance del control judicial sobre la ejecución de los actos?, ¿implica que los actos administrativos impugnados ante los Tribunales no pueden ser ejecutados por la Administración en tanto el juez contencioso no realice el control de legalidad que proclama el artículo 106.1?

La contestación de la doctrina constitucional ha sido negativa. El control judicial de legalidad que proclama el artículo 106.1 se limita a que el ejercicio de este privilegio también pueda ser sometido al control de los tribunales que podrán y deberán pronunciarse, cuando así se les solicite, resolviendo sobre la suspensión. Ello implica que durante el tiempo que medie entre la solicitud de medidas cautelares la administración no podrá ejecutar el acto, ya que en ese caso, se habría convertido en Juez, pero tampoco puede ejecutarse por otro órgano judicial distinto porque esta eventualidad impediría que el tribunal competente pudiera conocer de la autotutela que le impone el derecho fundamental del artículo 24.1 CE (STC 199/1988) y obliga a los tribunales a juzgar y hacer ejecutar lo juzgado de manera que si los particulares que acuden a ellos les solicitan se pronuncien sobre la suspensión de los actos los tribunales tienen que pronunciarse con independencia del sentido concreto de la resolución. Tal y como tiene afirmado la doctrina constitucional, de la declaración contenida en el artículo 106.1 CE se desprende un diseño constitucional de control máximo de la actividad administrativa, pero en modo alguno de los instrumentos procesales que hagan posible ese control. De hecho, es el legislador el que, dentro de su ámbito de libre configuración, debe confiar este control, en función de la actividad administrativa de que se trate, bien a la jurisdicción contencioso administrativa, o a otros órganos judiciales especializados, como es el caso de los Juzgados de vigilancia penitenciaria (STC 129/1995).En otras palabras, la Constitución no ha definido cuáles han de ser "los instrumentos procesales que hagan posible ese control jurisdiccional", pero ha afirmado, en cambio, la necesidad de que dichos mecanismos "han de articularse de tal modo que aseguren, sin inmunidades de poder, una fiscalización plena del ejercicio de las atribuciones administrativas" (STC 238/1992. AATC 34/1984 y 731/1985).

IV. ACTIVIDAD CONTROLABLE

¿Toda la actividad que realiza el poder ejecutivo es objeto del control de legalidad por los Tribunales? De acuerdo con el artículo 97 CE el Gobierno dirige la administración y ejerce la potestad reglamentaria y ejecutiva. Además tiene atribuidas otras funciones expresamente contempladas en la Constitución. Son las reguladas en el Título V "Relaciones del Gobierno con las Cortes Generales", la iniciativa legislativa (artículo 87 CE), la declaración y prórroga de los estados de alarma o excepción (artículo 116 CE) o el refrendo del ejercicio del derecho de gracia real (artículo 62.i y 64 CE).

En los años noventa, cuando todavía seguía vigente la exclusión de la jurisdicción administrativa de los actos políticos del Gobierno que contemplaba la LJCA de 1956, el Tribunal Constitucional inició una doctrina, basada en que no todos los actos del Gobierno, cabeza de la Administración, estaban sujetos al control de los tribunales, así lo afirmó en la STC 45/1990. En el supuesto de hecho que se planteaba, los demandantes de amparo habían intentado recurrir contra el acuerdo del Consejo de Ministros denegatorio de su solicitud de medios materiales y personales para la administración de justicia, recurso que había sido inadmitido por los tribunales contencioso administrativos, pero no porque fuera un acto político, sino porque se trataba de una actividad no sujeta al derecho administrativo. Esto fue confirmado por el Tribunal Constitucional, que entendió que no todas las funciones del Gobierno, ni siquiera todas las que se enuncian en el artículo 97 CE, eran funciones administrativas, no están sujetas al Derecho administrativo y, por tanto, no lo están tampoco al control de los tribunales.

No lo está la que se refiere a las relaciones con otros órganos constitucionales como son los actos que regula el Título V de la Constitución (STC 220/1991), o la decisión de enviar a las Cortes un proyecto de ley, y otras semejantes mediante las que el Gobierno cumple la función de dirección política que le atribuye el artículo 97 CE. Estas funciones no son funciones propiamente administrativas y, en consecuencia, no están sometidas al derecho administrativo ni, por tanto, al control judicial: "A este género de actuaciones del Gobierno, diferentes de la actuación administrativa sometida a control judicial, pertenecen las decisiones que otorgan prioridad a unas u otras parcelas de la acción que le corresponde, salvo que tal prioridad resulte obligada en ejecución de lo dispuesto por las leyes. Por ello, la falta de respuesta a una genérica reclamación o solicitud de «dación de medios materiales y personales a la Administración de Justicia en el País Vasco», aun entendida como un rechazo implícito de la misma, no puede considerarse como una actuación administrativa presunta, sometida al control judicial. En realidad, tal tipo de solicitud tendría encaje en el ejercicio del derecho de petición que reconoce el artículo 29 de la Constitución pero que los recurrentes no han pretendido utilizar en este caso, según se desprende de sus propias alegaciones. En consecuencia, la Sentencia impugnada aplicó correctamente una causa legal determinante de la inadmisibilidad del recurso contencioso-administrativo, perfectamente compatible con las exigencias del artículo 24.1 de la Constitución, por lo que satisfizo el derecho de los recurrentes a la tutela judicial efectiva en el correspondiente proceso".

Pero la lectura de la sentencia pone de manifiesto la contradicción consistente en basar el control de los tribunales en la naturaleza, administrativa o no, de la función que se ejercía, para después centrarla en la existencia o no de una ley que regulara sus límites. Lo cierto es que a partir de la resolución mencionada, el control de los tribunales dependerá de que existan o no normas legales que regulen la actividad del Gobierno, sea del tipo que sea, pues si la ley hubiera establecido prioridades en su acción política, los tribunales con independencia de su naturaleza de función política o directiva, habrían estado obligados a controlar sus límites. De esta manera, resultará que control de los tribunales del ejercicio por el Gobierno de sus funciones, vendrá determinada no tanto por la naturaleza misma de la función que ejercita, sino por el hecho de que el legislador llamado expresamente por la Constitución, como ocurre en el caso de la declaración y prórroga por decreto de los estados de alarma y excepción, o el ejercicio del derecho de gracia que somete a la ley, o sin remisión constitucional expresa, haya definido límites para el ejercicio de esta función.

La LJCA ha solventado esta cuestión sin grandes matices, ya que tras precisar que son controlables por la jurisdicción contencioso administrativa la actuación de la Administración sujeta al Derecho administrativo, las disposiciones generales de inferior a la ley y los decretos legislativos en aquello que excedan los límites de la delegación (artículo 1) especifica, a continuación, que entre los actos controlables se encuentran los del Gobierno y de los Consejos de Gobierno de las Comunidades Autónomas, cualquiera que sea su naturaleza en cuanto a los derechos fundamentales, elementos reglados y la determinación de las indemnizaciones que fueran procedentes (artículo 2).

De acuerdo con lo expuesto, el ejercicio por el Gobierno de la función de gracia, en concreto el otorgamiento de indulto particular, regulado por la Ley provisional de 18 de junio de 1870 y modificada por la Ley 1/1998, mediante un Real Decreto acordado por el Consejo de Ministros, firmado por el Rey, con el refrendo del Ministro Justicia, aunque no es una función administrativa, y así lo ha afirmado expresamente el Tribunal Supremo, está sujeta al control de la jurisdicción contencioso administrativa.

Entiende el Tribunal Supremo que en un Estado constitucional como el nuestro, que se proclama de derecho, no se puede admitir un poder público que en el ejercicio de sus facultades esté dispensado y sustraído a cualesquiera decisiones que pudieran derivar de la interpretación de la ley por los tribunales. Reconoce que no se trata de una potestad administrativa, pues no constituye un poder fiduciario cuyo fin último sea satisfacer un interés público legalmente determinado lo que le diferencia de la potestad administrativa y con sus singulares mecanismos de control, como la desviación de poder. Pero ello no impide que el ordenamiento también regule aspectos esenciales del ejercicio de esta potestad graciable que operan como límites infranqueables para el Gobierno, y concluye que el "control judicial respecto de los actos de Gobierno o queda limitado al ejercicio de sus potestades administrativas sino que se extiende a otros actos procedentes del ejecutivo en la medida en que estén sujetos a la ley, aunque no se cumpla una función administrativa" (STS 20 de febrero 2013 RJ 2013/2202).

Lo mismo cabe decir de los actos gubernamentales de dirección política, cuando el legislador haya definido mediante conceptos judicialmente asequibles los límites o requisitos previos a los que debe sujetarse. En estos casos el control judicial versa sobre si el respeto del Gobierno a los requisitos previos y estos han sido cumplidos al tomar la decisión de que se trate (SSTS de Pleno de 4 de abril de 1997).

La interpretación del Tribunal Supremo sobre el alcance del control judicial del ejercicio de las funciones no estrictamente administrativas ha sido la contraria, sin embargo, en lo que atañe a la declaración por Real Decreto del estado de alarma y su posterior prórroga y precisamente a partir de la naturaleza no administrativa de la función que en este caso ejerce. Entiende el Tribunal Supremo, en el único caso que hasta ahora se ha planteado, que los Reales Decretos de declaración y prórroga del estado de alarma fueron dictados por el Gobierno como órgano constitucional en ejercicio de las funciones que le atribuye ese Título V y, este segundo, con el control del Congreso de los Diputados, y siendo así que la decisión asumida por la Cámara no es una actuación administrativa que pueda ser controlada por este orden contencioso-administrativo, al estar fuera del genérico ámbito delimitado para el control jurisdiccional en el artículo 106.1 CE, y no tener encaje dentro del concreto ámbito de conocimiento que para la jurisdicción contencioso-administrativa delimitan los artículos 1 y 2 LJCA, tampoco lo está el Gobierno en el ejercicio de esta función, cuyos límites aparecen regulados en la Ley orgánica (ATTS de 9 marzo y 30 de mayo de 2011).

Y esta interpretación ha recibido la bendición del Tribunal Constitucional en su STC 83/2016, de 28 de abril, a partir de la siguiente consideración: una disposición que puede determinar la legalidad aplicable durante su vigencia, constituyendo también fuente de habilitación de disposiciones y actos administrativos, esto es que puede determinar excepciones o modificaciones *pro tempore* en la aplicabilidad de disposiciones legales, que sin ser derogadas o modificadas pueden ver alterada su aplicabilidad ordinaria, aunque proceda del Gobierno, es equiparable a una disposición con rango o valor de ley. Da igual, pues, que el ejercicio de esta función se encuentre sometida a límites por el legislador orgánico. Su control corresponde al Tribunal Constitucional que, para llevarlo a efecto, no sólo tendrá que tener en cuenta la Constitución sino también la Ley orgánica que se ha erigido también, aunque no lo diga la sentencia, en parámetro de constitucionalidad.

V. EL CONTROL DE LA ACTIVIDAD REGLAMENTARIA Y EJECUTIVA. LA INACTIVIDAD. LA INTENSIDAD DEL CONTROL

La actividad del Gobierno y la Administración sujeta al derecho administrativo debe ser controlada por los Tribunales.

Comenzando por las disposiciones generales, manifestación de la potestad reglamentaria de la Administración, son los órganos judiciales los que tienen encomendado su control, en lo que conocemos como recursos directos o indirectos contra reglamentos (art. 106 C). Y si las disposiciones reglamentarias son las que emanan del poder ejecutivo, mientras que las leyes son las emanadas del poder legislativo ¿puede el legislador atribuir su control al Tribunal Constitucional, sin vulnerar el art. 106 CE y el derecho a la tutela judicial efectiva?

Esto es, nada menos, lo que tuvo que dilucidar la STC 118/2016, de 23 de junio, al enfrentarse con el recurso de inconstitucionalidad planteado contra la Ley orgánica 1/2010, que excluía del control de la jurisdicción contencioso administrativa los recursos directos o indirectos contra las normas fiscales de las Juntas Generales vascas atribuyéndoselo directamente al Tribunal Constitucional. Constata el Tribunal que estamos ante normas reglamentarias: la potestad legislativa la ejerce el Parlamento vasco y las normas fiscales no son disposiciones autónomas desvinculadas de la ley pues tienen como función constitucional la de configurar de forma armonizada un régimen tributario foral que replica, en cada territorio, la estructura del sistema tributario del Estado. No sufre por ello el principio de reserva de ley para establecer tributos (arts. 31.3 y 133 CE) que se concilia con la potestad reglamentaria de los territorios históricos para establecer sus propios tributos (DA 1ª CE) pues esta se produce mediante la intervención del Estado que, a través de su potestad legislativa en la materia, configura un sistema tributario único y lo dota de contenido, para que, a continuación y bajo la cobertura de las leyes estatales reguladoras de cada tributo, las juntas generales hagan realidad su potestad tributaria a través de sus propias disposiciones normativas. No obstante, modula la interpretación de esta exclusión de la jurisdicción y el alcance del control por el Tribunal Constitucional : solo de las normas forales fiscales dictadas al amparo de lo previsto en el art. 41.2 a) EAPV (las que se dirijan a mantener, establecer y regular, dentro de cada territorio histórico, su régimen tributario) y sólo en la medida que puedan contradecir alguna disposición integrante del bloque de la constitucionalidad a que hace referencia el art. 28 LOTC (los preceptos constitucionales y estatutarios, los de la ley del concierto, así como los de la ley general tributaria y de las leyes reguladoras de los diferentes tributos del Estado), pero no cuando la contradicción se produzca con normas ajenas a ese bloque (como sucede con los tratados y convenios internacionales, con las normas de armonización fiscal de la Unión Europea o con las leyes del Parlamento Vasco).

Esto señalado, los límites que tiene en cuenta el Tribunal a la hora de que el legislador orgánico le atribuya su control son los que derivan del título IX de la Constitución: (i) la prohibición de desfigurar el modelo de jurisdicción constitucional diseñado por el constituyente; y (ii) la prohibición de alterar la regulación de los procesos directamente creados por el propio texto constitucional, siendo así, afirma, que si bien del marco constitucional puede deducirse que el control de las disposiciones con rango de ley le corresponde, como regla general, prioritariamente, al Tribunal Constitucional, mientras que el de las disposiciones reglamentarias es de la competencia, también como regla general, prioritariamente, de los Tribunales ordinarios, ello no implica que nuestro texto constitucional haya consagrado una neta preferencia sin excepciones de la jurisdicción contencioso-administrativa para el control procesal de las normas reglamentarias [arts. 106.1 y 153 c) CE] y una neta preferencia de la jurisdicción constitucional para el control de las disposiciones con rango o fuerza de ley [arts. 53.1, 153 a), 161.1 a) y 163 CE], de ahí que permita que, en algunos supuestos, el Tribunal Constitucional pueda controlar normas reglamentarias (recursos de amparo y conflictos de competencias), mientras que la jurisdicción ordinaria puede controlar normas con fuerza y rango de ley (control de compatibilidad de las leyes con el derecho europeo o decretos legislativos). Pero tampoco vulnera el art. 24.1 CE pues, de un lado, los titulares de derechos e intereses legítimos pueden recurrir ante los tribunales los actos de aplicación y no quedan en peor lugar que quienes quedan bajo el ámbito de aplicación de las normas legales reguladoras del régimen tributario común o del foral navarro, que carecen igualmente de una acción judicial directa para combatir esas disposiciones, cuyo control es únicamente residenciable ante este Tribunal Constitucional. Y de otro, impedir a las Comunidades Autónomas la impugnación directa ante el Tribunal Constitucional o ante los órganos de la jurisdicción ordinaria de esas normas forales fiscales, en los mismos términos que se les impide la impugnación directa de las disposiciones legislativas de otras Comunidades Autónomas ante el Tribunal Constitucional [arts. 161.1 a) CE y 32.2 LOTC] o ante los órganos de la jurisdicción ordinaria [arts. 8 y 9.4 LOPJ, y 1 LJCA], representa una opción legítima del legislador desde el punto de vista constitucional porque aunque constituya un obstáculo al libre acceso a la jurisdicción por parte de las Comunidades Autónomas, ni carece de razonabilidad (pues procura remediar el déficit de protección constitucional de la foralidad vasca en atención a los fines que la disposición adicional primera del texto constitucional respeta y ampara), ni adolece de la necesaria proporcionalidad (al no convertir a las normas forales fiscales, en modo alguno, en un producto normativo inmune a toda clase de control jurisdiccional).

En conclusión, entiende el Tribunal que la satisfacción del derecho a la tutela judicial efectiva de los titulares de derechos e intereses legítimos afectados por la aprobación [de una norma foral fiscal] no requiere, necesariamente, de un pronunciamiento de los Tribunales de la jurisdicción contencioso-administrativa, pues el derecho a la tutela judicial efectiva de los derechos e intereses afectados puede llevarse a cabo por el Tribunal Constitucional, quien puede efectuar un control suficiente para brindar una tutela materialmente equivalente a la que puede otorgar, frente a un acto o disposición administrativo, la jurisdicción contencioso-administrativa.

Así, pues, control por los tribunales de las disposiciones reglamentarias pero no de todas.

Corresponde también a los tribunales el control de la actividad administrativa –actos administrativos– así como de la omisión de esta actividad cuando la Administración está obligada a ella. La plenitud del sometimiento de la actuación administrativa a la ley y al derecho así como la función jurisdiccional de control de dicha actuación y la efectividad que se predica del derecho a la tutela judicial efectiva impiden que puedan existir comportamientos de la Administración pública positivos o negativos inmunes al control judicial, por lo que de ningún modo puede excluirse que el comportamiento inactivo u omisivo de la Administración Pública pueda incurrir en ilegalidad y afectar a los derechos e intereses legítimos de los ciudadanos (STC 228/2006).

Es más, el hecho de que se trate de la omisión de la actuación debida, lo que implica que la administración no ha actuado de forma diligente, ha sido tenido en cuenta por este Tribunal para interpretar de forma especialmente rigurosa la interpretación de los requisitos procesales que puedan llegar a eliminarlo. Así lo señala la STC 52/2014, recordando que ante una desestimación presunta el ciudadano no puede estar obligado a recurrir en todo caso haciendo equivaler la falta de recurso con su consentimiento de la actividad administrativa impugnada, pues se le estaría imponiendo un deber de diligencia que no se exigiría a la administración que se beneficiaría de su comportamiento infractor. Es por ello que las desestimaciones presuntas no se convierten en actos firmes y consentidos ni les resulta aplicable la inimpugnabilidad que se predica de los actos que reproducen actos firmes y consentidos, lo que se ha traducido en la inexistencia de plazo para interponer el recurso contencioso administrativo. Sin embargo, la STC 52/2014, no ha llegado a declarar la inconstitucionalidad del precepto de la LJCA que establece el plazo de seis meses para interponer el recurso contencioso administrativo a contar desde el transcurso del plazo para resolver y notificar, pues ha considerado que este precepto no era aplicable a los actos dictados por silencio negativo tras la modificación, en el año 1999, de la Ley 30/1992.

La intensidad del control que pueden realizar los órganos judiciales sobre la actuación de la Administración, aun cuando esta sea mínima, no supone en principio, una vulneración del artículo 106.1 CE, pero tampoco del artículo 24 CE. El sometimiento de la Administración a la ley depende de la densidad normativa de las leyes que, a su vez, determinará la intensidad del control que exige el artículo 24.1 CE, de manera que corresponde al legislador en el ejercicio de su discrecionalidad determinar los límites de la atribución a la administración de sus potestades, solo sometido al parámetro negativo del control de arbitrariedad y, cuando afecta a derechos fundamentales, de proporcionalidad.

Así, por ejemplo, la sustancial infiscabilidad de la decisión de conceder o no el indulto particular no lesiona la tutela judicial efectiva. Tampoco lesiona el artículo 24 CE la existencia de una discrecionalidad técnica en cuyo núcleo técnico no pueden los tribunales entrar. Así lo señaló la STC 353/1993, cuando afirma que, aunque los tribunales de la jurisdicción contencioso-administrativa son ciertamente competentes para enjuiciar la legalidad de la actuación de los órganos juzgadores de las oposiciones o concursos, en modo alguno pueden sustituir a estos en lo que sus valoraciones tienen de apreciación técnica, pues de admitirse esta hipótesis tendrían que constituirse en cada caso en fiscalizadores de cada tribunal o comisión calificadora con parámetros no jurídicos, sino pertenecientes en cada ocasión a una técnica diversa, esto es, la concerniente a la materia cuyos conocimientos se exigiera a los opositores o concursantes, y tal supuesto es absurdo no solo porque implicaría la omnisciencia de los órganos judiciales, sino porque estos están llamados a resolver problemas jurídicos en términos jurídicos y nada más. Lo que no supone desconocer el derecho a la tutela judicial efectiva recogido en el artículo 24.1 de la CE, ni el principio del sometimiento pleno de la Administración Pública a la Ley y al Derecho (artículo 103.2 CE), ni la exigencia del control judicial sobre la actuación administrativa y su sumisión a los fines que la justifican (artículo 106.1 CE), así como tampoco ignorar los esfuerzos que la jurisprudencia y la doctrina han realizado y realizan para que tal control judicial sea lo más amplio y efectivo posible. Supone simplemente señalar que ese control judicial, del que no pueden excluirse las Resoluciones administrativas que resuelven oposiciones o concursos, tiene, por su propia naturaleza, ciertos límites o modulaciones. Así ocurre, decíamos en las citadas sentencias, en cuestiones que han de resolverse por un juicio fundado en elementos de carácter exclusivamente técnico, que solo puede ser formulado por un órgano especializado de la Administración y que en cuanto tal escapa al control jurídico, que es el único que pueden ejercer los órganos jurisdiccionales y que, naturalmente, deberán ejercerlo en la medida en que dicho juicio técnico afecte al marco legal en que se encuadra, es decir, sobre las cuestiones de legalidad que se planteen en el caso, utilizando al efecto todas las posibilidades que se han ido incorporando a nuestro acervo jurídico. En definitiva, la existencia de un ámbito de discrecionalidad administrativa técnica en determinados supuestos, entre los que se encuentra la calificación de exámenes y pruebas en las oposiciones y concursos, no supone la desaparición del derecho a la tutela judicial efectiva. El acto administrativo de calificación podrá ser objeto de la acción fiscalizadora de los Tribunales de Justicia. Lo que sucede en tales casos es que la revisión jurisdiccional –en cuanto la valoración del Tribunal calificador en lo que de apreciación técnica tenga en sí misma escapa al control jurídico– experimenta determinadas modulaciones o limitaciones que encuentran su fundamento en una "presunción de razonabilidad" o "de certeza" de la actuación administrativa, apoyada en la especialización y la imparcialidad de los órganos establecidos para realizar la calificación. Ahora bien, aquella presunción, en tanto que presunción *iuris tantum*, también podrá desvirtuarse si se acredita la infracción o desconocimiento del proceder razonable que se presume en el órgano calificador, bien por desviación de poder, arbitrariedad o ausencia de toda posible justificación en el criterio adoptado.

El problema del control judicial se desplaza, así, hacia los límites constitucionales de las leyes que atribuyen y delimitan el ejercicio por las Administración de sus funciones y el alcance que pretenda darse a los límites constitucionales derivados principios tales como el control de la arbitrariedad, la reserva de ley, la posición vicarial de la Administración y el alcance del deber de motivación[6]. Tal y como ha señalado recientemente FERNÁNDEZ RODRÍGUEZ[7]retomando el planteamiento que hace años realizara BACIGALUPO SAGESSE, la intensidad del control que pueden realizar los órganos judiciales de la actividad administrativa depende del legislador pues a los Jueces no les es dado otra cosa que controlar si el poder otorgado por la Ley ha sido correctamente ejercido cuyo control corresponde al Tribunal Constitucional, asegurando que los derechos que la Constitución reconoce a los ciudadanos no quedan a expensas de los poderes discrecionales con que la ley dota a los gobernantes.

No es esta, desde luego, la dirección por la que discurre la doctrina constitucional, al menos cuando no están afectados derechos fundamentales o se trata de sanciones, a tenor de las SSTC 163/2002 y 236/2007. En la primera en relación a los actos penitenciarios, y en la segunda en relación con los actos que deniegan el visado, el Tribunal afirmó que la exoneración del deber de motivación no debe

[6] Mantienen posiciones contrarias BACIGALUPO SAGESSE *La discrecionalidad administrativa (estructura normativa, control judicial y límites constitucionales de su atribución*, Madrid 1997 y BELTRÁN DE FELIPE *Discrecionalidad administrativa y Constitución*, Madrid 1996.

[7] "Sobre los límites constitucionales del poder discrecional" Lección Jubilar de Tomás-Ramón Fernández, Donostia, 12 de mayo de 2011.

reputarse contraria al artículo 24.1 CE, puesto que se trata de actos que no imponen sanción alguna ni limitan el ejercicio de un derecho fundamental, sin que pueda considerarse contraria a la prohibición de la arbitrariedad de los poderes públicos (artículo 9.3 CE) y con el obligado control de la actuación administrativa por parte de los Tribunales (artículo 106.1 CE). Esta inconstitucionalidad solo podría sostenerse si la norma impugnada hubiera eliminado el control jurisdiccional de estos actos administrativos basándose en su carácter discrecional. Pudiendo acceder a los tribunales, la Administración deberá estar en todo momento en condiciones de explicar que no ha ejercido de forma arbitraria sus facultades discrecionales.

VI. EL CONTROL JUDICIAL DE LA ACTIVIDAD ADMINISTRATIVA DESAPARECE CUANDO ES EL LEGISLADOR EL QUE REALIZA ESTA ACTIVIDAD. LA INEXISTENCIA DE UNA RESERVA CONSTITUCIONAL DE POTESTAD REGLAMENTARIA Y FUNCIÓN ADMINISTRATIVA

Como se ha expuesto en las páginas anteriores, el sometimiento de la Administración al ordenamiento jurídico (artículo 103 CE) y el consiguiente control de que realizan los Tribunales de la jurisdicción contencioso-administrativa (artículo 106.1 CE), parte de la base de que es el Poder ejecutivo el que tiene encomendada la potestad reglamentaria y la actividad de aplicación de las normas al caso o supuesto concreto, esto es, la actividad administrativa de ejecución (artículo 97 CE).

De hecho, conforme al esquema tradicional de la división de poderes, el poder legislativo, expresión máxima de la soberanía, es un poder discrecional, esto es, solo vinculado negativamente por los principios y derechos constitucionales, de ahí que el control que ejerce el Tribunal Constitucional sea de carácter negativo sin poder reemplazar la discrecionalidad del legislador, mientras que la vinculación de la Administración es de naturaleza positiva, sin perjuicio del margen de discrecionalidad que le atribuyan las disposiciones legales para el ejercicio de su potestad reglamentaria (reserva de ley) y el carácter reglado o discrecional con que se configure la función administrativa de aplicación de las normas. La consecuencia de este planteamiento es obvia, los tribunales, guardianes de la legalidad, no pueden controlar al legislador, de ahí que los ciudadanos no ostenten frente a este poder el derecho a la tutela judicial efectiva.

Sin entrar en este momento en la discusión relativa al principio de generalidad de la ley, que se ha planteado con ocasión de la aprobación de leyes singulares, esto es, una regulación legal específica para un supuesto concreto que en todo caso habrá de analizarse a partir del canon del derecho a la igualdad del artículo 14 CE, que impone que el tratamiento desigual de situaciones iguales no sea arbitrario, responda a un interés constitucional y no tenga carácter desproporcionado, lo cierto es que la virtualidad del derecho a la tutela judicial efectiva para la protección de los derechos e intereses legítimos, viene directamente condicionado por el Poder público que asuma la regulación o la actividad de ejecución de las normas y del alcance que se dé a la atribución constitucional a la Administración de estos poderes.

Desde un primer momento, la doctrina constitucional descartó la existencia de una reserva reglamentaria en la Constitución. La regulación por ley de una determinada materia anteriormente asumida por el poder reglamentario, haciéndola inmune al control judicial, no vulnera el artículo 24.1 CE, pues en el marco de la Constitución y respetando sus específicas limitaciones, la ley puede tener en nuestro ordenamiento cualquier contenido y en modo alguno le está vedada la regulación de materias antes atribuidas al poder reglamentario (STC 73/2000). Tanto más es así cuando la regulación legal no sustituye, como ocurría en la STC 73/2000, la regulación anteriormente realizada por el reglamento, sin perjuicio de que solo sea aplicable a un determinado territorio y contenga un elemento de singularidad (STC 248/2000). De esta forma, el parámetro de control de las leyes que asumen una materia naturalmente residenciada en el poder reglamentario, habida cuenta de la necesidad de garantizar el cumplimiento del ordenamiento jurídico, solo es el del artículo 14 CE, esto es, la existencia de una desigualdad material en la regulación legal que no estuviera justificada en función de un interés público constitucionalmente protegido o sea desproporcionada.

La STC 203/2013, ha supuesto, sin embargo, un punto de inflexión en este planteamiento, que si bien no impide que el legislador asuma competencias tradicionalmente reservadas a la regulación reglamentaria, obliga a que la elección de la ley en lugar del reglamento, con independencia de la regulación sustantiva que esta contenga, no sea arbitraria ni irrazonable y sea proporcionada a la situación excepcional que ha justificado su aprobación, de manera que solo será posible en aquellos casos excepcionales que, por su extraordinaria trascendencia y complejidad, no son remediables por los instrumentos normales de que dispone la Administración, constreñida a actuar con sujeción al principio de legalidad, ni por los instrumentos normativos ordinarios, haciéndose por ello necesario que el legislador intervenga singularmente, al objeto exclusivo de arbitrar solución adecuada, a una situación singular. De esta forma, la virtualidad del artículo 14 CE se ha desplazado desde el contenido material de la ley, a la utilización misma de este instrumento, que solo será posible cuando así lo requiera la singularidad de la situación que se pretende regular. Cuando la utilización de la ley no se adecúa a la singularidad de la situación, que no requiere de este instrumento normativo, pues lo mismo podría haber sido llevado a cabo por un reglamento, se vulnera el artículo 24.1 CE, al impedir el acceso al control judicial de derechos e intereses legítimos afectados y eliminar la posibilidad de un control judicial de la misma intensidad que hubieran podido realizar los Tribunales de la jurisdicción contencioso-administrativa, si el proyecto se hubiera aprobado por reglamento.

Esta misma evolución en la concepción de la potestad reglamentaria se ha producido, también, en relación a la actividad administrativa de ejecución. Los casos que dieron origen a la inicial doctrina constitucional sobre la inexistencia de una reserva constitucional a la Administración, de la aplicación de la norma, esto es, de la función ejecutiva, versaban sobre leyes expropiatorias que afectaban, por tanto, al derecho constitucional de propiedad –caso Rumasa– y al control judicial de este derecho.

Esta doctrina fue parcialmente matizada en la STC 48/2005, dada la relación existente entre el artículo 33.3 y 24.1 CE: si el procedimiento expropiatorio general garantiza que algunas de sus fases sean llevados a cabo por la Administración, la adopción de estas decisiones por el legislador impide al propietario discutir en derecho el contenido mismo de la decisión adoptada pues no puede reaccionar en los mismos términos y con el mismo alcance que cabría frente a una actuación administrativa, salvo que el control del Tribunal Constitucional sea equivalente al que podrían realizar los tribunales del orden contencioso. De esta forma, la exclusión del derecho a la tutela judicial que garantiza el procedimiento expropiatorio debe venir justificada por circunstancias excepcionales y, en todo caso, está sometida al canon de la prohibición de arbitrariedad y proporcionalidad, que en este caso no fue superado por la Ley impugnada en la medida en que no contenía motivación suficiente de la regulación material adoptada.

Pues bien, esta doctrina iniciada en los términos expuestos por la STC 48/2005, ha sido extendida a cualquier tipo de ley autoaplicativa, esto es, aquellas que, careciendo del contenido regulatorio propio de las disposiciones legales, se limitan a ejercer una actividad de aplicación de las normas al caso concreto. Como señala la citada resolución, el análisis de la repercusión de la ley singular sobre el artículo 24.1 CE no puede quedar circunscrito a las leyes autoaplicativas expropiatorias, pues los derechos e intereses legítimos distintos de la propiedad, merecen un mismo tratamiento de cara a la tutela judicial. Para que una ley singular autoaplicativa sea constitucional debe cumplir dos requisitos: que los particulares puedan impetrar el control judicial o constitucional de sus derechos e intereses, y que el control que se realice por cualquiera de los dos revista la misma intensidad. La tutela del Tribunal Constitucional no es directamente exigible del Tribunal Constitucional, pues el planteamiento de la cuestión de inconstitucionalidad es una prerrogativa exclusiva del Juez sin que su no planteamiento vulnere por si solo el artículo 24.1 CE. En cuanto a la intensidad del control que puede realizar el Tribunal Constitucional sobre una ley autoaplicativa, esto es que se limita a aplicar el ordenamiento jurídico preexistente, no tiene la misma intensidad que el que pueden realizar los tribunales al controlar el sometimiento a la legalidad de la actividad administrativa, pues en modo alguno corresponde a este Tribunal el control de la legalidad ordinaria. En definitiva, cuando la ley singular se limita a dotar de rango legal a una actividad administrativa que no requiere de la modificación o derogación singular de las normas legales previamente existentes –lo cual sería objeto de control por el Tribunal Constitucional a partir del artículo 14 CE– vulnera el artículo 24.1 CE, por lo que deberá ser adoptada necesariamente por la Administración.

BIBLIOGRAFÍA BÁSICA: SANTAMARÍA PASTOR, J. A., *La Ley Reguladora de la Jurisdicción Contencioso-Administrativa. Comentario*, Iustel, Madrid, 2012; GONZÁLEZ PÉREZ, J., *Comentarios a la Ley de la Jurisdicción Contencioso-Administrativa (Ley 29/1998, de 13 de julio)*, 7ª ed., Civitas/Thomson Reuters, 2013; PALOMAR OLMEDA, A. (Dir.), *Tratado de la Jurisdicción Contencioso-Administrativa* (Dir. A. Palomar Olmeda), 2ª ed., Thomson Reuters Aranzadi, 2012.

LECCIÓN 2

ÁMBITO Y EXTENSIÓN DE LA JURISDICCIÓN CONTENCIOSO-ADMINISTRATIVA

JUAN JOSÉ MONTERO PASCUAL

SUMARIO:

I. INTRODUCCIÓN

1. La vis expansiva de la jurisdicción contencioso-administrativa

La jurisdicción contencioso-administrativa es, tal y como la conocemos, el resultado de una larga evolución histórica. El punto de partida es el recelo de la potestad de los jueces y tribunales para juzgar al Gobierno y a la Administración, bien instalado en el modelo administrativo napoleónico. A lo largo del siglo XIX los liberales hacen bandera del control de la Administración por los jueces civiles, con escaso éxito. Finalmente, ya entrado el siglo XX, el modelo se ve decisivamente influenciado por la posición doctrinal mayoritaria entre los administrativistas españoles, algo maximalista, que defiende la exclusión de todo espacio gubernativo o administrativo ajeno al control jurisdiccional.

La vigente Ley 29/1998, de la Jurisdicción Contencioso-Administrativa, es el fruto del proceso de expansión del control jurisdiccional del Poder Ejecutivo en su doble vertiente, gubernativa y administrativa. Varios son los aspectos en los que se refleja esta expansión.

En primer lugar, el orden contencioso-administrativo es un orden jurisdiccional plenamente equiparable a los demás, el civil, el penal y el social. Ya están ampliamente superados los modelos históricos de control de la actividad administrativa por órganos integrados en el propio Poder Ejecutivo, siguiendo el modelo francés del Consejo de Estado, o el denominado modelo armónico, caracterizado por el control por órganos mixtos formado por funcionarios y jueces. Ya desde la Ley de 1956, en pleno franquismo, se consolida el modelo de control judicial de la actividad de la Administración. La aprobación de la Constitución en 1978 y la posterior adopción de la Ley Orgánica del Poder Judicial consolidan el orden contencioso-administrativo como uno más de los órdenes jurisdiccionales. La Ley 29/1998 así lo refleja.

En segundo lugar, el orden contencioso-administrativo se confirma como una jurisdicción plena, y no como una mera segunda instancia, de mera revisión de la legalidad del acto administrativo, cuyo procedimiento de adopción conformaría una hipotética primera instancia. La Ley 29/1998 supera un modelo exclusivamente revisor del acto administrativo para permitir a la jurisdicción ir más allá y constituirse en garante de los derechos de los ciudadanos. Se refleja esta nueva aproximación en la consideración de la pretensión del recurrente, y no del acto recurrido, como configurador del objeto de la jurisdicción. En la misma línea, se supera una jurisdicción limitada a la revisión de actos administrativos (expresos o presuntos, para alcanzar igualmente la vía de hecho o la inactividad de la Administración. La jurisdicción contencioso-administrativa suma a su carácter revisor, su carácter garantista, definiéndose de la forma más amplia posible en relación con la actuación de las Administraciones públicas.

En tercer lugar, el ámbito de la jurisdicción contencioso-administrativa se extiende más allá de los actos administrativos para incluir los actos de gobierno o actos políticos, aunque sea de forma limitada así como los actos materialmente administrativos de otros entes públicos como las Cortes, el Tribunal de Cuentas, el Consejo General del Poder Judicial, etc. La Ley 29/1998 avanza en la eliminación de ámbitos ajenos al control jurisdiccional. Se extiende así el ámbito de la jurisdicción contencioso-administrativa ya asentado durante el franquismo, para alcanzar el núcleo de la actividad del Poder Ejecutivo, aunque sea solo parcialmente, como más adelante se explicará.

En cuarto lugar, el ámbito de la jurisdicción contencioso-administrativa se ha extendido en los últimos años para incluir competencias no revisoras, para incluir competencias de autorización previa de actos administrativos especialmente gravosos para los derechos fundamentales. Esta ampliación empezó en 1998 con la autorización de entrada al domicilio para la ejecución de actos administrativos, para extenderse luego a medidas sanitarias y más recientemente a medidas de protección de los derechos de propiedad intelectual en el ámbito de Internet.

Como de describe más detalladamente a lo largo del presente capítulo, la jurisdicción contencioso-administrativa no solo se consolidado como un orden jurisdiccional más, sino que ha ido ampliando sistemáticamente su ámbito.

2. Criterios de definición del ámbito de la jurisdicción

La definición del ámbito de la el ámbito de la jurisdicción contencioso-administrativa se recoge en el artículo 9.4 LOPJ y en los artículos 1 a 3 de la Ley 29/1998 y es el resultado del efecto combinado de tres ejes, el subjetivo, el objetivo y el territorial, más normas específicas de delimitación positiva y negativa de algunos casos específicos.

El punto de partida de la definición del ámbito de la jurisdicción contencioso-administrativa es el eje subjetivo, que define el ámbito de esta jurisdicción a partir de las pretensiones que se deduzcan en relación con la actuación de las Administraciones públicas. No obstante, como ya se ha señalado, la Ley 29/1998 amplía el ámbito subjetivo de la jurisdicción para incluir actos materialmente administrativos de otros entes públicos e incluso actos de entes privados cuando ejercen funciones públicas.

El eje subjetivo es matizado por el eje objetivo, que limita el ámbito de la jurisdicción contencioso-administrativa a los actos de las Administraciones públicas sujetos al Derecho administrativo. No obstante, este principio general no resulta de sencilla interpretación.

El principio general de definición del ámbito de la jurisdicción contencioso-administrativa a partir de las pretensiones que se deduzcan en relación con la actuación de las Administraciones públicas sujeta al Derecho Administrativo (art. 1 de la Ley 29/1998), incluso con las expresas matizaciones tanto subjetivas como objetivas, es posteriormente completado con sendas listas de materias específicas incluidas (art. 2) y excluidas (art. 3) del ámbito de la jurisdicción. Se pretende así incrementar la seguridad jurídica al tiempo que introducir alguna excepción al régimen general para incrementar la eficiencia del sistema.

Finalmente, se identifica un eje territorial. Evidentemente, el ámbito de la jurisdicción contencioso-administrativa se limita a España.

II. ÁMBITO SUBJETIVO DE LA JURISDICCIÓN

El primer eje de definición del ámbito de la jurisdicción contencioso-administrativa es el subjetivo. El punto de partida es la definición de dicho ámbito a partir de la noción de Administración Pública. Así, el ámbito tradicional de la jurisdicción contencioso-administrativa sería el relacionado con las actuaciones de las Administraciones públicas.

No obstante, la Ley 29/1998 va más allá del ámbito tradicional y extiende al ámbito subjetivo de la jurisdicción contencioso-administrativa a actuaciones materialmente administrativas de entes públicos no administrativos e incluso a actuaciones de entes privados en ejercicio de funciones públicas.

1. Administraciones públicas

El artículo 1.2 de la Ley 29/1998 establece que se entenderá por Administraciones públicas: a) La Administración General del Estado; b) Las Administraciones de las Comunidades Autónomas; c) Las Entidades que integran la Administración local; y d) Las Entidades de Derecho público que sean dependientes o estén vinculadas al Estado, las Comunidades Autónomas o las Entidades locales.

Queda en primer término encuadradas en el ámbito de la jurisdicción contencioso-administrativa las denominadas Administraciones territoriales: La Administración General del Estado, tal y se define en la Ley 40/2015, la Administración de las Comunidades Autónomas, tal y como se define en las correspondiente normas autonómicas, y las Administraciones locales, tal y como se definen en la Ley de Bases de Régimen Local y en las correspondientes normas autonómicas, lo que engloba Ayuntamientos, Diputaciones, Diputaciones forales, Comarcas, Cabildos insulares, etc. Es este el núcleo duro e incontestado del ámbito de la jurisdicción contencioso-administrativa.

En segundo término, quedan sujetas a la jurisdicción contencioso-administrativa las Administraciones instrumentales, en términos de la Ley 29/1998 "[l]as Entidades de Derecho público que sean dependientes o estén vinculadas al Estado, las Comunidades Autónomas o las Entidades locales." Es este un ámbito que conviene aclarar. La Ley 40/2015 identifica en esta categoría los organismos autónomos y las entidades públicas empresariales. Estas Administraciones, en cuanto dependientes de una Administración territorial, quedan englobadas en el ámbito de la jurisdicción contencioso-administrativa.

También las denominadas Administraciones independientes quedan englobadas en el ámbito de la jurisdicción contencioso-administrativa, en cuanto vinculadas a una Administración territorial. Es el caso del Banco de España, Comisión Nacional del Mercado de Valores, Comisión Nacional de los Mercados y la Competencia, Consejo de Seguridad Nuclear, etc., expresamente contemplados en la Disposición Adicional Cuarta de la Ley 29/1998. Debe entenderse que este es igualmente el caso de las Universidades.

Por el contrario, debe descartarse el carácter de Administraciones públicas de las sociedades mercantiles públicas y de las fundaciones del sector público. Tampoco deben ser considerados Administraciones públicas los consorcios que no estén integrados exclusivamente por Administraciones públicas, a no ser que así esté previsto expresamente en norma de rango legal.

2. Entes públicos no administrativos en materia de personal, administración y gestión patrimonial

El artículo 1.3 de la Ley 29/1998 incluye en el ámbito de la jurisdicción contencioso-administrativa actuaciones de entes públicos no administrativos, pero que según ha concluido la doctrina, tiene un contenido materialmente administrativo.

En primer lugar, la jurisdicción contencioso-administrativa se extiende a los actos y disposiciones en materia de personal, administración y gestión patrimonial sujetos al derecho público adoptados por los órganos competentes del Congreso de los Diputados, del Senado, del Tribunal Constitucional, del Tribunal de Cuentas y del Defensor del Pueblo, así como de las Asambleas Legislativas de las Comunidades Autónomas y de las instituciones autonómicas análogas al Tribunal de Cuentas y al Defensor del Pueblo.

Por una parte, cabe identificar que los actos y disposiciones en materia de personal, administración y gestión patrimonial tiene contenido y efectos administrativos aunque en sentido estricto los sujetos que los emiten no son Administraciones pública en sentido estricto.

Por otra parte, si bien estos entes públicos no son Administraciones públicas, sí que tienen una naturaleza pública que justifica su inclusión en el ámbito de la jurisdicción contencioso-administrativa.

En segundo lugar, se extiende al ámbito de la jurisdicción contencioso-administrativa a los actos y disposiciones del Consejo General del Poder Judicial y la actividad administrativa de los órganos de gobierno de los Juzgados y Tribunales, en los términos de la Ley Orgánica del Poder Judicial.

En tercer lugar, el ámbito de la jurisdicción contencioso-administrativa se extiende a la actuación de la Administración electoral, en los términos previstos en la Ley Orgánica del Régimen Electoral General.

3. Sujetos privados en ejercicio de funciones públicas

El ámbito subjetivo de la jurisdicción contencioso-administrativa ha sido ampliado por la Ley 29/1998 para incluir a sujetos que no tienen naturaleza pública pero que ejercen funciones públicas. Se identifica así una clara vis expansiva en la jurisdicción contencioso-administrativa.

En primer lugar, la Ley 29/1998 indica que corresponde a la jurisdicción contencioso-administrativa el conocimiento de los actos y disposiciones de las corporaciones de Derecho público, adoptados en el ejercicio de funciones públicas.

Entre las corporaciones de Derecho público encontramos los Colegios Profesionales, Cámaras de Comercio, Cámaras Agrarias, Cofradías de Pescadores, Comunidades de Regantes, etc. Se trata de entes de discutida naturaleza jurídica que presentan algunas funciones públicas junto a otras de naturaleza eminentemente privada.

Tan solo los actos y disposiciones que supongan el ejercicio de funciones públicas quedan sujetos a la jurisdicción contencioso-administrativa, sin que ni la Ley 29/1998 ni a menudo la normativa sectorial especifique la naturaleza pública o privada de sus funciones. Resulta necesario el estudio caso a caso, acudiendo a la jurisprudencia para identificar precedentes de dicho análisis. Así, pare claro que son funciones públicas las relativas a su creación, la aprobación de estatutos, régimen de los órganos de gobierno, aprobación de normas y régimen sancionador.

En segundo lugar, la Ley 29/1998 extiende el ámbito de la jurisdicción contencioso-administrativa a los actos administrativos de control o fiscalización dictados por la Administración concedente, respecto de los dictados por los concesionarios de los servicios públicos que impliquen el ejercicio de potestades administrativas conferidas a los mismos, así como los actos de los propios concesionarios cuando puedan ser recurridos directamente ante este orden jurisdiccional de conformidad con la legislación sectorial correspondiente.

Más allá de los concesionarios, se extiende la jurisdicción a delegados, agentes y entidades colaboradoras de las Administraciones, entidades de naturaleza evidentemente privada pero que en cuanto ejercen o colaboran en el ejercicio de una función pública, sus actuaciones pasan a ser objeto de revisión por la jurisdicción contencioso-administrativa.

III. ÁMBITO OBJETIVO DE LA JURISDICCIÓN

Un segundo eje de definición del ámbito de la jurisdicción contencioso-administrativa es el objetivo. Cumplido el requisito subjetivo, procede a dar cumplimiento a un segundo requisito, el objetivo, para perfilar el ámbito de la jurisdicción contencioso-administrativa.

Según establece el artículo 1.1 de la Ley 29/1998, los Juzgados y Tribunales del orden contencioso-administrativo conocerán de las pretensiones que se deduzcan en relación con la actuación de las Administraciones públicas sujeta al Derecho administrativo.

1. Pretensiones

Debe destacarse en primer lugar el giro utilizado en la Ley 29/1998 al delimitar el objeto de la jurisdicción contencioso-administrativa como las pretensiones que se deduzcan contra actuaciones de las Administraciones públicas sujeta al Derecho administrativo, y no directamente dichas actuaciones. Se atiende así a una vieja preocupación doctrinal que pretendía superar el mero carácter de segunda instancia de la jurisdicción contencioso-administrativa, evitando que el proceso se preconfigurase a partir del acto administrativo impugnado. Por el contrario, se pretende que sea la pretensión del ciudadano la que configure el objeto del proceso contencioso-administrativo.

2. Actuaciones sujetas al Derecho administrativo

Cabe igualmente destacar que la Ley 29/1998 no limita el objeto de la jurisdicción contencioso-administrativa a los actos administrativos, sino que amplía el objeto de dicha jurisdicción al definir el objeto de la misma con la perífrasis "actuaciones sujetas al Derecho administrativo".

Por una parte, se utiliza el término actuación frente al término acto. Se pretende así incluir en el objeto de la jurisdicción contencioso-administrativa los actos administrativos formales, sean expresos o presuntos, pero también actuaciones materiales que constituyan vía de hecho, así como la inactividad o ausencia de actuación administrativa.

Por otra parte, el objeto de la jurisdicción contencioso-administrativa son las actuaciones sujetas al Derecho administrativo. No existe una interpretación auténtica de la expresión Derecho administrativo ni acuerdo doctrinal al respecto. Parece comúnmente aceptado que están sujetas al Derecho administrativo las actuaciones relativas al ejercicio de potestades públicas. Más allá, ha de estarse a las normas específicas para la delimitación en positivo o en negativo del ámbito del Derecho administrativo.

3. Disposiciones reglamentarias

Corresponde igualmente a la jurisdicción contencioso-administrativa el control de la potestad reglamentaria, en desarrollo de la previsión constitucional de control judicial de dicha potestad (art. 106.1 CE). La LOPJ es más específica el definir como objeto de la jurisdicción contencioso-administrativa las pretensiones que se deduzcan en relación con "las disposiciones generales de rango inferior a la ley" (art. 9.4).

No siempre resulta sencillo diferenciar las disposiciones generales de rango inferior a la ley de, por una parte, las normas con rango de ley y, por otra, de los actos administrativos.

Para diferenciar las disposiciones generales de rango inferior a la ley de las normas con rango de ley se apunta como criterio la delimitación de las normas objeto de control constitucional por el Tribunal Constitucional, tal y como se recoge en el artículo 27.2 LOTC, que serían las normas con rango de ley.

Para diferenciar las disposiciones generales de rango inferior a la ley de los meros actos administrativos, cabe atender a diferentes criterios doctrinales: pluralidad de destinatarios, vocación de permanencia, agotamiento con su cumplimiento, etc.

En cualquier caso, la valoración debe realizarse caso a caso, por lo que conviene atender a la jurisprudencia al efecto.

4. Decretos legislativos

Finalmente, la Ley 29/1998 contiene una referencia específica al objeto de la jurisdicción contencioso-administrativa relativo a los Decretos legislativos cuando excedan los límites de la delegación.

Es este un objeto excepcional, en cuanto se refiere a una norma con rango de ley. No obstante, está expresamente prevista en el artículo 82.6 de la Constitución ("Sin perjuicio de la competencia propia de los Tribunales") y tiene como límite estricto el mero análisis del exceso en la delegación.

IV. ÁMBITO TERRITORIAL DE LA JURISDICCIÓN

La LOPJ, en su artículo 24, contempla lo que podíamos calificar como el ámbito territorial de la jurisdicción contencioso-administrativa.

En el orden contencioso-administrativo será competente, en todo caso, la jurisdicción española cuando la pretensión que se deduzca se refiera a disposiciones de carácter general o a actos de las Administraciones públicas españolas. Asimismo conocerá de las que se deduzcan en relación con actos de los poderes públicos españoles, de acuerdo con lo que dispongan las leyes

V. COMPETENCIAS ESPECÍFICAS

Más allá de las normas generales de delimitación subjetiva, objetiva y territorial, la Ley 29/1998 se detiene a definir de forma específica una serie de competencias de la jurisdicción contencioso-administrativa en su artículo 2. Se pretende así eliminar dudas e incrementar la seguridad jurídica.

El artículo 2 contiene una cláusula de cierre consistente en la atribución a la jurisdicción contencioso-administrativa del conocimiento de las materias que le atribuya expresamente una Ley. Son frecuentes las atribuciones legales de competencia al orden contencioso-administrativo, aunque frecuentemente estas normas no hace más que reforzar lo ya previsto de forma genérica en la Ley 29/1998. Más relevantes son normas, algunas incluso anteriores a la Ley 29/1998, que sí que realizan una auténtica atribución de competencias más allá de lo previsto en dicha norma. Es el caso, a título de ejemplo, de la Ley Orgánica 4/2001, reguladora del derecho de petición

1. Actos de Gobierno

Uno de los más tradicionales debates en el ámbito del Derecho público es la sujeción de los actos políticos del Gobierno a la jurisdicción contencioso-administrativa. La doctrina administrativista mayoritaria pretende culminar el proceso de extensión del control jurisdiccional sometiendo los actos políticos al control jurisdiccional. Se defiende que no deben existir ámbitos ajenos al mismo. A contrario, se defiende que esta extensión conculcaría la separación de poderes y sustituiría la discrecional decisión del Gobierno, y en especial de un Gobierno democráticamente elegido, por la discrecional decisión de los jueces competentes para controlar los actos del Gobierno.

La Ley 29/1998 opta por una posición ponderada, que no excluye de la revisión jurisdiccional acto alguno, pero que limita el efectivo alcance de dicho control.

Para empezar, resulta necesario identificar el contenido de los denominados "actos del Gobierno". La literalidad del artículo 2.a) de la Ley 29/1998 nos permite concluir que se refiere a actos del Gobierno del Estado o de los Consejo de Gobierno de las Comunidades Autónomas. Se excluye la existencia de actos políticos de las Administraciones locales. Se excluye igualmente de la naturaleza de actos del Gobierno los actos de los Ministros o incluso del Presidente del Gobierno. Por el contrario, son actos del Gobierno los actos del Consejo de Ministros.

Más allá, debe entenderse que si bien el Gobierno y la Administración son cosas diferentes, pues la propia Constitución las diferencia al establecer que corresponde al Gobierno corresponde la dirección de la Administración (art. 97), es bien cierto que el Gobierno a menudo actúa como órgano de la Administración sujeto al Derecho administrativo. En estos supuestos, el control jurisdiccional es pleno en virtud de las cláusulas generales de delimitación del ámbito de la jurisdicción contencioso-administrativa establecidas en el artículo 1 de la Ley 29/1998.

Por el contrario, la Ley 29/1998 limita el ámbito de la jurisdicción contencioso-administrativa en relación con los actos políticos del Gobierno. No resulta sencillo delimitar con precisión los actos políticos de los administrativos. No obstante, resulta evidente que las potestades del Gobierno exceden las meramente administrativas para enmarcarse en las potestades constitucionalmente reconocidas de dirección de la política interior y exterior.

Los actos políticos, reflejo de las potestades de dirección de la política interior y exterior, quedan específicamente incluidos en el ámbito de la jurisdicción contencioso-administrativa. No obstante, el control de la jurisdicción queda limitado a tres elementos: 1) la protección jurisdiccional de los derechos fundamentales; 2) los elementos reglados; y 3) la determinación de las indemnizaciones que fueran procedentes.

La Ley 29/1998 excluye el control jurisdiccional de los elementos discrecionales del acto político en cuanto no afecten a derechos fundamentales. Solo en este supuesto el juez puede revisar el contenido discrecional del acto.

2. Los contratos del sector público

La Ley 29/1998 dedica especial atención al ámbito de la jurisdicción contencioso-administrativa en relación con la contratación del sector público. Su artículo 2.b) reitera el que era contenido al efecto en la Ley de contratación entonces vigente la Ley 13/1995. No obstante, la normativa en materia de contratación del sector público se ha ido modificación sustancialmente y a ella hay que acudir para identificar con precisión el ámbito de la jurisdicción contencioso-administrativa en materia de contratación del sector público, en concreto al artículo 21 del Texto refundido de la ley de contratos del sector público aprobado por el Real Decreto legislativo 3/2011.

El orden jurisdiccional contencioso-administrativo será el competente para resolver las cuestiones litigiosas relativas a 1) la preparación, adjudicación, efectos, cumplimiento y extinción de los contratos administrativos; y 2) la preparación y adjudicación de los contratos privados de las Administraciones Públicas y de los contratos sujetos a regulación armonizada, incluidos los contratos subvencionados.

El orden jurisdiccional civil será el competente para resolver las controversias que surjan entre las partes en relación con 1) los efectos, cumplimiento y extinción de los contratos privados; y 2) la preparación y adjudicación de los contratos privados que se celebren por los entes y entidades sometidos a esta Ley que no tengan el carácter de Administración Pública, siempre que estos contratos no estén sujetos a una regulación armonizada.

Se concluye así que el ámbito de la jurisdicción contencioso-administrativa se extiende parcialmente a los contratos privados de las Administraciones públicas y, más allá, a contratos tradicionalmente ajenos a la normativa de contratación del sector público, como es el caso de los contratos subvencionados.

3. Reclamaciones de responsabilidad patrimonial

El artículo 2.*e)* de la Ley 29/1998 establece con toda rotundidad el principio de unidad de jurisdicción en relación con las reclamaciones de responsabilidad patrimonial de las Administraciones públicas: "[l]a responsabilidad patrimonial de las Administraciones públicas, cualquiera que sea la naturaleza de la actividad o el tipo de relación de que derive, no pudiendo ser demandadas aquellas por este motivo ante los órdenes jurisdiccionales civil o social, aun cuando en la producción del daño concurran con particulares o cuenten con un seguro de responsabilidad."

Tradicionalmente el principio que regía las reclamaciones de responsabilidad de las Administraciones públicas era el de pluralidad jurisdiccional. Así, el orden civil y el orden social, por no hablar del penal, tenían un marcado protagonismo.

La Ley 30/1992 inició la tortuosa senda de unificación jurisdiccional, seguida por el Reglamento de procedimientos en materia de responsabilidad patrimonial de 1993. No obstante, los órganos jurisdiccionales civiles y de lo social ignoraron palmariamente estas normas y siguieron conociendo de estas reclamaciones. Incluso la reforma de la LOPJ de 1998 resulto insuficiente para atemperar el celo de los órdenes civil y social en esta materia.

Es por este motivo que la definitiva redacción del artículo 2.e) de la Ley 29/1998 es tan rotunda al excluir que las Administraciones públicas puedan ser demandas ante los órdenes jurisdiccionales civil o social en materia de responsabilidad patrimonial. Por el mismo motivo, se ha contemplado expresamente que el orden contencioso-administrativo será el competente aun cuando en la producción del daño concurran con particulares o cuenten con un seguro de responsabilidad.

VI. COMPETENCIAS AUTORIZATORIAS

Más allá de las tradicionales competencias de revisión de la actuación de la Administración, el orden jurisdiccional contencioso-administrativo ha ido sumando en los últimos años competencias denominadas no revisoras o autorizatorias, consistentes, por el contrario, en la tutela de los derechos de los ciudadanos frente a específicas actuaciones de la Administración que pudiesen resultar especialmente dañinas para los mismos.

Estas competencias consisten en lo fundamental en el otorgamiento por el órgano jurisdiccional de una autorización previa para la actuación de la Administración. El primer supuesto reconocido, y el más habitual, es el de autorización de entrada a domicilios y otros espacios para la ejecución forzosa de actos administrativos. Posteriormente se ha reconocido la autorización de medidas sanitarias dirigidas a la protección de la salud pública, la autorización de inspecciones de la Comisión Nacional de los Mercados y la Competencia y, finalmente, se han reconocido tres competencias relativas a la protección de los derechos de propiedad intelectual: la autorización para la cesión a la Administración de datos relativos a la titularidad de un servicio, la autorización para la retirada de servicios de alojamiento a contenidos alojados en España y la autorización para interrumpir el acceso a contenidos alojados fuera de España.

Las competencias autorizatorias del orden contencioso-administrativo tienen su origen en la Constitución de 1978. La STC 22/1984 exigió autorización judicial para el ejercicio de la autotutela ejecutiva por parte de la Administración si afectaba al derecho fundamental de inviolabilidad del domicilio. A partir de esta Sentencia, el Legislador optó por atribuir la competencia para el otorgamiento de esta autorización a los Juzgados Penales de Instrucción. Si bien estos órganos estaban habituados a otorgar estas autorizaciones en el ámbito penal, fue comúnmente considerado que no estaban en situación de realizar el juicio de proporcionalidad de la actividad administrativa. Por este motivo, la Ley 29/1998 definitivamente otorgó esta competencia al orden contencioso-administrativo.

La intervención autorizatoria del órgano jurisdiccional tiene una naturaleza preventiva. Consiste en un juicio de proporcionalidad entre la actuación administrativa propuesta por la Administración y la afección a los derechos fundamentales que pudiesen ser lesionados. La autorización constituye, más allá, un requisito de legalidad del acto administrativo en cuestión.

La autorización judicial de entrada es competencia de los Juzgados de lo Contencioso-Administrativo, que deberán otorgar autorizaciones para la entrada en domicilios y restantes lugares cuyo acceso requiera el consentimiento de su titular, siempre que ello proceda para la ejecución forzosa de actos de la Administración pública.

Los actos de ejecución forzosa pueden referirse a inspecciones, expropiaciones forzosas o en general cualquier tipo de acción coactiva que exija el acceso al domicilio. Inicialmente se pretendía proteger el acceso al domicilio, constitucionalmente protegido (art. 18.2 CE), pero la autorización se ha ido extendiendo a cualquier tipo de propiedad privada si así lo contempla una norma de rango legal. De hecho, la jurisprudencia, acríticamente, tiende a extender la exigencia de autorización a prácticamente cualquier propiedad privada (fincas rústicas, talleres, jardines, campos de futbol, etc.

En 2015 se ha excluido la competencia del orden jurisdiccional contencioso-administrativo para autorizar la entrada en domicilios en ejecución de medidas de protección de menores acoradas por la Entidad Pública competente. La competencia ha pasado a los Juzgados de Primera Instancia (art. 778 ter LEC).

Por otra parte, la autorización de medidas sanitarias es competencia de los Juzgados de lo Contencioso-Administrativo, que deberán otorgar autorizaciones para medidas que las autoridades sanitarias consideren urgentes y necesarias para la salud pública e impliquen privación o restricción de la libertad o de otro derecho fundamental (hospitalizaciones, internamientos forzosos, tratamientos, etc.).

Más allá, la autorización para la entrada e inspección de domicilios, locales, terrenos y medios de transporte que haya sido acordada por la Comisión Nacional de la Competencia corresponde a los Juzgados de lo Contencioso-Administrativo cuando, requiriendo dicho acceso e inspección el consentimiento de su titular, este se oponga a ello o exista riesgo de tal oposición. Poco añade esta disposición a la genérica autorización de entrada.

Finalmente, tres son las autorizaciones previstas en relación con los procedimientos de protección de los derechos de propiedad intelectual en Internet, previstos en la Ley 2/2011, y que son competencia de los Juzgados Centrales de lo Contencioso-Administrativo.

La Sección Segunda de la Comisión de Propiedad Intelectual, previa autorización de los Juzgados Centrales de lo Contencioso-Administrativo, podrá solicitar a los operadores de telecomunicaciones que identifiquen a la persona física o jurídica titular de un servicio de la sociedad de la información (por ejemplo una web) que supuestamente está infringiendo los derechos de propiedad intelectual.

Confirmada la infracción por la Sección Segunda de la Comisión, y si el infractor no procede a la retirada de los contenidos, se requerirá autorización judicial para adoptar alguna de las siguientes medidas; 1) cuando los contenidos estén alojados en España, requerir al operador que está dando soporte a los mismos (servicio de alojamiento) la cesación del referido servicio; 2) cuando los contenidos estén alojados fuera de España, impedir el acceso a dichos contenidos, mediante el bloqueo a los mismos que ha de ser implementado por la totalidad de operadores de servicios de acceso a Internet.

Finalmente, hemos de hacer referencia a un supuesto de creciente relevancia como es el acceso a los registros de comunicaciones (llamadas y servicios de Internet). La Ley 27/2005 impone a los operadores de servicios de telecomunicaciones la obligación de mantener dichos registros por un periodo de doce meses. Estos registros no contienen datos de la comunicación en sí misma (conversaciones telefónicas, texto de correos electrónicos, etc.) sino metadatos sobre las comunicaciones (fecha y hora, interlocutores, etc.). Estos datos pueden ser puestos a disposición de los órganos jurisdiccionales de instrucción del orden penal pero solo en supuestos de delitos graves. No obstante, la Ley 27/2005 contiene una confusa referencia a la posibilidad de ampliar el acceso a estos datos a otras autoridades competentes. Así, se están multiplicando los requerimientos de acceso a estos datos por diversas Administraciones, destacando el caso de las tributarias. No obstante, la jurisprudencia del TEDH y de nuestro Tribunal Constitucional es clara al interpretar que estos datos están protegidos por el derecho fundamental el secreto de las comunicaciones. Por este motivo, ni se contempla ni se puede contemplar una autorización judicial para el acceso a estos datos por una Administración en el marco de un procedimiento administrativo, pues el acceso a los metadatos se limita a la investigación de delitos graves y no de meras infracciones administrativas.

VII. CUESTIONES EXCLUIDAS

La Ley 29/1998, en su artículo 3, contiene una lista cerrada de cuestiones expresamente excluidas de la jurisdicción contencioso-administrativa. Se pretende de esta forma incrementar la seguridad jurídica en algunos casos fronterizos o excepcionales.

1. Delimitación de competencias con el orden civil

Establece la Ley 29/1998 que las cuestiones expresamente atribuidas al orden civil no corresponden al orden contencioso-administrativo aunque estén relacionadas con la actividad de la Administración pública.

No obstante, quizás por ser el orden civil residual, al que corresponden las competencias que no están expresamente atribuidas a otros órdenes, no contiene una lista de competencias en la LOPJ o en la LEC, más allá de atribuirles las materias que le son propias.

Como consecuencia, los numerosos conflictos entre el orden civil y el contencioso-administrativos, especialmente relevantes en materia de dominio público, han de ser resueltos caso por caso.

2. Delimitación de competencias con el orden social

La delimitación de competencias con el orden social plantea múltiples cuestiones, dado que las Administraciones públicas ejercen como empleadoras con su numeroso personal laboral y, más allá, el régimen de los funcionarios también plantea algún solapamiento. Definamos a grandes líneas el reparto de competencias.

El punto de partida es la competencia del orden contencioso-administrativo el conocimiento de los conflictos que surjan con el personal funcionario y estatutario, incluidos los relativos a libertad sindical, huelga y negociación colectiva. Por el contrario, corresponde al orden social lo relativo a accidentes de trabajo, enfermedades profesionales, discapacidades y daños al respecto.

El orden social conocerá de los pleitos surgidos en torno al personal laboral al servicio de las Administraciones públicas (art. 2.a LRJS). Ha de entenderse que esta atribución de competencias no alcanza a la selección del personal laboral (bases de convocatoria, selección, etc.), siempre en el ámbito del orden contencioso-administrativo.

3. Delimitación de competencias con el orden penal

La delimitación de competencias con el orden social plantea cuestiones en relación con el Derecho administrativo sancionador. No obstante, más que cuestiones de delimitación de competencias, lo que se plantean son cuestiones relativas al principio *non bis in ídem*.

4. El recurso contencioso-disciplinario militar

No corresponde a la jurisdicción contencioso-administrativa el recurso contencioso-disciplinario militar previsto en la Ley Orgánica 2/1989 procesal militar. Por el contrario, corresponde la competencia a la jurisdicción militar.

5. Conflictos de jurisdicción y de atribución

No corresponde a la jurisdicción contencioso-administrativa la resolución de los conflictos de jurisdicción entre los Juzgados y Tribunales y la Administración pública y los conflictos de atribuciones entre órganos de una misma Administración.

La competencia para resolver los conflictos de jurisdicción entre los Juzgados y Tribunales y la Administración pública corresponde al Tribunal de Conflictos de Jurisdicción previsto en el artículo 38 LOPJ.

La competencia para resolver conflictos de atribuciones entre órganos de una misma Administración no es una competencia jurisdiccional y debe resolverse de acuerdo con la normas al efecto, sea en virtud de la relación de jerarquía entre los órganos en cuestión, sea en virtud de normas como el artículo 14 de la Ley 40/2015, (decisiones sobre competencia).

Sí que es competente la jurisdicción contencioso-administrativa para resolver conflictos entre Administraciones públicas diferentes, sea entre el Estado y las Corporaciones locales, se entre el Estado y las Comunidades Autónomas, en cuyo caso, además del recurso contencioso-administrativo, cabrá el conflicto de competencias ante el Tribunal Constitucional.

6. Normas fiscales forales

No es competente la jurisdicción contencioso-administrativa para resolver los recursos directos o indirectos que se interpongan contra las Normas Forales fiscales de las Juntas Generales de los Territorios Históricos de Álava, Guipúzcoa y Vizcaya, que corresponderán, en exclusiva, al Tribunal Constitucional en los términos establecidos por la disposición adicional quinta de su Ley Orgánica.

VIII. CUESTIONES PREJUDICIALES

La competencia del orden jurisdiccional contencioso-administrativo se extiende al conocimiento y decisión de las cuestiones prejudiciales e incidentales no pertenecientes al orden administrativo, directamente relacionadas con un recurso contencioso-administrativo. Así lo dispone el artículo 4 de la Ley 29/1998.

La resolución de cuestiones prejudiciales es una potestad del juez contencioso-administrativo, pero no una obligación para el mismo. Más allá, si las partes lo piden de común acuerdo o una de ellas con el consentimiento de la otra, el Letrado de la Administración de Justicia suspenderá el curso de las actuaciones, antes de que hubiera sido dictada sentencia, hasta que la cuestión prejudicial sea resuelta por los Tribunales del orden jurisdiccional que corresponda. En este caso, el Tribunal contencioso-administrativo quedará vinculado a la decisión de los órganos indicados acerca de la cuestión prejudicial.

En cualquier caso, la resolución de cuestiones prejudiciales está sujeta a importantes excepciones y límites.

Primero, las cuestiones prejudiciales a resolver por el orden contencioso-administrativo no pueden ser de carácter constitucional. Esto es, si el objeto de la cuestión fuese la constitucionalidad de una norma con rango de ley, no cabe la resolución de dicha cuestión por el orden contencioso-administrativo. Por el contrario, deberá plantearse la cuestión ante el Tribunal Constitucional (art. 163 CE).

Segundo, las cuestiones prejudiciales a resolver por el orden contencioso-administrativo no pueden ser de carácter penal. De identificarse un ilícito penal en el marco de un proceso contencioso-administrativo deberá trasladarse al Ministerio Fiscal, suspendiéndose el proceso.

Tercero, no corresponde al orden contencioso-administrativo la resolución de cuestiones sobre la validez de un acto comunitario, debiendo plantearse la oportuna cuestión prejudicial de validez (art. 177 TFUE).

Cuarto, la decisión que se pronuncie por el juez contencioso-administrativo no producirá efectos fuera del proceso en que se dicte y no vinculará al orden jurisdiccional correspondiente. La decisión no tiene eficacia de cosa juzgada, por lo que puede ser posteriormente planteada ante la jurisdicción civil o social e incluso ser resuelta de forma divergente.

IX. IMPRORROGABILIDAD DE LA JURISDICCIÓN CONTENCIOSO-ADMINISTRATIVA

Siguiendo el principio general establecido en la LOPJ, la Ley 29/1998 establece que la jurisdicción contencioso-administrativa es improrrogable. Esto es, los órganos jurisdiccionales de este orden no podrán conocer de asuntos que excedan al ámbito del mismo.

La falta de jurisdicción deberá ser apreciada por el propio órgano jurisdiccional, incluso de oficio, previa audiencia de las partes y del Ministerio Fiscal por plazo común de diez días.

La declaración de falta de jurisdicción será fundada y se efectuará indicando siempre el concreto orden jurisdiccional que se estime competente. Si la parte demandante se personare ante el mismo en el plazo de un mes desde la notificación de la resolución que declare la falta de jurisdicción, se entenderá haberlo efectuado en la fecha en que se inició el plazo para interponer el recurso contencioso-administrativo, si hubiere formulado este siguiendo las indicaciones de la notificación del acto o ésta fuese defectuosa.

BIBLIOGRAFÍA BÁSICA: Santamaría Pastor, J. A.: *La Ley Reguladora de la Jurisdicción Contencioso-Administrativa. Comentario*, Iustel, Madrid, 2012; Moreu Carbonell, E.: "El ámbito de la Jurisdicción contencioso-administrativa", en *Estudio de la Ley de la Jurisdicción Contencioso-Administrativa*, Tirant lo Blanch, Valencia, 2014; Salamero Teixidó, L.: "La competencia de carácter no revisor de la jurisdicción contencioso-administrativa: las autorizaciones contencioso-administrativas", en *Estudio de la Ley de la Jurisdicción Contencioso-Administrativa*, Tirant lo Blanch, Valencia, 2014.

BIBLIOGRAFÍA COMPLEMENTARIA: García de Enterría, E., "La formación y el desarrollo en Europa de la jurisdicción contencioso-administrativa", en *Revista de Administración Pública*, núm. 179, 2009, pp. 181 y ss.; Martínez López-Muñiz, J. L.: "Delimitación del sujeto pasivo necesario de la justicia administrativa", en Montoro Chiner (coord.), *La justicia administrativa. Libro Homenaje al Prof. D. Rafael Entrena Cuesta*, Atelier, Barcelona, 2003, pp. 301 y ss.; Boquera Oliver, J. M.: "El ámbito del orden jurisdiccional contencioso-administrativo", en *El Derecho administrativo en el umbral del siglo XXI: homenaje al Profesor Dr. D. Ramón Martín Mateo*, Tirant lo Blanch, Valencia, 2000, pp. 2.235-2.248.

JURISPRUDENCIA DESTACADA:

Sobre la vía de hecho, ver STS de 22 de septiembre de 2003.

Sobre el control de normas reglamentarias ver STS de 7 de octubre de 2002.

Sobre el control de Decretos legislativos ver STS 9 de febrero de 2000.

Sobre los actos de Gobierno ver la STS de 24 de noviembre de 2003.

Sobre las competencias autorizatorias ver STC 22/1984.

Sobre la falta de jurisdicción, ver STC 117/2009

LECCIÓN 3

LOS ÓRGANOS JURISDICCIONALES Y SUS COMPETENCIAS

JUAN JOSÉ MONTERO PASCUAL

SUMARIO:

I. INTRODUCCIÓN

1. Los órganos del orden contencioso-administrativo

El orden jurisdiccional contencioso-administrativo se halla integrado por los siguientes órganos: a) Juzgados de lo Contencioso-Administrativo; b) Juzgados Centrales de lo Contencioso-Administrativo; c) Salas de lo Contencioso-Administrativo de los Tribunales Superiores de Justicia; d) Sala de lo Contencioso-Administrativo de la Audiencia Nacional; y e) Sala de lo Contencioso-Administrativo del Tribunal Supremo.

Esta planta, aprobada por la LJCA de 1998, resulta novedosa en la historia del proceso contencioso-administrativo español por varios motivos. Primero, introduce por vez primera órganos unipersonales, los juzgados, frente a la tradición de órganos colegiados, los tribunales. Segundo, introduce varios niveles en la planta periférica, al distinguir órganos de ámbito provincial (Juzgados de lo Contencioso-Administrativo) y órganos de ámbito autonómico (Salas de lo Contencioso-Administrativo de los Tribunales Superiores de Justicia). Tercero, refuerza la planta de ámbito estatal al introducir los Juzgados Centrales de lo Contencioso-Administrativo.

Se pretende así superar el colapso de unos Tribunales que debían hacer frente a un número creciente de procesos, fruto del incremento de la actividad administrativa y de las nuevas competencias del orden contencioso-administrativo. Así, mediante múltiples reformas posteriores a la aprobación de la LJCA en 1998, se ha ido trasladando competencias funcionales desde los Tribunales Superiores de Justicia a los Juzgados de lo Contencioso-Administrativo y desde la Audiencia Nacional a los Juzgados Centrales de lo Contencioso-Administrativo.

2. La competencia

Si bien todos los órganos jurisdiccionales tienen atribuida de forma genérica la potestad jurisdiccional, resulta evidente que resulta necesario identificar al órgano que va a ejercerla en un asunto concreto. El conjunto de normas que distribuyen las causas entre los órganos jurisdiccionales se denomina competencia. Es competente el órgano jurisdiccional al que las normas de competencia atribuyen el conocimiento de un asunto.

Dispone el artículo 117 de la Constitución que "[e]l ejercicio de la potestad jurisdiccional en todo tipo de procesos, juzgando y haciendo ejecutar lo juzgado, corresponde exclusivamente a los Juzgados y Tribunales determinados por las leyes, según las normas de competencia y procedimiento que las mismas establezcan." Es más, contempla la Constitución que las normas de competencia deben garantizar el derecho constitucional al juez predeterminado, (art. 24.2 de la Constitución). Ninguna Administración, ningún juez puede modificar el juez predeterminado por las normas de competencia. Es esta garantía de la independencia judicial.

En primer lugar, hay que determinar si corresponde a un órgano judicial español el conocimiento de un proceso. Resulta este juicio más sencillo en el orden contencioso-administrativo que en otros como el civil.

En segundo lugar, hay que determinar la competencia genérica, esto es, el orden jurisdiccional al que corresponde conocer del proceso: civil, penal, contencioso-administrativo o laboral. Los artículos 1 a 4 de la LJCA delimitan el orden jurisdiccional contencioso-administrativo.

En tercer lugar, dada la existencia de numerosos órganos judiciales en el orden contencioso-administrativo, resulta necesario identificar el órgano competente de acuerdo con los denominados criterios de adjudicación. Dos son los criterios de adjudicación: objetivo y territorial.

El criterio objetivo o funcional atiende a la distribución del asunto según el objeto del proceso. Así, la LJCA atribuye las causas a cada órgano jurisdiccional en función del objeto del mismo. Por ejemplo, se atribuye la competencia para conocer los recursos contra los actos de la Comisión Nacional de los Mercados y la Competencia a la Sala de lo Contencioso-Administrativo de la Audiencia Nacional.

El criterio territorial atiende a la distribución del asunto según un criterio geográfico, entre los órganos jurisdiccionales del mismo rango distribuidos a lo largo del territorio. En función de este criterio será competente un Juzgado de lo Contencioso-Administrativo de Valencia o de Madrid.

En cuarto lugar, identificado el órgano jurisdiccional competente según los criterios objetivo y territorial, por ejemplo el Juzgado de lo Contencioso-Administrativo de Barcelona, cabe que existan varios juzgados en dicho ámbito. Del mismo modo, identificada la competencia de la Sala de lo Contencioso-Administrativo de la Audiencia Nacional, existen diversas secciones que pueden conocer de una causa. Las normas de reparto, normas que han de ser públicas, identifican al concreto órgano que va a resolver una causa.

II. LA COMPETENCIA OBJETIVA

En el sistema contencioso-administrativo español las reglas de distribución de competencias objetivas, esto es, por razón de la materia, prevalecen sobre otros criterios como el territorial, que se aplica secundariamente, salvo disposición expresa en contrario.

La competencia atribuida a los Juzgados y Tribunales para el conocimiento de recursos contra actos administrativos incluye la relativa a la inactividad y a las actuaciones constitutivas de vía de hecho.

Las referencias que se hacen a la Administración del Estado, Comunidades Autónomas y Entidades locales comprenden a las Entidades y Corporaciones dependientes o vinculadas a cada una de ellas.

Resulta de interés hacer referencia a dos escenarios no previstos expresamente en la LJCA. Primero, en el supuesto de acumulación de dos asuntos sujetos a la competencia de dos órganos jurisdiccionales diferentes, la competencia corresponde al órgano de mayor rango. Segundo, en el caso de avocación (art. 10 Ley 40/2015), la competencia viene determinada por el órgano avocante.

Conviene distinguir varios tipos de competencias por razón de la materia. 1) Competencias de carácter revisor: núcleo duro de la jurisdicción contencioso-administrativa, analiza la legalidad de los actos y disposiciones administrativos; 2) Competencias de resolución de recursos y cuestiones de competencia: resuelven recursos contra autos y sentencias de otros órganos jurisdiccionales del mismo orden, o cuestiones de competencia entre los mismos; y 3) Competencias de carácter autorizatorio: superan la tradicional competencia revisora, para introducir garantías en el ejercicio de la actividad administrativa, especialmente para proteger derechos fundamentales. Es el caso de las autorizaciones de acceso a domicilios para la realización de inspecciones domiciliarias.

III. LOS JUZGADOS DE LO CONTENCIOSO-ADMINISTRATIVO

1. El órgano

Los Juzgados de lo Contencioso-Administrativo son de reciente creación. Si bien se contemplaron ya en la LOPJ de 1985, tan solo se constituyeron con la aprobación de la LJCA en 1998.

Establece la LOPJ que se constituirán Juzgados de los Contencioso-Administrativo en cada provincia, con jurisdicción en toda ella y sede en su capital. Si el volumen de asuntos lo requiere pueden establecerse más Juzgados en una provincia, incluso en poblaciones diferentes a su capital.

Su rasgo más relevante es su carácter unipersonal, excepcional en el ámbito europeo, que otorga sistemáticamente a órganos colegiados el control de los actos administrativos.

El ámbito de competencias de estos Juzgados es algo errático. Es amplio en relación con las Administraciones locales (con la relevante excepción de los instrumentos de planeamiento urbanístico) pero más limitado en relación con los actos de la Administración autonómica y la Administración periférica del Estado. Los Juzgados conocen solo de los asuntos de limitada cuantía o los que generan un tráfico más masivo. Se comprueba así que estos Juzgados nacen para descargar de trabajo a las Salas de lo Contencioso-Administrativo de los Tribunales Superiores de Justicia, que mantienen la competencia residual. No se crearon estos Juzgados con la vocación de convertirse en una generalizada primera instancia en el orden contencioso-administrativo.

Los recursos contra las sentencias de estos Juzgados son competencia de las Salas de lo Contencioso-Administrativo de los Tribunales Superiores de Justicia.

2. Competencias de carácter revisor

Los Juzgados de lo Contencioso-Administrativo conocerán, en única o primera instancia de los recursos que se deduzcan frente a los actos de las entidades locales o de las entidades y corporaciones dependientes o vinculadas a las mismas, excluidas las impugnaciones de cualquier clase de instrumentos de planeamiento urbanístico.

Conocerán, asimismo, en única o primera instancia de los recursos que se deduzcan frente a los actos administrativos de la Administración de las Comunidades Autónomas, salvo cuando procedan del respectivo Consejo de Gobierno, cuando tengan por objeto: a) Cuestiones de personal, salvo que se refieran al nacimiento o extinción de la relación de servicio de funcionarios públicos de carrera; b) Las sanciones administrativas que consistan en multas no superiores a 60.000 euros y en ceses de actividades o privación de ejercicio de derechos que no excedan de seis meses; y c) Las reclamaciones por responsabilidad patrimonial cuya cuantía no exceda de 30.050 euros.

Conocerán en única o primera instancia de los recursos que se deduzcan frente a disposiciones y actos de la Administración periférica del Estado y de las

Comunidades Autónomas, contra los actos de los organismos, entes, entidades o corporaciones de derecho público, cuya competencia no se extienda a todo el territorio nacional y contra las resoluciones de los órganos superiores cuando confirmen íntegramente los dictados por aquellos en vía de recurso, fiscalización o tutela. Se exceptúan los actos de cuantía superior a 60.000 euros dictados por la Administración periférica del Estado y los organismos públicos estatales cuya competencia no se extienda a todo el territorio nacional, o cuando se dicten en ejercicio de sus competencias sobre dominio público, obras públicas del Estado, expropiación forzosa y propiedades especiales.

Conocerán, igualmente, de todas las resoluciones que se dicten en materia de extranjería por la Administración periférica del Estado o por los órganos competentes de las Comunidades Autónomas.

Corresponde conocer a los Juzgados de las impugnaciones contra actos de las Juntas Electorales de Zona y de las formuladas en materia de proclamación de candidaturas y candidatos efectuada por cualquiera de las Juntas Electorales, en los términos previstos en la legislación electoral.

3. Competencias de carácter autorizatorio

Conocerán también los Juzgados de lo Contencioso-Administrativo de las autorizaciones para la entrada en domicilios y restantes lugares cuyo acceso requiera el consentimiento de su titular, siempre que ello proceda para la ejecución forzosa de actos de la Administración pública. Se excepciona la ejecución de medidas de protección de menores acordadas por la Entidad Pública competente en la materia.

Asimismo, corresponderá a los Juzgados de lo Contencioso-Administrativo la autorización o ratificación judicial de las medidas que las autoridades sanitarias consideren urgentes y necesarias para la salud pública e impliquen privación o restricción de la libertad o de otro derecho fundamental.

Además, los Juzgados de lo Contencioso-Administrativo conocerán de las autorizaciones para la entrada e inspección de domicilios, locales, terrenos y medios de transporte que haya sido acordada por la Comisión Nacional de la Competencia, cuando, requiriendo dicho acceso e inspección el consentimiento de su titular, este se oponga a ello o exista riesgo de tal oposición.

IV. LOS JUZGADOS CENTRALES DE LO CONTENCIOSO-ADMINISTRATIVO

1. El órgano

Los Juzgados Centrales de lo Contencioso-Administrativo se contemplaron en la LOPJ de 1985 pero se crearon solo a partir de la LJCA de 1998.

La LOPJ establece que su sede está en Madrid, teniendo jurisdicción sobre toda España. Su competencia se centra en los actos de Administraciones con competencias en todo el territorio nacional.

Estos Juzgados surgen en paralelo a los Juzgados de lo Contencioso-Administrativo, también como órganos unipersonales, para descargar de trabajo a la Sala de lo Contencioso-Administrativo de la Audiencia Nacional. Asumen pues competencias en materias de escasa cuantía o de gran tráfico (por ejemplo, personal).

Los recursos contra las sentencias de estos Juzgados son competencia de la Sala de lo Contencioso-Administrativo de la Audiencia Nacional.

2. Competencias de carácter revisor

Los Juzgados Centrales de lo Contencioso-Administrativo conocerán de los recursos que se deduzcan frente a los actos administrativos que tengan por objeto:

a) En primera o única instancia en las materias de personal cuando se trate de actos dictados por Ministros y Secretarios de Estado, salvo que confirmen en vía de recurso, fiscalización o tutela, actos dictados por órganos inferiores, o se refieran al nacimiento o extinción de la relación de servicio de funcionarios de carrera, o a las materias recogidas en el artículo 11.1.a) sobre personal militar.

b) En única o primera instancia contra los actos de los órganos centrales de la Administración General del Estado que tengan por objeto sanciones administrativas que consistan en multas no superiores a 60.000 euros y en ceses de actividades o privación de ejercicio de derechos que no excedan de seis meses.

c) En primera o única instancia de los recursos contencioso-administrativos que se interpongan contra las disposiciones generales y contra los actos emanados de los organismos públicos con personalidad jurídica propia y entidades pertenecientes al sector público estatal con competencia en todo el territorio nacional, sin perjuicio de las competencias de la Audiencia Nacional.

d) En primera o única instancia, de los recursos contra las resoluciones dictadas por los Ministros y Secretarios de Estado en materia de responsabilidad patrimonial cuando lo reclamado no exceda de 30.050 euros.

e) En primera instancia, de las resoluciones que acuerden la inadmisión de las peticiones de asilo político.

f) En única o primera instancia, de las resoluciones que, en vía de fiscalización, sean dictadas por el Comité Español de Disciplina Deportiva en materia de disciplina deportiva.

3. Competencias de carácter autorizatorio

Corresponderá a los Juzgados Centrales de lo Contencioso-Administrativo, la autorización a que se refiere el artículo 8.2 de la Ley 34/2002 así como autorizar la ejecución de los actos adoptados por la Sección Segunda de la Comisión de Propiedad Intelectual para que se interrumpa la prestación de servicios de la sociedad de la información o para que se retiren contenidos que vulneren la propiedad intelectual, en aplicación de la Ley 34/2002, de 11 de julio, de Servicios de la Sociedad de la información y de Comercio Electrónico.

V. LOS TRIBUNALES SUPERIORES DE JUSTICIA

1. El órgano

Las Salas de lo Contencioso-Administrativo de los Tribunales Superiores de Justicia son las herederas de las correspondientes salas de las tradicionales Audiencias Territoriales.

Estas Salas extienden su jurisdicción al ámbito territorial de cada Comunidad Autónoma. Suelen tener su sede en la capital de la Comunidad, aunque existen excepciones, como es el caso de Granada o Burgos. Pueden estar formadas por varias secciones.

Las Salas de lo Contencioso-Administrativo de los Tribunales Superiores de Justicia, cuando el número de sus miembros exceda de cinco, actuarán divididas en Secciones, cuyo Presidente será el que lo fuere de la Sala o el Magistrado más antiguo de los que integren la Sección. Para la vista o deliberación y fallo, y despacho ordinario, será suficiente la concurrencia del que presida y dos Magistrados.

Las Salas de los Contencioso-Administrativo de los Tribunales Superiores de Justicia tiene la competencia residual en el orden contencioso-administrativo. Esto es, si las normas no atribuyen específicamente la competencia de un asunto a un concreto órgano jurisdiccional, se entiende que la competencia corresponde a estas Salas.

Estos órganos jurisdiccionales conocen fundamentalmente de los recursos contra actos de las Administraciones Locales, las Comunidades Autónomas y la Administración periférica del Estado que no están asignados a los Juzgados de lo Contencioso-Administrativo. Conocen así de los asuntos de mayor relevancia (recursos contra disposiciones generales, asuntos de mayor cuantía, etc.). Conocen igualmente, en segunda instancia, de los recursos contra las sentencias de los Juzgados de lo Contencioso-Administrativo.

Los Tribunales Superiores de Justicia de las Comunidades Autónomas culminan la organización judicial en dicho ámbito territorial, sin perjuicio de la jurisdicción del Tribunal Supremo, que conoce de los extraordinarios recursos contra sus sentencias.

2. Competencias de carácter revisor

Las Salas de lo Contencioso-Administrativo de los Tribunales Superiores de Justicia conocerán en única instancia de los recursos que se deduzcan en relación con:

a) Los actos de las Entidades locales y de las Administraciones de las Comunidades Autónomas, cuyo conocimiento no esté atribuido a los Juzgados de lo Contencioso-Administrativo.

b) Las disposiciones generales emanadas de las Comunidades Autónomas y de las Entidades locales.

c) Los actos y disposiciones de los órganos de gobierno de las asambleas legislativas de las Comunidades Autónomas, y de las instituciones autonómicas análogas al Tribunal de Cuentas y al Defensor del Pueblo, en materia de personal, administración y gestión patrimonial.

d) Los actos y resoluciones dictados por los Tribunales Económico-Administrativos Regionales y Locales que pongan fin a la vía económico-administrativa.

e) Las resoluciones dictadas por el Tribunal Económico-Administrativo Central en materia de tributos cedidos.

f) Los actos y disposiciones de las Juntas Electorales Provinciales y de Comunidades Autónomas, así como los recursos contencioso-electorales contra acuerdos de las Juntas Electorales sobre proclamación de electos y elección y proclamación de Presidentes de Corporaciones locales, en los términos de la legislación electoral.

g) Los convenios entre Administraciones públicas cuyas competencias se ejerzan en el ámbito territorial de la correspondiente Comunidad Autónoma.

h) La prohibición o la propuesta de modificación de reuniones previstas en la Ley Orgánica 9/1983, de 15 de julio, Reguladora del Derecho de Reunión.

i) Los actos y resoluciones dictados por órganos de la Administración General del Estado cuya competencia se extienda a todo el territorio nacional y cuyo nivel orgánico sea inferior al de Ministro o Secretario de Estado en materias de personal, propiedades especiales y expropiación forzosa.

j) Los actos y resoluciones de los órganos de las Comunidades Autónomas competentes para la aplicación de la Ley de Defensa de la Competencia.

k) Las resoluciones dictadas por el órgano competente para la resolución de recursos en materia de contratación previsto en el artículo 311 de la Ley 30/2007, de 30 de octubre, de Contratos del Sector Público, en relación con los contratos incluidos en el ámbito competencial de las Comunidades Autónomas o de las Corporaciones locales.

l) Las resoluciones dictadas por los Tribunales Administrativos Territoriales de Recursos Contractuales.

m) Cualesquiera otras actuaciones administrativas no atribuidas expresamente a la competencia de otros órganos de este orden jurisdiccional.

3. Competencias de resolución de recursos y cuestiones de competencia

Conocerán, en segunda instancia, de las apelaciones promovidas contra sentencias y autos dictados por los Juzgados de lo Contencioso-administrativo, y de los correspondientes recursos de queja.

También les corresponde, con arreglo a lo establecido en esta Ley, el conocimiento de los recursos de revisión contra las sentencias firmes de los Juzgados de lo Contencioso-administrativo.

Conocerán de las cuestiones de competencia entre los Juzgados de lo Contencioso-administrativo con sede en la Comunidad Autónoma.

Conocerán del recurso de casación para la unificación de doctrina.

Conocerán del recurso de casación en interés de la ley.

VI. LA AUDIENCIA NACIONAL

1. El órgano

La Sala de lo Contencioso-Administrativo de la Audiencia Nacional fue creada en 1977. Tiene su sede en Madrid y jurisdicción en toda España. La Sala tiene varias Secciones, cuyo Presidente será el que lo fuere de la Sala o el Magistrado más antiguo de los integrantes de la Sección.

La Audiencia Nacional conoce de los recursos contra actos y disposiciones emanados de concretos órganos administrativos con competencias de ámbito nacional y de elevado rango (Ministros, Secretarios de Estado, Banco de España, CNMC, etc.). Igualmente, conoce de los recursos interpuestos contra autos y sentencias de los Juzgados Centrales de lo Contencioso-Administrativo.

Las sentencias de la Sala de lo Contencioso-Administrativo de la Audiencia Nacional se recurren ante el Tribunal Supremo.

2. Competencias de carácter revisor

La Sala de lo Contencioso-administrativo de la Audiencia Nacional conocerá en única instancia:

a) De los recursos que se deduzcan en relación con las disposiciones generales y los actos de los Ministros y de los Secretarios de Estado en general y en materia de personal cuando se refieran al nacimiento o extinción de la relación de servicio de funcionarios de carrera. Asimismo conocerá de los recursos contra los actos de cualesquiera órganos centrales del Ministerio de Defensa referidos a ascensos, orden y antigüedad en el escalafonamiento y destinos.

b) De los recursos contra los actos de los Ministros y Secretarios de Estado cuando rectifiquen en vía de recurso o en procedimiento de fiscalización o de tutela los dictados por órganos o entes distintos con competencia en todo el territorio nacional.

c) De los recursos en relación con los convenios entre Administraciones públicas no atribuidos a los Tribunales Superiores de Justicia.

d) De los actos de naturaleza económico-administrativa dictados por el Ministro de Economía y Hacienda y por el Tribunal Económico-Administrativo Central, con excepción de lo dispuesto en el artículo 10.1.e).

e) De los recursos contra los actos dictados por la Comisión de Vigilancia de Actividades de Financiación del Terrorismo, y de la autorización de prórroga de los plazos de las medidas de dicha Comisión, conforme a lo previsto en la Ley de Prevención y Bloqueo de la Financiación del Terrorismo.

f) Las resoluciones dictadas por el Tribunal Administrativo Central de Recursos Contractuales, con excepción de lo dispuesto en el artículo 10.1.k).

g) De los recursos contra los actos del Banco de España, la CNMV y del Fondo de Reestructuración Ordenada Bancaria.

h) De los recursos interpuestos por la Comisión Nacional de los Mercados y la Competencia en defensa de la unidad de mercado. Queda excluido, sin embargo, el conocimiento de actos y disposiciones emanados del Consejo de Ministros, competencia del Tribunal Supremo.

3. Competencias de resolución de recursos y cuestiones de competencia

La Audiencia Nacional conocerá, en segunda instancia, de las apelaciones contra autos y sentencias dictados por los Juzgados Centrales de lo Contencioso-administrativo y de los correspondientes recursos de queja.

Conocerá de los recursos de revisión contra sentencias firmes dictadas por los Juzgados Centrales de lo Contencioso-administrativo.

También conocerá de las cuestiones de competencia que se puedan plantear entre los Juzgados Centrales de lo Contencioso-administrativo.

VII. EL TRIBUNAL SUPREMO

1. El órgano

El Tribunal Supremo es el órgano jurisdiccional superior en todos los órdenes. Tiene jurisdicción en toda España y sede en Madrid. La Sala Tercera de lo Contencioso-Administrativo está dividida en Secciones, cuyo Presidente será el que lo fuere de la Sala o el Magistrado más antiguo de los que integren la Sección. Para la vista o deliberación y fallo será necesaria la concurrencia del que presida y de los Magistrados siguientes: a) Todos los que componen la Sección para decidir los recursos de casación y revisión; b) Cuatro en los demás casos. Para el despacho ordinario será suficiente la concurrencia del que presida y dos Magistrados.

La Sala de lo Contencioso-administrativo del Tribunal Supremo conoce de los recursos contra actos y disposiciones del Consejo de Ministros y actos de administración de las principales instituciones constitucionales (CGPJ, Cortes, Tribunal Constitucional, Tribunal de Cuentas y Defensor del Pueblo). Conoce igualmente de los recursos contra autos y sentencias de la Audiencia Nacional y los Tribunales Superiores de Justicia.

Excepcional resulta el régimen de la Sala prevista en el artículo 61 LOPJ. Esta Sala está formada por el Presidente del Tribunal Supremo, los Presidentes de Sala y el Magistrado más antiguo y el más moderno de cada una de ellas. Esta sala tiene competencias en asuntos extraordinarios.

2. Competencias de carácter revisor

La Sala de lo Contencioso-administrativo del Tribunal Supremo conocerá en única instancia de los recursos que se deduzcan en relación con:

a) Los actos y disposiciones del Consejo de Ministros y de las Comisiones Delegadas del Gobierno.

b) Los actos y disposiciones del Consejo General del Poder Judicial.

c) Los actos y disposiciones en materia de personal, administración y gestión patrimonial adoptados por los órganos competentes del Congreso de los Diputados, del Senado, del Tribunal Constitucional, del Tribunal de Cuentas y del Defensor del Pueblo.

3. Competencias de resolución de recursos y cuestiones de competencia

a) Los recursos de casación de cualquier modalidad, en los términos establecidos por esta Ley, y los correspondientes recursos de queja.

b) Los recursos de casación y revisión contra las resoluciones dictadas por el Tribunal de Cuentas, con arreglo a lo establecido en su Ley de Funcionamiento.

c) Los recursos de revisión contra sentencias firmes dictadas por las Salas de lo Contencioso-administrativo de los Tribunales Superiores de Justicia, de la Audiencia Nacional y del Tribunal Supremo, salvo lo dispuesto en el artículo 61.1.1.o de la Ley Orgánica del Poder Judicial.

4. Otras competencias

a) Los recursos que se deduzcan en relación con los actos y disposiciones de la Junta Electoral Central, así como los recursos contencioso-electorales que se deduzcan contra los acuerdos sobre proclamación de electos en los términos previstos en la legislación electoral.

b) Los recursos deducidos contra actos de las Juntas Electorales adoptados en el procedimiento para elección de miembros de las Salas de Gobierno de los Tribunales, en los términos de la Ley Orgánica del Poder Judicial.

5. Competencias de las Sala del 61

La Sala prevista en el artículo 61 LOPJ conocerá de los siguientes asuntos:

a) De los recursos de revisión contra las sentencias dictadas en única instancia por la Sala de lo Contencioso-Administrativo de dicho Tribunal.

b) De los incidentes de recusación del Presidente del Tribunal Supremo, o de los Presidentes de Sala, o de más de dos Magistrados de una Sala. En este caso, los afectados directamente por la recusación serán sustituidos por quienes corresponda.

c) Del conocimiento de las pretensiones de declaración de error judicial cuando este se impute a una Sala del Tribunal Supremo.

d) De los procesos de declaración de ilegalidad y consecuente disolución de los partidos políticos, conforme a lo dispuesto en la Ley Orgánica 6/2002, de 27 de junio, de Partidos Políticos.

VIII. LA COMPETENCIA TERRITORIAL

Tres son los criterios territoriales para la distribución de competencias entre órganos jurisdiccionales con la misma competencia objetiva pero que actúan en ámbitos geográficos diferentes (Juzgados de lo Contencioso-Administrativo y Salas de lo Contencioso Administrativo de los Tribunales Superiores de Justicia).

Con carácter general, prima el criterio de la sede del órgano administrativo cuyo acto o disposición es objeto de recurso. Así, será competente el órgano jurisdiccional en cuya circunscripción tenga su sede el órgano que hubiere dictado la disposición o el acto originario impugnado. Por ejemplo, un recurso contra una disposición emanada del Gobierno de Extremadura será conocido por la Sala de lo Contencioso-Administrativo del Tribunal Superior de Justicia de Extremadura, y no de Andalucía o Cataluña.

La regla general tiene dos excepciones. En primer lugar, se reconoce en algunos supuestos el foro electivo. Así, cuando el recurso tenga por objeto actos de las Administraciones públicas en materia de responsabilidad patrimonial, personal, propiedades especiales y sanciones será competente, a elección del demandante, el juzgado o el tribunal en cuya circunscripción tenga aquel su domicilio o se halle la sede del órgano autor del acto originario impugnado. El foro electivo está sujeto a dos restricciones: 1) Cuando el recurso tenga por objeto actos de las Administraciones de las Comunidades Autónomas o de las entidades de la Administración Local, la elección a que se refiere esta regla segunda se entenderá limitada a la circunscripción del Tribunal Superior de Justicia en que tenga su sede el órgano que hubiere dictado el acto originario impugnado. 2) Cuando el acto originario impugnado afectase a una pluralidad de destinatarios y fueran diversos los Juzgados o Tribunales competentes según las reglas anteriores, la competencia vendrá atribuida al órgano jurisdiccional en cuya circunscripción tenga su sede el órgano que hubiere dictado el acto originario impugnado.

En segundo lugar, la competencia corresponderá al órgano jurisdiccional en cuya circunscripción radiquen los inmuebles afectados cuando se impugnen planes de ordenación urbana y actuaciones urbanísticas, expropiatorias y, en general, las que comporten intervención administrativa en la propiedad privada.

IX. NORMAS DE REPARTO

La existencia de varias Salas de un mismo Tribunal o de varias Secciones de una misma Sala exige definir unas normas de reparto de los asuntos. En el mismo supuesto nos encontramos cuando existen varios Juzgados en la misma demarcación. No nos encontramos en este supuesto ante unas normas de atribución de competencia, sino ante meras normas de reparto de asuntos.

El reparto de asuntos entre las diversas Salas de un mismo Tribunal, o entre las diversas Secciones de una misma Sala, será acordada por la Sala de Gobierno del respectivo Tribunal. Es habitual tomar en consideración la materia, para garantizar la máxima especialización de los jueces. También es habitual utilizar como criterio de reparto el órgano administrativo que dictó la resolución impugnada. Es importante garantizar un reparto equilibrado de las cargas de trabajo.

La distribución de asuntos entre los diversos Juzgados de lo Contencioso-administrativo de una misma población se realiza por la Sala de Gobierno del Tribunal Superior de Justicia, a propuesta de la Junta de Jueces de este orden jurisdiccional.

Los acuerdos sobre distribución de asuntos se adoptarán cada dos años y se comunicarán al Consejo General del Poder Judicial al solo efecto de su publicación, antes de la apertura de Tribunales, en el *Boletín Oficial del Estado* o en el de la Comunidad Autónoma, según corresponda.

X. PROCEDIMIENTOS PARA APRECIAR LA COMPETENCIA

El órgano jurisdiccional dispone de varios momentos para evaluar su competencia para conocer un asunto.

Una vez recibido el expediente administrativo, el órgano jurisdiccional podrá declarar no haber lugar a la admisión del recurso cuando constate de modo inequívoco y manifiesto su falta de jurisdicción o competencia. Antes de pronunciarse sobre la inadmisión del recurso, hará saber a las partes el motivo en que pudiera fundarse para que, en el plazo común de diez días, aleguen lo que estimen procedente y acompañen los documentos a que hubiera lugar. Declarada la inadmisión, se remitirán las actuaciones al órgano de la Jurisdicción que se estime competente para que ante él siga el curso del proceso. Si la competencia pudiera corresponder a un Tribunal superior en grado, se acompañará una exposición razonada, estándose a lo que resuelva este.

Las partes demandadas podrán alegar, dentro de los primeros cinco días del plazo para contestar la demanda, los motivos que pudieren determinar la incompetencia del órgano jurisdiccional.

Más allá de estos precisos trámites previstos expresamente en la LJCA, de forma general se contempla un sencillo procedimiento específico para la apreciación de la competencia en cualquier otro momento del proceso.

La competencia deberá ser apreciada por el propio órgano jurisdiccional, incluso de oficio, previa audiencia de las partes y del Ministerio Fiscal por plazo común de diez días. La declaración de incompetencia adoptará la forma de auto y deberá efectuarse antes de la sentencia, remitiéndose las actuaciones al órgano de la Jurisdicción que se estime competente para que ante él siga el curso del proceso. Si la competencia pudiera corresponder a un Tribunal superior en grado, se acompañará una exposición razonada, estándose a lo que resuelva este.

BIBLIOGRAFÍA BÁSICA: Santamaría Pastor, J. A.: *La Ley Reguladora de la Jurisdicción Contencioso-Administrativa. Comentario*, Iustel, Madrid, 2012; VV. AA.: *Estudio de la Ley de la Jurisdicción Contencioso-Administrativa*, Tirant lo Blanch, Valencia, 2014.

BIBLIOGRAFÍA COMPLEMENTARIA: Bocanegra Sierra, R.: "Consideraciones sobre la planta de la jurisdicción contencioso-administrativa (modelo español y modelos comparados)", *Revista de Administración Pública*, núm. 161, 2003, pp. 15 y ss.; Chamorro González, J. M.: "El diseño competencial del orden jurisdiccional contencioso-administrativo establecido por la Ley 29/1998, de 13 de julio", *Revista Española de Derecho Administrativo*, núm. 102, 1999, pp. 213 y ss.; Ezquerra Huerva, A.: "El fuero electivo en la Ley de la Jurisdicción Contencioso-Administrativa. Consideraciones a la luz de la jurisprudencia reciente", *Revista de Administración Pública*, núm. 157, 2002, pp. 261 y ss.

JURISPRUDENCIA DESTACADA:

Sobre la inadmisión del recurso por haberlo planteado anteriormente a juez incompetente, ver STC 44/2005.

Sobre la autorización de entrada a domicilio ver STS de 25 de abril de 2003.

Sobre la competencia para revisar actos delegados ver STS de 25 de noviembre de 2001

Sobre la competencia de actos dictados por órganos de la UNED ver STS de 28 de mayo de 2003.

Sobre la competencia de la TSJ en relación con los actos de los Jurados autonómicos de Expropiación ver STS de 9 de marzo de 2005.

Sobre la competencia del TS en materia de responsabilidad del Estado legislador, ver ATS de 19 de junio de 2003.

Sobre la competencia del TS en relación con actos del Presidente del Gobierno, ver STS 3 de junio de 2004.

Sobre la aplicación del fuero electivo en el ámbito territorial de un TSJ ver STS de 20 de noviembre de 2000.

LECCIÓN 4

LAS PARTES EN EL PROCESO CONTENCIOSO-ADMINISTRATIVO

JESÚS ÁNGEL FUENTETAJA PASTOR

SUMARIO:

I. INTRODUCCIÓN

Dos requisitos se exigen para ser parte en el proceso contencioso-administrativo: capacidad y legitimación. La capacidad consiste en la aptitud genérica de ser parte en cualquier proceso y de poder realizar actuaciones válidas en el mismo, aptitud que se deriva de la propia personalidad jurídica, aunque excepcionalmente la Ley reconozca tal capacidad sin existencia de personalidad. Por su parte, la legitimación implica una relación especial y concreta entre una persona y una situación jurídica en litigio.

II. CAPACIDAD PROCESAL

La Ley de la Jurisdicción Contencioso-Administrativa no recoge una regulación específica de la capacidad procesal, pues se remite para ello a la Ley de

Enjuiciamiento Civil, limitándose a incluir dos especificaciones adicionales. En realidad, aquella Ley soslaya la problemática de la capacidad procesal pues prefiere superarla, regulando directamente la legitimación.

1. Personas capacitadas

La LJ señala, como regla general, que tienen capacidad procesal ante el orden jurisdiccional contencioso-administrativo las personas que la ostenten con arreglo a la LEC. Esta Ley, por un lado, desdobla esa genérica «capacidad procesal» en la capacidad para ser parte en los procesos (artículo 6) y la capacidad para comparecer o actuar en juicio (artículo 7) y, por otro, incluye entre las personas con esa capacidad a las personas físicas y jurídicas y al Ministerio Fiscal, pues el resto de supuestos se caracterizan por carecer de personalidad.

Como única regla singular, la LJ establece que también tendrán capacidad procesal en el orden contencioso-administrativo los menores de edad para la defensa de aquellos de sus derechos e intereses legítimos cuya actuación les esté permitida por el ordenamiento jurídico sin necesidad de asistencia de la persona que ejerza la patria potestad, tutela o curatela. Por tanto, los menores no solo deben ser los titulares de derechos e intereses legítimos sino que también deben poder ejercitarlos por sí mismos, para lo cual es necesario que el Ordenamiento no exija la intervención de una tercera persona (titular de patria potestad, tutela, etc.).

2. Entidades capacitadas

La Ley de la Jurisdicción Contencioso-Administrativo establece que, además de las personas físicas o jurídicas que, con carácter general en el ámbito procesal, están dotadas de capacidad procesal, también la tendrán una serie de entidades heterogéneas en su composición y en su forma, pero caracterizadas por no estar dotadas de personalidad jurídica aunque sí son aptas hoy día para ser titulares de derechos y obligaciones al margen de su integración en las estructuras formales de las personas jurídicas.

La Ley de Enjuiciamiento Civil ya prevé este fenómeno de capacitación sin personalidad, al citar, por ejemplo, los supuestos de masas patrimoniales o los patrimonios separados que carezcan transitoriamente de titular o cuyo titular haya sido privado de sus facultades de disposición y administración; las entidades sin personalidad jurídica a las que la ley reconozca capacidad para ser parte; los grupos de consumidores o usuarios y las entidades habilitadas conforme a la normativa comunitaria europea para el ejercicio de la acción de cesación en defensa de los intereses colectivos y de los intereses difusos de los consumidores y usuarios.

Ya en el ámbito propio de la Jurisdicción Contencioso-Administrativa, la Ley habla de grupos de afectados (*v. gr.* comunidades de propietarios), uniones sin personalidad (*v. gr.* uniones temporales de empresas en el ámbito de la contratación administrativa) y patrimonios independientes o autónomos.

III. LEGITIMACIÓN

Como señala PARADA, la legitimación es un concepto clave en la caracterización de la justicia administrativa, pues si para considerar su existencia bastara con invocar la defensa de la legalidad frente a la presunta infracción cometida por la Administración, todos los ciudadanos podrían recurrir contra cualesquiera actos de cualquier Administración y nos encontraríamos, en última instancia, ante una acción popular. Pero si el ejercicio del recurso se limita a quien acredita una lesión jurídica, nos encontraríamos ante una legitimación subjetiva y un proceso contencioso-administrativo garantista únicamente de los derechos e intereses de los particulares y no de la legalidad. "Precisamente –concluye este autor– la evolución garantista de lo Contencioso-Administrativo está ligada a una evolución ampliadora de la legitimación y del paso de un proceso protector únicamente de derechos subjetivos a un proceso que, además, se abre a la protección de intereses, inicialmente personales y directos, y después simplemente legítimos".

La legitimación implica una relación especial entre una persona y una situación jurídica en litigio, relación que determina que solo esa persona pueda actuar como actor o demandado en ese pleito. Esta idoneidad específica se deriva del problema de fondo a discutir en el proceso, por lo que trasciende su mera consideración procesal. De ahí que el Tribunal Constitucional considere que la legitimación, más que un presupuesto del proceso, es un requisito de la fundamentación de la pretensión y, en cuanto tal, pertenece al fondo del asunto (STC 214/1991, de 11 de noviembre).

1. Legitimación activa

En primer lugar, hay que señalar que la legitimación se encuentra vinculada constitucionalmente al derecho a la tutela judicial efectiva, que los Jueces y Tribunales garantizan respecto a los derechos o intereses legítimos de todas las personas. Como consecuencia, en segundo lugar, la legitimación pivota alrededor del concepto de "derechos o intereses legítimos", lo que procesalmente nos sitúa más en el ámbito del objeto del proceso que en el de la parte y de su pretensión. De ahí que la Ley regule la legitimación desde esta perspectiva. En tercer lugar, el interés legítimo permite restringir o delimitar la legitimación, para evitar que esta se difumine en una legitimación universal que pudiera encontrar su fundamento en un abstracto interés por la legalidad.

Partiendo de estas premisas, la legitimación se concibe como la existencia de una relación material unívoca entre el sujeto y el objeto de la pretensión deducida en el recurso contencioso-administrativo, en referencia a un interés en sentido propio, identificado y específico, de tal forma que la anulación del acto o la disposición impugnados produzca automáticamente un efecto positivo (beneficio) o negativo (perjuicio), actual o futuro, pero cierto.

1.1. *Las personas físicas o jurídicas que ostenten un derecho o interés legítimo*

Se trata de la regla general de legitimación, pues la Ley, en los demás supuestos, explicita o singulariza según los sujetos o el objeto del proceso.

La ostentación de un «derecho» por parte de una persona física o jurídica no plantea especiales dificultades, por la formalización externa que normalmente presenta aquel, al menos a efectos de legitimación en cuanto que presupuesto procesal, pues su existencia solo se puede dilucidar al resolver el fondo del litigio.

Mayor complejidad y trascendencia presenta el concepto de «interés legítimo» que, por otra parte, es una categoría más amplia que la de derecho subjetivo (STC 186/2013, de 4 de noviembre). Comúnmente se entiende por tal interés, aquel que, de prosperar el recurso, bien produce un beneficio, bien evita un perjuicio. En un sentido más estricto, el interés legítimo que fundamente la legitimación supone la titularidad potencial de una posición de ventaja o de una utilidad jurídica por parte de quien ejercita la pretensión y que se materializaría de prosperar esta.

La jurisprudencia lo ha definido como toda situación jurídica individualizada, caracterizada, por un lado, por singularizar la esfera jurídica de una persona respecto de las de la generalidad de los ciudadanos o administrados en sus relaciones con la Administración Pública, y dotada, por otro, de consistencia y lógica jurídico-administrativas propias, independientes de su conexión o derivación con verdaderos derechos subjetivos (STS 31 mayo 2006).

A partir de aquí, el interés legítimo deberá venir cualificado por una serie de características necesarias, de manera que ha de ser propio, cualificado o específico (STC 257/198, de 22 de diciembre), o cierto y concreto, sin que baste, por tanto, su mera invocación abstracta y general o la mera posibilidad de su acaecimiento (STS 8 de febrero de 1999, entre otras muchas).

1.2. *Legitimación de entidades representativas*

La LJ también reconoce legitimación a las corporaciones, asociaciones, sindicatos y grupos y entidades capacitadas.

Con esta previsión legal se da entrada a la legitimación activa de intereses colectivos, pero residenciados en organizaciones representativas de esos intereses, por lo que el «interés colectivo» no es un «interés difuso». El Ordenamiento vela de esta manera por posibilitar que las distintas formas asociativas de profesionales, usuarios, etc., en que se articula hoy día la sociedad, puedan actuar válidamente ante la Jurisdicción contencioso-administrativa.

Así, por ejemplo, el Tribunal Constitucional justifica la extensión del concepto de interés porque dentro del actual Estado Social y Democrático de Derecho el individuo se encuentra en la necesidad de asociarse o agruparse para articular medidas efectivas de defensa ante poderosas y anónimas organizaciones administrativas; se otorga preeminencia a los derechos ciudadanos dando lugar a la consideración de un interés general que trasciende el que asume y gestiona la administración como única y legítima representante del mismo, dando lugar a la aparición progresiva de intereses difusos y colectivos que conforman el interés general y que demandan su reconocimiento y protección. El interés legítimo abarca no solo el interés directo, sino también el indirecto, de suerte que todo interés individual y social tutelado por el Derecho indirectamente con motivo de la protección del interés general podía clasificarse como interés legítimo (SSTC de 11 de julio y 17 octubre 1983).

Para ello, la LJ exige que estas entidades representativas de intereses colectivos, bien estén legalmente habilitadas para la defensa de los derechos e intereses legítimos colectivos, bien resulten afectadas.

Esta exigencia de afectación implica que la entidad debe demostrar la existencia de un vínculo específico entre el objeto del proceso y los fines y objetivos en cuya defensa está interesada, sin que quepa invocar la genérica defensa de unos intereses colectivos (profesionales, asociativos, etc.). Ello excluye, por ejemplo, que se pueda reconocer la legitimación activa por el mero hecho de una autoatribución estatutaria que hiciera una determinada entidad al crearse.

Así, por ejemplo, se reconoce legitimación a los **Colegios Profesionales** (y a sus órganos corporativos de segundo grado) para actuar en defensa de la profesión y de sus colegiados, pudiendo actuar tanto en nombre de los colegiados y en defensa de sus derechos particulares como en defensa de los intereses colectivos que justifican la existencia del Colegio.

Asimismo, en el caso de los **sindicatos**, se reconoce a estos una función genérica de representación y defensa, no solo de los intereses de sus afiliados, sino también de los intereses colectivos de los trabajadores en general. No obstante, "esa genérica legitimación abstracta debe proyectarse de un modo particular sobre el objeto de las acciones que esgriman ante los jueces y tribunales mediante un vínculo o conexión entre el sindicato y la pretensión ejercitada, porque esa función atribuida constitucionalmente a los sindicatos no los transforma en guardianes abstractos de la legalidad. El vínculo exigible entre la actividad o fines del sindicato y el objeto del pleito ha de ser ponderado en cada caso, lo que en el proceso contencioso-administrativo implica la necesidad de acudir a las nociones de interés profesional o económico, traducible en una ventaja o beneficio cierto, cualificado y específico derivado del eventual éxito de la acción entablada" (STS de 20 de octubre de 2010, que negó la legitimación del Sindicato de Técnicos del Ministerio de Hacienda para impugnar determinados preceptos reglamentarios que desarrollaban legislación relativa a la prevención del fraude fiscal).

1.3. *La legitimación de las Administraciones Públicas*

Otra de las características de la legitimación en el proceso contencioso-administrativo es su ampliación a resultas de la evolución político-administrativa española que, al dotar de autonomía constitucional a las Administraciones Públicas nuevas (autonómica) o renovadas (local), obliga inexorablemente a una judicialización contenciosa de las relaciones de conflicto entre todas ellas (incluido, obviamente, el Estado), como consecuencia de la práctica eliminación de mecanismos gubernativos o administrativos de control de unas Administraciones sobre otras.

La legitimación de las Administraciones Públicas se fundamenta en el interés público que fundamenta e informa, de manera abstracta, su actuación. Ahora bien, la existencia de diferentes Administraciones Públicas obliga a circunscribir su legitimación a la preservación de su autonomía y de sus competencias, salvo en el caso de la Administración del Estado, por los intereses generales y superiores a los que sirve, no obstante lo cual no queda eximida de demostrar el derecho o interés legítimo que ostenta.

A esta diversificación territorial e institucional de la legitimación en función de las Administraciones Públicas, hay que añadir una serie de criterios generales comunes a todas ellas (como el proceso de lesividad o la actuación por medio de tercero), así como las especiales legitimaciones que se reconocen en función de determinadas actuaciones administrativas (contratación y deporte).

1.3.1. *Las Administraciones Públicas*

Como señalábamos, las Administraciones Públicas, en virtud del interés público al que sirven, tienen reconocida legitimación pero solo para preservar el ámbito de su autonomía (Comunidades Autónomas, Entidades locales y Entes de Derecho Público), esto es, para defender su autonomía y el ejercicio de sus competencias respecto a la actuación de las demás Administraciones Públicas.

a) En el caso de la **Administración del Estado**, se le exige ostentar un derecho o interés legítimo para impugnar los actos y disposiciones de la Administración de las Comunidades Autónomas y de los Organismos públicos vinculados a estas, así como los de las Entidades locales, de conformidad con lo dispuesto en la legislación de régimen local, y los de cualquier otra entidad pública no sometida a su fiscalización.

b) La legitimación de la Administración de las **Comunidades Autónomas** lo es para impugnar los actos y disposiciones que afecten al ámbito de su autonomía, emanados de la Administración del Estado y de cualquier otra Administración u Organismo público, así como los de las Entidades locales, de conformidad con lo dispuesto en la legislación de régimen local.

c) Por su parte, las **Entidades locales** territoriales están legitimadas para impugnar los actos y disposiciones que afecten al ámbito de su autonomía, emanados de las Administraciones del Estado y de las Comunidades Autónomas, así como los de Organismos públicos con personalidad jurídica propia vinculados a una y otras o los de otras Entidades locales.

   Peculiar es el caso de la ***acción vecinal***, esto es, el ejercicio de acciones por los vecinos en nombre e interés de las Entidades locales, que se rige por lo dispuesto en la legislación de régimen local. Como puede observarse, se trata de una legitimación por sustitución de la entidad local, pues el interés que legitima para actuar es el de la Entidad local, no el de los vecinos directamente. Esta sustitución procesal (regulada en el artículo 68.2 LBRL) se aplica al ejercicio de acciones civiles o de otra índole en defensa de los bienes y derechos de la Corporación, pero es improcedente emplearla tramitando de forma privada un expediente administrativo frente a actos de la propia Corporación, para lo cual lo procedente es impugnarlos en vía administrativa y, en su caso, en vía contenciosa (STS de 10 enero 1996).

d) Finalmente, la Ley reconoce legitimación a las **Entidades de Derecho público** con personalidad jurídica propia vinculadas o dependientes de cualquiera de las Administraciones públicas para impugnar los actos o disposiciones que afecten al ámbito de sus fines, excepto los que provengan de la actividad de la Administración de la que dependan (a no ser que, por Ley, se haya dotado de un estatuto específico de autonomía respecto de dicha Administración).

1.3.2. *Criterios generales*

a) En primer lugar, la Ley establece que la Administración autora de un acto está legitimada para impugnarlo ante este orden jurisdiccional, previa su declaración de ***lesividad*** para el interés público (procedimiento de revisión de oficio regulado en la Ley 39/2015, de 1 de octubre, de Procedimiento Administrativo Común).

b) En segundo lugar, la Ley explicita que los órganos –colegiados o unipersonales– de una Administración y los miembros de sus órganos colegiados no podrán interponer recurso contencioso-administrativo contra la actividad de esa Administración pública, salvo que una Ley lo autorice expresamente (por ejemplo, los miembros de las corporaciones locales pueden impugnar los actos de las mismas si votaron en contra de ellos: art. 63.1 LBRL).

c) Y, en tercer lugar, los particulares, cuando obren por delegación o como meros agentes o mandatarios de una Administración, tampoco podrán interponer recurso contencioso-administrativo contra la actividad de esa Administración pública. El alcance de esta prohibición se limitaría a la actividad que la Administración despliega en el seno de la relación jurídica entablada con el agente o mandatario y en relación con aquellos aspectos que tengan que ver con la expresión de la voluntad administrativa a través de dichos agentes o mandatarios, incluyendo los actos y disposiciones encaminados a la organización del servicio (LÓPEZ BENÍTEZ).

1.3.3. *Criterios especiales de legitimación en función de la actividad administrativa*

Atendiendo a motivaciones de política legislativa, cierta actividad administrativa, por razón de la materia, ha determinado que la legitimación para recurrir contra ella se haya regulado de forma especial, en algunos casos con notable generosidad.

1) En el caso de las decisiones adoptadas por los órganos administrativos a los que corresponde resolver los recursos especiales y las reclamaciones **en materia de contratación** a que se refiere la legislación de Contratos del Sector Público, estarán legitimados tanto las Administraciones Públicas (sin necesidad de previa declaración de lesividad, única previsión original de la regulación) como los particulares.

2) Por su parte, la legitimación para recurrir ante la Jurisdicción contencioso-administrativa las resoluciones del **Tribunal Administrativo del Deporte** que se dicten en asuntos de disciplina deportiva en materia de dopaje se reconoce a todas las personas mencionadas en el artículo 40.4 de la Ley Orgánica3/2013, de 20 de junio, de Protección de la Salud del Deportista y Lucha contra el Dopaje en la Actividad Deportiva. A saber, con carácter general, todas las personas físicas o jurídicas afectadas por la resolución dictada y, en todo caso: a) El deportista o sujeto afectado por la resolución; b) La eventual parte contraria en la resolución o los perjudicados por la decisión; c) La Federación deportiva internacional correspondiente; d) El organismo antidopaje del país de residencia del sujeto afectado; e) La Agencia Española de Protección de la Salud en el Deporte; f) La Agencia Mundial Antidopaje y g) El Comité Olímpico Internacional o el Comité Paralímpico Internacional cuando la resolución afecte a los Juegos Olímpicos o Juegos Paralímpicos.

1.4. *El Ministerio Fiscal*

La legitimación del Ministerio Fiscal en el orden jurisdiccional contencioso-administrativo se condiciona a que venga establecida por Ley para determinado caso de asuntos o de procesos (como el de protección de los derechos fundamentales de la persona, recogida en la propia LJ). No obstante, resulta excesivo considerar al Ministerio Fiscal como una «parte legitimada» en el proceso, pues su intervención procesal tiene un origen *ex lege* y actúa en su seno en defensa de la legalidad (Santamaría Pastor).

1.5. *Acción popular*

La Ley reconoce legitimación a cualquier ciudadano, en ejercicio de la acción popular y, consecuentemente, sin tener que demostrar interés alguno, en los casos expresamente previstos por las Leyes. El objeto de las Leyes que excepcionalmente reconocen esta legitimación general es lo suficientemente significativo para entender los bienes que se pretenden proteger jurisdiccionalmente: Patrimonio Histórico Español; Costas; Parques Nacionales; Urbanismo, etc.

Esta extensión legal de la acción popular o pública a determinados ámbitos de la actuación administrativa se realiza en atención a los diferentes y sensibles intereses en juego, porque la acción pública lo que pretende es «*robustecer y reforzar la protección de determinados valores especialmente sensibles, haciendo más eficaz la defensa de los mismos, ante la pluralidad de intereses concurrentes*» (STS de 14 de mayo de 2010). Se considera, así, que la relevancia de los intereses en juego demanda una protección más vigorosa y eficaz que la que puede proporcionar la acción de los particulares afectados, por lo que ha de extenderse la misma a cualquier ciudadano que pretenda simplemente que se observe y se cumpla la ley (STS de 7 de junio de 2013).

1.6. *Legitimación para la defensa del derecho de igualdad*

Para la defensa del derecho de igualdad de trato entre mujeres y hombres, además de los afectados y siempre con su autorización, estarán también legitimados los sindicatos y las asociaciones legalmente constituidas cuyo fin primordial sea la defensa de la igualdad de trato entre mujeres y hombres, respecto de sus afiliados y asociados, respectivamente.

Cuando los afectados sean una pluralidad de personas indeterminada o de difícil determinación, la legitimación para demandar en juicio la defensa de estos intereses difusos corresponderá exclusivamente a los organismos públicos con competencia en la materia, a los sindicatos más representativos y a las asociaciones de ámbito estatal cuyo fin primordial sea la igualdad entre mujeres y hombres, sin perjuicio, si los afectados estuvieran determinados, de su propia legitimación procesal.

No obstante la regulación anterior, en los litigios sobre acoso sexual y acoso por razón de sexo, la persona acosada será la única legitimada.

2. Legitimación pasiva: "parte demandada"

La LJ también enuncia las partes que cabe considerar "demandadas", si bien en el escrito de interposición del recurso no será necesario identificar tal parte demandada, pues solo se exige citar directamente "la disposición, acto inactividad o actuación constitutiva de vía de hecho que se impugne". En todo caso, la Administración responsable de la actividad administrativa impugnada deviene automáticamente parte demandada.

Con carácter general, se considera parte demandada a las Administraciones Públicas, pero excepcionalmente se pueden incluir determinados terceros.

2.1. *Las Administraciones Públicas*

a) Normalmente será parte demandada la Administración Pública a la que se puede imputar la acción u omisión objeto de impugnación. Este concepto de Administración Pública demandada se entiende en su sentido más amplio; es decir, el que hace la propia Ley de la Jurisdicción contencioso-administrativa (artículo 1.3) incluyendo la actividad administrativa impugnable de órganos como el Tribunal Constitucional, Congreso, Senado, Asambleas autonómicas, Tribunal de Cuentas, etc.

b) Cuando se trate de Organismos o Corporaciones públicos sujetos a fiscalización de una Administración territorial, se entiende por Administración demandada:

   - El Organismo o Corporación autores del acto o disposición fiscalizados, si el resultado de la fiscalización es aprobatorio.
   - La que ejerza la fiscalización, si mediante ella no se aprueba íntegramente el acto o disposición.

c) Singular es el caso en el que el demandante fundara sus pretensiones en la ilegalidad de una disposición general. Aquí se considerará también parte demandada a la Administración autora de la misma, aunque no proceda de ella la actuación recurrida.

d) Por último, en los recursos contra las decisiones adoptadas por los órganos administrativos a los que corresponde resolver los recursos especiales y las reclamaciones en materia de contratación a que se refiere la legislación de Contratos del Sector Público, los citados órganos no tendrán la consideración de parte demandada, siéndolo las personas o Administraciones favorecidas por el acto objeto del recurso, o que se personen en tal concepto.

2.2. *Terceros*

a) Además de las Administraciones Públicas, la LJ extiende la consideración de parte demandada a las personas o entidades cuyos derechos o intereses legítimos pudieran quedar afectados por la estimación de las pretensiones del demandante.

   Más aún, en los procesos de lesividad, estos terceros serán las únicas partes demandadas, pues la Administración asume la posición procesal de parte demandante.

   La existencia de estos terceros legitimados pasivamente los coloca en una posición procesal peculiar, pues el tercero codemandado solo puede comparecer para defender la postura mantenida por la Administración, y no para solicitar la anulación o modificación del acto impugnado, para lo cual debería haber interpuesto el oportuno recurso en calidad de demandante.

b) Finalmente, las aseguradoras de las Administraciones públicas siempre serán parte codemandada junto con la Administración a quien aseguren. Al respecto, es preciso recordar que la Jurisdicción contencioso-administrativa es competente para conocer de la responsabilidad patrimonial de las Administraciones públicas, cualquiera que sea la naturaleza de la actividad o el tipo de relación de que derive, no pudiendo ser demandadas aquellas por este motivo ante los órdenes jurisdiccionales civil o social, aun cuando en la producción del daño concurran con particulares o cuenten con un seguro de responsabilidad [artículo 2. *e)* LJ].

IV. REPRESENTACIÓN Y DEFENSA DE LAS PARTES

Aunque a una parte se le reconozca capacidad y legitimación, su actuación ante el órgano jurisdiccional se encuentra sometida a exigencias adicionales de representación y defensa a través de técnicos en Derecho, si bien la Ley distingue, por un lado, si se trata de personas físicas y jurídicas y, por otro, si el órgano jurisdiccional es unipersonal o colegiado.

1. Personas físicas y jurídicas

Las personas físicas y jurídicas, en sus actuaciones ante órganos jurisdiccionales, siempre deberán ser asistidas por Abogado, que igualmente podrá asumir la representación si aquellos son unipersonales, salvo que las partes se la encomienden a un Procurador. Este desdoblamiento –representación por Procurador y asistencia por Abogado– es, en cambio, obligatorio en actuaciones ante órganos jurisdiccionales colegiados.

La Ley 42/2015, de 5 de octubre, ha recuperado la tradicional regla que permite comparecer por sí mismos a los funcionarios públicos en defensa de sus derechos estatutarios, cuando se refieran a cuestiones de personal que no impliquen separación de empleados públicos inamovibles. La Exposición de Motivos de dicha Ley parece justificar esta medida en que los funcionarios "no tienen reconocido el derecho de justicia gratuita con independencia de sus recursos" y, en cualquier caso, presupone a los funcionarios unos conocimientos jurídicos adecuados que en la práctica sólo es cierto en determinados Cuerpos.

2. Administraciones Públicas

En el caso de las Administraciones Públicas, su representación y defensa en juicio se regula de manera diferente según la Administración Pública en cuestión:

a) En el caso de la Administración del Estado, las funciones de representación y defensa corresponden exclusivamente a los Abogados del Estado, integrados en el Servicio Jurídico del Estado. Solo se prevén excepciones para el caso de la Tesorería General de la Seguridad Social o para los órganos constitucionales que cuenten con su propio Cuerpo de Letrados, como las Cortes Generales (artículo 551 LOPJ).

b) En el caso de la representación y defensa de las Comunidades Autónomas y de las Entidades locales, la LOPJ señala para tal función a sus respectivos servicios jurídicos, pero admite igualmente que estas Administraciones "designen abogado colegiado que les represente y defienda", incluyendo la Abogacía del Estado previo convenio de asistencia jurídica a tales efectos.

BIBLIOGRAFÍA: PARADA, R., *Derecho Administrativo II. Régimen jurídico de la actividad administrativa*, 20ª ed., Open Ediciones Universitarias, Madrid, 2013; GONZÁLEZ PÉREZ, J., *Comentarios a la Ley de la Jurisdicción Contencioso-Administrativa (Ley 29/1998, de 13 de julio)*, 7ª ed., Civitas/ Thomson Reuters, 2013; SANTAMARÍA PASTOR, J. A., *La Ley Reguladora de la Jurisdicción Contencioso-Administrativa. Comentario*, Iustel, 2010; PALOMAR OLMEDA, A.: "Capacidad Procesal, Legitimación, Representación y Defensa" en *Tratado de la Jurisdicción Contencioso-Administrativa. Tomo I. Parte General. Los Procedimientos Contencioso-Administrativos* (Dir. A. Palomar Olmeda), 2ª ed., Thomson Reuters Aranzadi, pp. 323-388; LÓPEZ BENÍTEZ, M.: "La Jurisdicción contencioso-administrativa (I)" en *Derecho Administrativo. Tomo II. Régimen jurídico básico y control de la Administración* (Dir. M. Rebollo y D.J. Vera Jurado), Tecnos, 2016.

LECCIÓN 5

EL OBJETO DEL RECURSO CONTENCIOSO-ADMINISTRATIVO

MARIANO BACIGALUPO SAGGESE

I. EL PUNTO DE PARTIDA: LA CONSTRUCCIÓN DE UN SISTEMA PLURAL DE ACCIONES PROCESALES CAPAZ DE PROPORCIONAR UNA TUTELA JUDICIAL EFECTIVA FRENTE A CUALESQUIERA COMPORTAMIENTOS ILÍCITOS DE LA ADMINISTRACIÓN

Como ya hemos explicado, extrayendo todas las consecuencias derivadas del "mandato constitucional de plena justiciabilidad del actuar administrativo", explícitamente enunciado por nuestro Tribunal Constitucional a partir de los arts. 24.1 y 106.1 de la Constitución[8], el legislador ha procedido a eliminar de la Ley reguladora de la jurisdicción contencioso-administrativa (LJCA) cualquier vestigio de la tradicional y restringida concepción de la misma como una instancia meramente revisora de actos administrativos previos, ampliando el espectro de actuaciones y omisiones administrativas que pueden ser objeto del recurso contencioso–administrativo y, en consecuencia, diversificando también el sistema de pretensiones o acciones procesales ejercitables en el contencioso-administrativo, a fin de que este pueda proporcionar una tutela judicial efectiva frente a cualquier tipo de comportamiento ilícito de la Administración: ya sea dicho comportamiento formal o meramente material, activo u omisivo, singular o de efectos generales (normativos o no). De ahí la introducción de nuevas modalidades de recurso, distintas de la mera impugnación de actos o disposiciones administrativas, tales como el recurso contra la inactividad –artículo 29– o el recurso contra las actuaciones materiales constitutivas de vía de hecho –artículo 30–, en que el recurrente puede ejercitar –además, en su caso, de la clásica pretensión anulatoria de actos o disposiciones reglamentarias– una genuina pretensión de condena o *prestacional*.

Hace ya tiempo que entre los objetivos prioritarios de la reforma procesal contencioso-administrativa figuraba el de la superación de la tradicional concepción del recurso contencioso-administrativo como un cauce exclusivamente revisor de actos administrativos previos. En este sentido, venía siendo ampliamente compartido el punto de vista según el cual el ya aludido "mandato constitucional de plena justiciabilidad del actuar administrativo" exige que cualquier comportamiento administrativo –activo u omisivo, formal o material, singular o normativo– pueda ser objeto del recurso contencioso-administrativo[9]. Como es claro, esta concepción renovadora de la jurisdicción contencioso-administrativa no se agota en la reformulación extensiva de su ámbito objetivo. La diversidad de las actuaciones y

---

[8] *Vid.* STC 238/1992, F.J. 6.1.

[9] Como señala la Exposición de Motivos de la LJCA, "es evidente que a la altura de nuestro tiempo histórico el ámbito material de la Jurisdicción quedaría muy incompleto si aquella se limitara a enjuiciar las pretensiones que se deduzcan en relación con las disposiciones de rango inferior a la Ley y con los actos y contratos administrativos en sentido estricto (...). No toda la actuación administrativa, como es notorio, se expresa a través de reglamentos, actos administrativos o contratos públicos, sino que la actividad prestacional, las actividades negociables de diverso tipo, las actuaciones materiales, las inactividades u omisiones de actuaciones debidas expresan también la voluntad de la Administración, que ha de estar sometida en todo caso al imperio de la ley. La imposibilidad legal de controlar mediante los recursos contencioso-administrativos estas otras manifestaciones de la acción administrativa, desde hace tiempo criticada, resulta ya injustificable (...). Por eso la nueva Ley somete al control de la Jurisdicción la actividad de la Administración pública de cualquier clase que esté sujeta al Derecho administrativo, articulando para ello las acciones procesales oportunas".

omisiones que como consecuencia de tal ampliación pueden ser objeto del recurso contencioso-administrativo no permite seguir configurando este como una acción procesal uniforme en la que, como es propio de un sistema revisor objetivo de actos administrativos, predomina la pretensión de anulación. En efecto, es inherente a la ampliación del objeto del recurso contencioso-administrativo la necesidad de diferenciar las pretensiones deducibles en relación con la actividad e inactividad administrativas[10]. Ciertamente, no es la pretensión de anulación –ni lo es tampoco, correlativamente, la sentencia anulatoria– la que permite obtener una tutela judicial efectiva frente a la denegación por la Administración de una actuación (formal o material) requerida por el particular o frente a actuaciones materiales limitadoras de sus derechos subjetivos; menos aún lo es, como es obvio, frente a la inactividad administrativa. Así, la anulación de un acto denegatorio no garantiza que la actuación requerida o solicitada (e ilegalmente denegada) vaya a llevarse a cabo (por ejemplo, no es capaz de impedir que la Administración pueda reiterar la denegación de una nueva solicitud formulada después de haberse declarado judicialmente la disconformidad a Derecho del acto denegatorio). Si la Administración no actúa o permanece inactiva ante la solicitud o el requerimiento de un ciudadano para que esta actúe en un sentido determinado (por ejemplo, dicte un acto administrativo, realice una prestación material en su favor, etc.) no existe siquiera, en principio, un acto administrativo susceptible de impugnación y eventual anulación posterior; y si existe virtud de silencio administrativo, se tratará de un acto presunto o bien desestimatorio (silencio negativo), cuya mera anulación podría ser tan ineficaz como la de un acto negativo expreso, según acabamos de ver, o bien estimatorio (silencio positivo), que de nada sirve si lo denegado por silencio es una prestación material. Algo similar sucede en los supuestos en los que la Administración limita o menoscaba los derechos del particular mediante una actuación material (que, como tal, no es anulable sino tan solo susceptible de cesación). Es verdad que cabe aquí la posibilidad de provocar un acto administrativo (siquiera presunto en virtud de silencio negativo) mediante la formulación de un requerimiento a la Administración intimando la cesación de dicha actuación. Pero escasa sería una vez más la virtualidad de una sentencia anulatoria en un supuesto en el que, como en los otros recién mencionados, solo un pronunciamiento condenatorio (en este último caso, de no hacer), susceptible de ejecución forzosa en caso de incumplimiento, puede proporcionar una tutela judicial efectiva.

Pues bien, la LJCA ha avanzado decididamente en el diseño de un sistema plural de acciones procesales capaz de proporcionar una tutela judicial efectiva frente a cualesquiera comportamientos ilícitos –formales o materiales, singulares o normativos, activos u omisivos– de la Administración. A tal efecto, la Ley prevé cuatro acciones o modalidades diferentes de recurso que cubren todo el espectro de la actividad e inactividad administrativas, a saber: en primer lugar,

[10] Como señala la Exposición de Motivos (apartado V) de la LJCA, "se trata nada menos que se superar la tradicional y restringida concepción del recurso contencioso-administrativo como una revisión judicial de actos administrativo previos, es decir, como un recurso al acto, y de abrir definitivamente las puertas para obtener justicia frente a cualquier comportamiento ilícito de la Administración. Pero al mismo tiempo –prosigue la Exposición de Motivos–, es necesario diferenciar las pretensiones que pueden deducirse en cada caso, pues es evidente que la diversidad de actuaciones y omisiones que pueden ser objeto del recurso no permite seguir configurando este como una acción procesal uniforme".

el tradicional recurso contra actos administrativos, ya sean estos expresos o presuntos (artículos 25.1 y 31); en segundo lugar, el que, de manera directa o indirecta, versa sobre la legalidad de una disposición de rango inferior a la ley (artículos 25.1, 26, 27 y 31); en tercer lugar, el recurso contra la inactividad administrativa (artículos 25.2 29 y 32.1); y, en cuarto y último lugar, el que se interpone contra actuaciones materiales constitutivas de vía de hecho, esto es, actuaciones materiales que, careciendo de la necesaria cobertura jurídica, limitan o menoscaban derechos o intereses legítimos de los ciudadanos (artículos 25.2, 30 y 32.2).

II. LA ACTIVIDAD ADMINISTRATIVA IMPUGNABLE

1. Actos administrativos

Como se ha dicho, el recurso contencioso-administrativo puede tener por objeto, en primer lugar, la impugnación de actos administrativos (expresos o presuntos en virtud de silencio administrativo[11]). Según dispone el artículo 25.1 de la LJCA, "(e)l recurso contencioso-administrativo es admisible en relación (...) con los actos expresos y presuntos de la Administración pública que pongan fin a la vía administrativa, ya sean definitivos o de trámite, si estos últimos deciden directa o indirectamente el fondo del asunto, determinan la imposibilidad de continuar el procedimiento, producen indefensión o perjuicio irreparable a derechos o intereses legítimos".

De conformidad con el artículo 114 de la Ley 39/2015, de 1 de octubre, del Procedimiento Administrativo Común de las Administraciones Públicas, los actos que ponen fin a la vía administrativa son los siguientes:

a) Las resoluciones de los recursos de alzada.

b) Las resoluciones de los procedimientos a que se refiere el artículo 112.2.

c) Las resoluciones de los órganos administrativos que carezcan de superior jerárquico, salvo que una Ley establezca lo contrario.

d) Los acuerdos, pactos, convenios o contratos que tengan la consideración de finalizadores del procedimiento.

e) La resolución administrativa de los procedimientos de responsabilidad patrimonial, cualquiera que fuese el tipo de relación, pública o privada, de que derive.

f) La resolución de los procedimientos complementarios en materia sancionadora a los que se refiere el artículo 90.4.

g) Las demás resoluciones de órganos administrativos cuando una disposición legal o reglamentaria así lo establezca.

---

[11] *Vid.* arts. 24 y 25 de la Ley 39/2015, de 1 de octubre, del Procedimiento Administrativo Común de las Administraciones Públicas.

Además, en el ámbito estatal ponen fin a la vía administrativa los actos y resoluciones siguientes:

a) Los actos administrativos de los miembros y órganos del Gobierno.

b) Los emanados de los Ministros y los Secretarios de Estado en el ejercicio de las competencias que tienen atribuidas los órganos de los que son titulares.

c) Los emanados de los órganos directivos con nivel de Director general o superior, en relación con las competencias que tengan atribuidas en materia de personal.

d) En los Organismos públicos y entidades derecho público vinculados o dependientes de la Administración General del Estado, los emanados de los máximos órganos de dirección unipersonales o colegiados, de acuerdo con lo que establezcan sus estatutos, salvo que por ley se establezca otra cosa.

El acto impugnado, además de poner fin a la vía administrativa, ha de ser definitivo, esto es, finalizador del procedimiento administrativo en que ha sido dictado (es decir, resuelve el fondo de dicho procedimiento). Si, aunque agotando la vía administrativa, se trata por el contrario de un mero acto de trámite, solo será impugnable en vía contencioso-administrativa si se trata de un acto de trámite *cualificado*, es decir, un acto de trámite que decide directa o indirectamente el fondo del asunto, determina la imposibilidad de continuar el procedimiento, produce indefensión o perjuicio irreparable a derechos o intereses legítimos.

En ningún caso es admisible el recurso contencioso-administrativo "respecto de los actos que sean reproducción de otros anteriores definitivos y firmes y los confirmatorios de actos consentidos por no haber sido recurridos en tiempo y forma" (artículo 28 LJCA)[12].

2. Disposiciones de carácter general

En segundo lugar, el recurso contencioso-administrativo es admisible en relación con las disposiciones de carácter general de rango inferior a la ley (artículo 25.1). Es este el recurso contra reglamentos.

Aquí hay que distinguir entre el recurso directo (o abstracto) y el recurso mediante el que se impugna en un caso concreto el acto de aplicación de un reglamento (recurso indirecto). En efecto, según el artículo 26.1 de la LJCA, "(a)demás de la impugnación directa de las disposiciones de carácter general, también es admisible la de los actos que se produzcan en aplicación de las mismas, fundada en que tales disposiciones no son conformes a Derecho". El recurso indirecto

[12] Según la Exposición de Motivos de la LJCA (apartado V), se "mantiene la inadmisibilidad del recurso contra actos confirmatorios de otros firmes y consentidos. Esta última regla se apoya en elementales razones de seguridad jurídica, que no solo deben tenerse en cuenta en favor del perjudicado por un acto administrativo, sino también en favor del interés general y de quienes puedan resultar individual o colectivamente beneficiados o amparados por él. Por lo demás, el relativo sacrificio del acceso a la tutela judicial que se mantiene por dicha causa resulta hoy menos gravoso que antaño, si se tiene en cuenta la reciente ampliación de los plazos del recurso administrativo ordinario, la falta de eficacia que la legislación en vigor atribuye, sin límite temporal alguno, a las notificaciones defectuosas e inclusive la ampliación de las facultades de revisión de oficio. Conservar esa excepción es una opción razonable y equilibrada".

es independiente del recurso directo, esto es, la falta de impugnación directa de una disposición general o aun la desestimación del recurso (directo) que frente a ella se hubiera interpuesto no impiden la impugnación de los actos de aplicación, es decir, el recurso indirecto contra aquella (artículo 26.2).

Sin embargo, los efectos de la sentencia estimatoria de un recurso directo contra un reglamento y los de una sentencia estimatoria de un recurso indirecto no son (siempre) los mismos. Si el juez o tribunal competente para conocer del recurso indirecto no lo es también para conocer del recurso directo contra el reglamento aplicado por el acto impugnado, no podrá, al estimar el recurso (indirecto), añadir a la anulación del acto de aplicación impugnado la declaración de nulidad (con efectos *erga omnes*) del reglamento aplicado[13]. En efecto, de acuerdo con lo dispuesto por el artículo 27.1 de la LJCA, "(c)uando un Juez o Tribunal de lo Contencioso-administrativo hubiere dictado sentencia firme estimatoria por considerar ilegal el contenido de la disposición general aplicada, deberá plantear la cuestión de ilegalidad ante el Tribunal competente para conocer del recurso directo contra la disposición". A través de este mecanismo (la cuestión de ilegalidad, a la que nos referiremos con detalle en el capítulo relativo a los procedimientos especiales), se garantiza que la estimación (firme) de cualquier recurso indirecto contra un reglamento pueda dar lugar también, además de a la anulación del acto de aplicación impugnado, a una depuración objetiva o abstracta del ordenamiento jurídico (es decir, en su caso, a la expulsión definitiva de este del reglamento cuya ilegalidad ha sido apreciada incidentalmente en el marco de un recurso indirecto), de modo que se evite la prolongación indefinida de la vigencia (y, por tanto, la posibilidad de nuevas aplicaciones en el futuro) de reglamentos ilegales[14].

---

[13] *Vid.* art. 72.2 LJCA.

[14] Según la Exposición de Motivos de la LJCA (apartado V), esta "procura que la impugnación de las disposiciones generales se tramite con celeridad y que aboque siempre a una decisión judicial clara y única, de efectos generales, con el fin de evitar innecesarios vacíos normativos y situaciones de inseguridad o interinidad en torno a la validez y vigencia de las normas. Este criterio se plasma, entre otras muchas reglas de detalle, en el tratamiento procesal que se da al denominado recurso indirecto.

Hasta ahora ha existido una cierta confusión en la teoría jurídica y en la práctica judicial sobre los efectos de esta clase de recurso, cuando la norma que aplica el acto impugnado es considerada contraria a derecho. Y, lo que es más grave, el carácter difuso de este tipo de control ha generado situaciones de inseguridad jurídica y desigualdad manifiesta, pues según el criterio de cada órgano judicial y a falta de una instancia unificadora, que no siempre existe, determinadas disposiciones se aplican en unos casos o ámbitos y se inaplican en otros. La solución pasa por unificar la decisión judicial sobre la legalidad de las disposiciones generales en un solo órgano, el que en cada caso es competente para conocer del recurso directo contra ellas, dotando siempre a esa decisión de efectos «*erga omnes*». De ahí que, cuando sea ese mismo órgano el que conoce de un recurso indirecto, la Ley disponga que declarará la validez o nulidad de la disposición general. Para cuando el órgano competente en un recurso de este tipo sea otro distinto del que puede conocer del recurso directo contra la disposición de que se trate, la Ley introduce la cuestión de ilegalidad. La regulación de este procedimiento ha tenido en cuenta la experiencia de la cuestión de inconstitucionalidad prevista por el artículo 163 de la Constitución y se inspira parcialmente en su mecánica; las analogías acaban aquí. La cuestión de ilegalidad no tiene otro significado que el de un remedio técnico tendente a reforzar la seguridad jurídica, que no impide el enjuiciamiento de las normas por el Juez o Tribunal competente para decidir sobre la legalidad del acto aplicativo del reglamento cuya ilegalidad se aduce, pero que pretende alcanzar una decisión unitaria a todo eventual pronunciamiento indirecto sobre su validez".

Obviamente, la cuestión de ilegalidad no es necesario plantearla, por producir la estimación de un recurso indirecto los mismos efectos de depuración abstracta del ordenamiento jurídico que tiene la estimación de un recurso directo, si el órgano judicial competente para conocer del recurso indirecto lo es también para conocer del recurso indirecto (no tendría sentido que el mismo órgano se "autoplanteara" la cuestión de ilegalidad, pues ya ha expresado su criterio sobre la legalidad del reglamento con ocasión de la estimación del recurso indirecto contra el mismo). De ahí que disponga el artículo 27.2 de la LJCA que "(c)uando el Juez o Tribunal competente para conocer de un recurso contra un acto fundado en la invalidez de una disposición general lo fuere también para conocer del recurso directo contra esta, la sentencia declarará la validez o nulidad de la disposición general".

Igualmente, nunca planteará una cuestión de ilegalidad al hilo de la estimación de un recurso indirecto contra un reglamento el Tribunal Supremo (que es, por expreso mandato el artículo 123 CE, el órgano jurisdiccional superior en todos los órdenes, salvo lo dispuesto en materia de garantías constitucionales). De ahí que, "(s)in necesidad de plantear cuestión de ilegalidad, el Tribunal Supremo anulará cualquier disposición general cuando, en cualquier grado, conozca de un recurso contra un acto fundado en la ilegalidad de aquella norma".

3. La inactividad administrativa

Como se ha dicho, también es admisible el recurso contencioso-administrativo contra la inactividad de la Administración (artículo 25.2).

La Exposición de Motivos de la LJCA señala que "(l)argamente reclamado por la doctrina jurídica, la Ley crea un recurso contra la inactividad de la Administración, que tiene precedentes en otros ordenamientos europeos. El recurso se dirige a obtener de la Administración, mediante la correspondiente sentencia de condena, una prestación material debida o la adopción de un acto expreso en procedimientos iniciados de oficio, allí donde no juega el mecanismo del silencio administrativo. De esta manera se otorga un instrumento jurídico al ciudadano para combatir la pasividad y las dilaciones administrativas. Claro está que este remedio no permite a los órganos judiciales sustituir a la Administración en aspectos de su actividad no prefigurados por el derecho, incluida la discrecionalidad en el «quando» de una decisión o de una actuación material, ni les faculta para traducir en mandatos precisos las genéricas e indeterminadas habilitaciones u obligaciones legales de creación de servicios o realización de actividades, pues en tal caso estarían invadiendo las funciones propias de aquella. De ahí que la Ley se refiera siempre a prestaciones concretas y actos que tengan un plazo legal para su adopción y de ahí que la eventual sentencia de condena haya de ordenar estrictamente el cumplimiento de las obligaciones administrativas en los concretos términos en que estén establecidas. El recurso contencioso-administrativo, por su naturaleza, no puede poner remedio a todos los casos de indolencia, lentitud e ineficacia administrativas, sino tan solo garantizar el exacto cumplimiento de la legalidad".

Concretamente, establece el artículo 29.1 de la LJCA que "(c)uando la Administración, en virtud de una disposición general que no precise de actos de aplicación o en virtud de un acto, contrato o convenio administrativo, esté obligada a realizar una prestación concreta en favor de una o varias personas determinadas, quienes tuvieran derecho a ella pueden reclamar de la Administración el cumplimiento de dicha obligación. Si en el plazo de tres meses desde la fecha de la reclamación, la Administración no hubiera dado cumplimiento a lo solicitado o no hubiera llegado a un acuerdo con los interesados, estos pueden deducir recurso contencioso-administrativo contra la inactividad de la Administración".

Además de la anterior (recurso contra la omisión de prestaciones materiales debidas de la Administración), existe una segunda modalidad del recurso contra la inactividad administrativa, a saber: la que tiene por objeto la inejecución de actos administrativos firmes (incluidos, siempre que hayan adquirido firmeza, los actos presuntos favorables ganados en virtud de silencio positivo). Según el artículo 29.2 de la LJCA, "(c)uando la Administración no ejecute sus actos firmes, podrán los afectados solicitar su ejecución, y si esta no se produce en el plazo de un mes desde tal petición, podrán los solicitantes formular recurso contencioso-administrativo, que se tramitará por el procedimiento abreviado regulado en el artículo 78".

Aunque la Ley establece una reclamación previa en sede administrativa, el recurso contra la inactividad no da lugar a un proceso "contra la desestimación, en su caso por silencio, de tales reclamaciones o requerimientos. Ni (...) estas nuevas acciones se atienen al tradicional carácter revisor del recurso contencioso-administrativo, ni puede considerarse que la falta de estimación, total o parcial, de la reclamación o el requerimiento constituyan auténticos actos administrativos, expresos o presuntos. Lo que se persigue es sencillamente dar a la Administración la oportunidad de resolver el conflicto y de evitar la intervención judicial. En caso contrario, lo que se impugna sin más trámites es, directamente, la inactividad"[15]. Veremos más adelante cómo este carácter del recurso contra la inactividad se manifiesta en el tipo de pretensiones que cabe ejercitar a través del mismo.

4. La vía de hecho

Finalmente, también es admisible el recurso contra las actuaciones materiales de la Administración que constituyan vía de hecho (artículo 25.2).

La Exposición de Motivos de la LJCA señala que "(o)tra novedad destacable es el recurso contra las actuaciones materiales en vía de hecho. Mediante este recurso se pueden combatir aquellas actuaciones materiales de la Administración que carecen de la necesaria cobertura jurídica y lesionan derechos e intereses legítimos de cualquier clase. La acción tiene una naturaleza declarativa y de condena y a la vez, en cierto modo, interdictal, a cuyo efecto no puede dejar de relacionarse con la regulación de las medidas cautelares. Por razón de la materia, la competencia del orden jurisdiccional contencioso-administrativo para conocer de estos recursos se explica sobradamente".

Concretamente, dispone el artículo 30 de la LJCA que "(e)n caso de vía de hecho, el interesado podrá formular requerimiento a la Administración actuante,

---

[15] Exposición de Motivos de la LJCA (apartado V).

intimando su cesación. Si dicha intimación no hubiere sido formulada o no fuere atendida dentro de los diez días siguientes a la presentación del requerimiento, podrá deducir directamente recurso contencioso-administrativo".

Igualmente, aunque en esta modalidad de recurso la Ley también prevé un requerimiento previo de carácter potestativo en sede administrativa, el recurso contra la vía de hecho no se enmarca en el carácter revisor del recurso contencioso-administrativo, ni puede considerarse que la falta de estimación, total o parcial, del requerimiento constituya un auténtico acto administrativo. Lo que se persigue nuevamente es dar a la Administración la oportunidad de resolver el conflicto y de evitar la intervención judicial. En caso contrario, lo que se impugna sin más trámites es, directamente, la actuación material de la Administración.

III. LAS PRETENSIONES DE LAS PARTES

Las pretensiones son los pronunciamientos que las partes persiguen que contenga la sentencia que ponga fin al proceso (de ahí que, como ya ha sido subrayado, deba existir congruencia entre las pretensiones de las partes y la sentencia[16]). Así como el escrito de interposición del recurso delimita la actividad administrativa impugnada, las pretensiones se formulan en los escritos de demanda y de contestación a esta. Así, mientras la o las partes demandadas (entre estas, señaladamente, la Administración demandada) suelen pretender la inadmisibilidad o la desestimación (en cuanto al fondo) del recurso[17], la parte actora (el recurrente o demandante) podrá ejercer –dependiendo de la actividad (o inactividad) administrativa que constituya el objeto del recurso (es decir, de la modalidad de recurso de que se trate)– alguna (o algunas) de las siguientes clases de pretensiones.

1. Clases de pretensiones

En primer lugar, están las pretensiones *declarativas*. A través de estas se persigue que la sentencia declare que el acto o disposición objeto de impugnación no es conforme a Derecho, y a las mismas se anuda de ordinario la correspondiente pretensión *anulatoria* del acto o disposición impugnados. Estas pretensiones están previstas en el artículo 31.1 de la LJCA, según el cual "(e)l demandante podrá pretender la declaración de no ser conformes a Derecho y, en su caso, la anulación de los actos y disposiciones susceptibles de impugnación". Así pues, las pretensiones declarativas y anulatorias se ejercitan normalmente de forma combinada (es decir, van de la mano).

En segundo lugar, están las llamadas pretensiones *constitutivas*. A estas se refiere el artículo 31.2 de la LJCA: "También podrá pretender (el demandante) el reconocimiento de una situación jurídica individualizada y la adopción de las medidas adecuadas para el pleno restablecimiento de la misma, entre ellas la indemnización de los daños y perjuicios, cuando proceda".

---

[16] *Vid*. art. 33.1 LJCA.

[17] *Vid*. art. 68.1 LJCA.

Se trata de las pretensiones anteriormente llamadas "de plena jurisdicción", que no se agotan en la (mera) anulación del acto o disposición impugnados, pues con ellas se persigue que la sentencia estimatoria del recurso, además de declarar la disconformidad a Derecho de la actividad administrativa impugnada (y, en su caso, anular el acto o disposición objeto de impugnación),le reconozca al demandante una situación jurídica individualizada y adopte u ordene las medidas adecuadas para el pleno restablecimiento de la misma. Como veremos más adelante, entre estas medidas se puede hallar la condena a la Administración demandada a dictar un acto favorable al demandante que a este le fue ilegalmente denegado.

De modo específico la LJCA regula las pretensiones *de condena* (o también llamadas *prestacionales*) como pretensiones ejercitables en los supuestos en los que el recurso se dirige contra la inactividad de la Administración o tiene por objeto actuaciones materiales constitutivas de vía de hecho (artículo 32). Cuando el recurso se dirija contra la inactividad de la Administración pública, conforme a lo dispuesto en el artículo 29, "el demandante podrá pretender del órgano jurisdiccional que condene a la Administración al cumplimiento de sus obligaciones en los concretos términos en que estén establecidas" (artículo 32.1). Si el recurso tiene por objeto una actuación material constitutiva de vía de hecho, el artículo 32.2 dispone que "el demandante podrá pretender que se declare contraria a Derecho, que se ordene el cese de dicha actuación y que se adopten, en su caso, las demás medidas previstas en el artículo 31.2" (esto es, el reconocimiento de una situación jurídica individualizada y la adopción de las medidas adecuadas para el pleno restablecimiento de la misma, entre ellas la indemnización de los daños y perjuicios, cuando proceda).

En suma, lo normal es que a través del recurso se ejerciten no una sino varias pretensiones (declarativas, anulatorias, constitutivas y de condena) de forma combinada.

Veamos ahora de modo algo más detenido qué tipo de pretensión (o de pretensiones) cabe ejercitar en cada una de las modalidades del recurso contencioso-administrativo y cuál sería, en consecuencia, el contenido (es decir, cuáles serían los pronunciamientos) de una sentencia estimatoria.

2. Pretensiones ejercitables en las distintas modalidades del recurso contencioso-administrativo (según el tipo de actividad administrativa que este tenga por objeto)

2.1. *Pretensiones ejercitables en el recurso contra actos administrativos*

A los efectos de precisar las pretensiones ejercitables en los recursos contra actos administrativos procede distinguir entre los recursos contra actos de gravamen o desfavorables dictados en procedimientos iniciados de oficio, de un lado, y los recursos contra actos denegatorios o negativos, de otro.

2.1.1. *Pretensiones ejercitables en el recurso contra actos de gravamen o desfavorables dictados en procedimientos iniciados de oficio*

Cuando el recurso se dirige contra un acto de gravamen o desfavorable dictado en un procedimiento iniciado de oficio, el demandante ejercitará la pretensión prevista en el artículo 31.1 de la LJCA. Según el precepto citado, "el demandante podrá pretender la declaración de no ser conformes a Derecho y, en su caso, la anulación de los actos y disposiciones susceptibles de impugnación (...)". Consecuentemente, si la sentencia estimase el recurso "declarará no ser conforme a Derecho y, en su caso, anulará total o parcialmente... (el) acto recurrido (...)" [artículo 71.1.*a)*].

Como se deduce de la alusión a la extensión posible de la anulación (total o parcial), esta solo alcanza, en principio, hasta donde llegue la disconformidad a Derecho del acto impugnado; es decir, este solo será anulado en la medida de su ilegalidad, si bien, como es obvio, solo procederá una anulación parcial del acto impugnado cuando este pueda subsistir, legal y razonablemente, sin la parte del mismo que ha resultado anulada (por ejemplo, reducción del *quantum* de una sanción pecuniaria en atención al principio de proporcionalidad). En caso contrario, procederá indefectiblemente la anulación total del acto impugnado, aunque no todo él sea disconforme a Derecho. Lo mismo cabe decir de la anulación de un acto discrecional parcialmente contrario a Derecho, salvo que conste que la Administración lo habría dictado igualmente con el contenido minorado, resultante de una anulación parcial. Si no existiese tal constancia, una anulación parcial del acto podría implicar la determinación por el juez contencioso-administrativo del contenido discrecional del mismo, algo que la Ley prohíbe expresamente en su artículo 71.2.

2.1.2. *Pretensiones ejercitables en los recursos contra actos denegatorios o negativos*

Como ya ha sido apuntado, cuando el recurso se dirige contra un acto denegatorio (expreso o presunto), el demandante pretenderá, además de la anulación del mismo (artículo 31.1) y siempre que la actuación requerida o solicitada revista carácter reglado (*vid.* artículo 71.2 *in fine*)[18], que se condene a la Administración demandada a llevarla a cabo. Tal pretensión halla cobertura en el artículo 31.2 de la LJCA, según el cual el demandante "también podrá pretender el reconocimiento de una situación jurídica individualizada y la adopción de las medidas adecuadas para el pleno restablecimiento de la misma (...)". Pues bien, la condena a la Administración demandada a llevar a cabo la actuación que esta denegó lesionando derechos o intereses legítimos del recurrente constituye la medida adecuada para el pleno restablecimiento de estos últimos. La sentencia estimatoria consistirá, entonces, en el reconocimiento de dicha situación jurídica y en la adopción de cuantas medidas sean necesarias para el pleno restablecimiento de la misma (artículo 71.1.*b)*. Como se acaba de señalar, la medida necesaria a tal efecto no es otra que la condena a llevar a cabo la actuación a cuya realización la

[18] Si la actuación denegada (en forma contraria a Derecho) es discrecional y la potestad de llevarla a cabo no se halla en el caso concreto reducida a una potestad reglada ("reducida a cero" o, lo que es lo mismo, a una única solución posible, consistente precisamente en que la actuación se realice), la sentencia estimatoria del recurso solo podrá ser, en lo esencial, anulatoria del acto denegatorio.

Administración demandada viene obligada. Así lo prevé expresamente el artículo 71.1.*c)*: "Si la medida consistiera en la emisión de un acto o en la práctica de una actuación jurídicamente obligatoria, la sentencia podrá establecer plazo para que se cumpla el fallo" (fallo condenatorio, se entiende).

Si la actuación (expresa o presuntamente) denegada consiste en la emisión de un acto favorable (reglado), la sentencia estimatoria del recurso condenará a su adopción, pudiendo fijar al efecto un plazo determinado [artículo 71.1.*c)*]. La previsión, contenida en el citado apartado c) del artículo 71.1, de que "la emisión de un acto" puede ser una medida necesaria para el pleno restablecimiento de una situación jurídica individualizada (pudiendo, en consecuencia, integrar el contenido del correspondiente fallo condenatorio), es la prueba inequívoca de que cuando el recurso se dirige contra la denegación de un acto favorable (reglado) el demandante puede pretender, además de la anulación de esta, la condena a que se dicte el acto requerido o solicitado.

Si, por el contrario, la actuación denegada consiste en una prestación material (debida) o en la ejecución de un acto firme, la modalidad de recurso procedente no es el recurso contra actos, sino el recurso contra la inactividad a que se refiere el artículo 29 de la LJCA. Ciertamente, cabría pensar que, habiendo denegado la Administración expresamente la actuación requerida, no nos hallamos en este caso ante un genuino supuesto de inactividad. Sin embargo, no debemos olvidar que la denegación expresa solo elimina la inactividad formal, pero no así la inactividad material, que permanece cuando la actuación denegada (injustificadamente) es, precisamente, de carácter material. En este sentido, la Exposición de Motivos de la Ley (apartado V *in fine*) recalca que, si bien el recurso contra la inactividad exige la previa reclamación en sede administrativa, "eso no convierte a estos recursos en procesos contra la desestimación, en su caso por silencio, de tales reclamaciones (...). Ni, como se ha dicho, estas nuevas acciones se atienen al tradicional carácter revisor del recurso contencioso-administrativo, ni puede considerarse que la falta de estimación, total o parcial, de la reclamación o el requerimiento constituyan auténticos actos administrativos, expresos o presuntos. Lo que se persigue es sencillamente dar a la Administración la oportunidad de resolver el conflicto y de evitar la intervención judicial. En caso contrario –concluye la Exposición de Motivos–, lo que se impugna sin más trámites es, directamente, la inactividad (...) correspondiente (...)".

Por el contrario, si la actuación (expresa o presuntamente) denegada consiste en que la Administración adopte una disposición de carácter general (por ejemplo, el reglamento de ejecución de una ley que requiere desarrollo reglamentario), la modalidad de recurso procedente no puede ser sino el recurso contra actos (como es obvio, el recurso –directo o indirecto– contra reglamentos solo sirve para impugnarlos, no para forzar a la Administración a ejercer su potestad normativa; por otro lado, la inactividad reglamentaria no puede ser objeto del recurso contra la inactividad administrativa a que se refiere el artículo 29 de la Ley, que solo alcanza a la omisión de actuaciones materiales y a la inejecución de actos firmes[19]). Pudiéndose tratar tan solo, pues, de un recurso dirigido contra un acto

---

[19] Como precisa la Exposición de Motivos de la LJCA en su apartado V, el recurso contra la inactividad "se dirige a obtener de la Administración, mediante la correspondiente sentencia de

denegatorio, el recurrente pretenderá, además de la anulación del mismo (artículo 31.1), que, previo el reconocimiento de la situación jurídica individualizada por él invocada, se condene a la Administración demandada a ejercer su potestad reglamentaria, en tanto que medida necesaria para restablecerla (artículo 31.2). Ahora bien, ni que decir tiene que difícilmente podrá prosperar tal pretensión, siendo la potestad reglamentaria una potestad discrecional, no solo por lo que al *quomodo* –el cómo–, sino también por lo que al *an* de su ejercicio (si se ejerce o no) se refiere (la situación acaso sea distinta cuando la ley establece un plazo para dictar el reglamento). En este sentido, el artículo 71, además de recordar en su apartado segundo que "los órganos jurisdiccionales no podrán determinar la forma en que han de quedar redactados los preceptos de una disposición general" (lo impide la discrecionalidad en cuanto a cómo haya de ejercerse la potestad reglamentaria), no prevé entre los contenidos posibles de los fallos condenatorios la adopción de una disposición general. En efecto, el artículo 71.1.c) solo hace referencia a "la emisión de un acto" y a "la práctica de una actuación jurídicamente obligatoria" como contenidos posibles de las sentencias condenatorias. Ciertamente, cabría pensar que cuando la ley establece un plazo para dictar el reglamento, su adopción constituye una "actuación jurídicamente obligatoria". Sin embargo, todo hace pensar que con la citada fórmula solo se alude a actuaciones materiales jurídicamente obligatorias (de hecho, parece evidente que es esta la fórmula con la que la Ley Jurisdiccional pretende precisar el contenido de las sentencias estimatorias de recursos contra la inactividad administrativa, cuyo objeto –cabe insistir– no es la inactividad reglamentaria). Téngase en cuenta, por lo demás, que, de no ser así (es decir, de no interpretarse dicha fórmula en el sentido –estricto–recién apuntado), no haría falta distinguir como un supuesto diferente aquel relativo a "la emisión de un acto", puesto que también la emisión de un acto reglado constituye, *lato sensu*, una actuación jurídicamente obligatoria. Así pues, no cabe interpretar, a nuestro modo de ver, que el artículo 71.1.c) de la Ley Jurisdiccional contempla la hipótesis de que la condena a ejercer la potestad reglamentaria (o, lo que es lo mismo, a adoptar una disposición de carácter general) sea un contenido posible de las sentencias condenatorias.

2.2. *Pretensiones ejercitables en los recursos contra disposiciones de carácter general*

También en esta modalidad de recurso procede distinguir, a saber: de un lado, entre los recursos *directos* contra reglamentos y, de otro, los recursos *indirectos*.

2.2.1. *Pretensiones ejercitables en los recursos directos*

Cuando el recurso se dirige directamente contra una disposición de carácter general (artículos. 25.1 y 26.1), el recurrente ejercitará la pretensión prevista en el artículo 31.1 de la LJCA. Según el precepto citado, «el demandante podrá pretender la declaración de no ser conformes a Derecho y, en su caso, la anulación de

---

condena, una prestación material debida o la adopción de un acto expreso en procedimientos iniciados de oficio, allí donde no juega el mecanismo del silencia administrativo".

los actos y disposiciones susceptibles de impugnación (...)». Consecuentemente, si la sentencia estimase el recurso, «declarará no ser conforme a Derecho y, en su caso, anulará total o parcialmente la disposición (...) recurrida (...)» [artículo 71.1.*a)* LJCA]. Como es obvio, la sentencia estimatoria no podrá determinar la forma en que han de quedar redactados el o los preceptos anulados de la disposición general objeto de impugnación (artículo 71.2). En estos casos la función del juez contencioso-administrativo es tan solo la de un *normador negativo*. La hipótesis de una "reducción a cero" de la discrecionalidad normativa del Ejecutivo (que hiciera viable un pronunciamiento condenatorio o sustitutorio en esta materia) carece de fundamento.

Queda a salvo, eso sí, la posibilidad de que las sentencias estimatorias de los recursos directos contra reglamentos no se limiten a anular los preceptos impugnados, sino que ordenen al órgano autor de la disposición impugnada que, al proceder a dar nueva redacción a aquellos, ejerza su discrecionalidad (normativa) dentro de los límites jurídicos a que esta se encuentra sometida y, más concretamente, dentro de las pautas jurídicas indicadas en la sentencia. Como es obvio, tal posibilidad presupone que la decisión de ejercer o no la potestad reglamentaria no es, a su vez, discrecional (por ejemplo, por establecer la ley un plazo para dictar el reglamento recurrido). De otro modo, la orden judicial de proceder a dar nueva redacción a los preceptos anulados invadiría, como es claro, la discrecionalidad del Ejecutivo, quien, en virtud de la misma, bien podría optar por no sustituir dichos preceptos.

2.2.2. *Pretensiones ejercitables en los recursos indirectos*

Cuando el recurso se dirija contra un acto de aplicación de una disposición general, pero se funde en la invalidez de esta (recurso indirecto, artículo 26), el demandante pretenderá la anulación del acto de aplicación impugnado, salvo que, como ya hemos explicado, el órgano jurisdiccional que esté conociendo del recurso (indirecto) sea el Tribunal Supremo o, en todo caso, competente también para conocer del recurso directo contra la disposición general aplicada, en cuyo caso se pretenderá que se declare igualmente la nulidad de la misma con arreglo a lo dispuesto en del artículo 71.1.*a)* LJCA y dentro de los límites a que se refiere este precepto en su apartado segundo (artículos 27.2 y 3).

De no concurrir ninguno de los dos supuestos indicados, el juez o tribunal que hubiere dictado sentencia firme estimatoria del recurso indirecto (esto es, meramente anulatoria del acto de aplicación impugnado), por considerar ilegal el contenido de la disposición general aplicada, deberá plantear la cuestión de ilegalidad ante el órgano judicial competente para conocer del recurso directo contra la disposición (artículo 27.1). Si este estimase la cuestión, declarará no ser conformes a Derecho y anulará total o parcialmente, con arreglo al artículo 71.1.*a)*, aquel o aquellos preceptos de la disposición general objeto de la cuestión cuya declaración de ilegalidad haya servido de base para estimar el recurso indirecto, es decir, para anular el acto de aplicación impugnado en el proceso *a quo* (artículo 126.2).

Como se ha dicho, lo que se pretende lograr de este modo es –en palabras de la Exposición de Motivos de la Ley (apartado V)– que toda impugnación de una disposición general –ya sea directa o indirecta– acabe conduciendo siempre, sin perjuicio de su enjuiciamiento por el juez o tribunal competente para decidir sobre la legalidad del acto de aplicación del reglamento cuya invalidez se aduce, "a una decisión judicial clara y única, de efectos generales, con el fin de evitar innecesarios vacíos normativos y situaciones de inseguridad o interinidad en torno a la validez y vigencia de las normas".

2.3. *Pretensiones ejercitables en los recursos contra la inactividad administrativa*

En esta modalidad de recurso se debe distinguir entre el recurso contra la omisión de prestaciones materiales debidas (artículo 29.1) y el recurso contra la inejecución de actos administrativos firmes (artículo 29.2).

2.3.1. *Pretensiones ejercitables en los recursos contra la omisión de prestaciones materiales debidas*

La estimación de un recurso contra la omisión de prestaciones materiales debidas requiere que "la Administración, en virtud de una disposición general que no precise de actos de aplicación o en virtud de un acto, contrato o convenio administrativo, esté obligada a realizar una prestación concreta a favor de una o varias personas determinadas" (artículo 29.1), personas entre las que, como es obvio, se ha de encontrar el recurrente. Este puede, si en el plazo de tres meses desde que reclamase de la Administración el cumplimiento de dicha obligación esta no hubiera dado cumplimiento a lo por él solicitado o no hubiera llegado a un acuerdo con él, deducir recurso contencioso-administrativo contra la inactividad de la Administración y, a través de este recurso, "pretender del órgano jurisdiccional que condene a la Administración al cumplimiento de sus obligaciones en los concretos términos en que están establecidas" (artículo 32.1). Por consiguiente, la sentencia estimatoria del recurso condenará a la realización de la prestación material requerida, pudiendo fijar al efecto un plazo determinado. Como señala expresamente el artículo 71.1.c) de la Ley Jurisdiccional, el objeto del fallo condenatorio consiste en estos supuesto en "la práctica de una actuación jurídicamente obligatoria".

Según recalcan los inequívocos términos utilizados en los tres preceptos recién citados ("condenar la Administración al cumplimiento de sus obligaciones en los concretos términos en que están establecidas", "actuación jurídicamente obligatoria", etc.), la estimación de un recurso contra la omisión de prestaciones materiales presupone que la prestación omitida es debida, es decir, reviste un carácter rigurosamente reglado (al menos, como consecuencia de una "reducción a cero", en el caso concreto, de la discrecionalidad inicialmente atribuida a la Administración). Como enfatiza la Exposición de Motivos de la nueva Ley (en su apartado V), este recurso "no permite a los órganos judiciales sustituir a la Administración en aspectos de su actividad no prefigurados por el Derecho, incluida la discrecionalidad en el quando de una decisión o de una actuación material, ni les faculta para traducir en mandatos precisos las genéricas e indeterminadas habilitaciones u obligaciones legales de creación de servicios o realización de actividades, pues en tal caso estarían invadiendo las funciones propias de aquella. De ahí –concluye la Exposición de Motivos– que la Ley se refiera siempre a prestaciones concretas y actos que tengan un plazo legal para su adopción y de ahí que la eventual sentencia de condena haya de ordenar estrictamente el cumplimiento de las obligaciones administrativas en los concretos términos en que estén establecidas".

2.3.2. *Pretensiones ejercitables en los recursos contra la inejecución de actos firmes*

La segunda modalidad del recurso contra la inactividad administrativa tiene por objeto la inejecución de actos firmes (por ejemplo, el impago del justiprecio establecido por mutuo acuerdo o por acuerdo del jurado de expropiación) y, a diferencia de la anterior modalidad del recurso, se tramita por el procedimiento abreviado regulado en el artículo 78 de la Ley Jurisdiccional (artículo 29.2). Esta modalidad específica del recurso contra la inactividad fue introducida, durante la tramitación parlamentaria del Proyecto de Ley, a instancias de quienes entendían que no tendría sentido seguir todos los trámites del proceso administrativo declarativo hasta la sentencia cuando, por existir ya un título ejecutivo con fuerza obligatoria, lo que se pretende de la Administración no es la sentencia de condena, sino la ejecución. El recurso finalmente diseñado por la Ley responde a un modelo intermedio: proceso declarativo, sí, pero abreviado.

Así pues, y al igual que en la modalidad ordinaria del recurso contra la inactividad, el recurrente ejercita una genuina pretensión de condena (la misma que se ejercita en los casos del artículo 29.1), y no tanto una mera pretensión ejecutoria ("el demandante podrá pretender del órgano jurisdiccional que condene a la Administración al cumplimiento de sus obligaciones en los concretos términos en que están establecidas", artículo 32.1). De este modo, el contenido de la sentencia estimatoria del recurso se rige, asimismo, por el artículo 71.1.*c)* de la LJCA. El objeto del fallo condenatorio puede consistir, por consiguiente, tanto en "la emisión de un acto" como en "la práctica de una actuación jurídicamente obligatoria", según que la ejecución del acto firme requiera la adopción de un ulterior acto administrativo o, sencillamente, una actividad material de ejecución.

2.4. *Pretensiones ejercitables en los recursos contra la vía de hecho*

Como se ha dicho, el recurso contra actuaciones materiales que constituyan vía de hecho, una de las novedades destacables de la LJCA de 1998, tiene por objeto –en palabras de su Exposición de Motivos (apartado V)– aquellas "actuaciones materiales de la Administración que carecen de la necesaria cobertura jurídica y lesionan derechos e intereses legítimos de cualquier clase". En este tipo de recurso el demandante ejercita hasta tres pretensiones: en primer lugar, una pretensión declarativa de la disconformidad a Derecho de la actuación material impugnada; en segundo lugar, una pretensión de condena (en este caso, una pretensión de cesación de dicha actuación); y, en tercer lugar, una pretensión de restablecimiento del *statu quo* ante material ilegalmente alterado por la actuación material objeto del recurso (técnicamente, es esta, asimismo, una pretensión de condena o prestacional). En efecto, según el artículo 32.2 de la Ley, el demandante puede pretender que la actuación material impugnada "se declare contraria a Derecho, que se ordene el cese de dicha actuación y que se adopten, en su caso, las demás medidas previstas en el artículo 31.2" (medidas adecuadas para el pleno restablecimiento de una situación jurídica individualizada). En consecuencia, la sentencia estimatoria del recurso "declarará no ser conforme a Derecho y (...) dispondrá que cese o se modifique la actuación impugnada" [artículo 71.1.*a)*], además de adoptar u ordenar, en su caso, "cuantas medidas sean necesarias para el pleno restablecimiento" de la situación jurídica alterada por la actuación material declarada contraria al Derecho [artículo 71.1.*b)*].

IV. LA ACUMULACIÓN

Como hemos podido comprobar, cabe la posibilidad de que se ejerciten diversas pretensiones en relación con una misma actividad administrativa impugnada o que el recurso tenga por objeto diversas actuaciones entre las que existe una conexión suficiente que justifique su tramitación unitaria por razones de economía procesal y en aras de una mayor celeridad en la tramitación del proceso y para evitar de raíz riesgos de pronunciamientos contradictorios. A su vez, esa conexión puede existir igualmente entre diversos recursos interpuestos, que tengan por objeto la misma o similar actividad administrativa y a través de los que se ejerciten pretensiones coincidentes. A tal efecto, la Ley Jurisdiccional regula en el Capítulo III de su Título III diversos mecanismos de acumulación (artículos 34 a 39).

La LJCA distingue entre acumulación de pretensiones o acciones, y dentro de esta entre acumulación inicial (artículos 34 y 35) y acumulación sucesiva o por ampliación (artículo 36), y acumulación de autos (artículo37), según que se plantee dentro de un mismo proceso o se haya iniciado ya la tramitación de distintos recursos o procesos. A su vez, la Ley prevé en este último supuesto, si no se acordase la acumulación de autos, la tramitación preferente de algunos de estos a modo de "pleitos testigo" (artículos 37.2 y 3).

En todo caso, contra las resoluciones sobre acumulación, ampliación y tramitación preferente solo se dará recurso de reposición (artículo 39).

1. Acumulación de pretensiones o acciones

1.1. *Acumulación inicial*

Según el artículo 35.1 de la LJCA, el actor podrá acumular en su demanda cuantas pretensiones reúnan los requisitos señalados en el artículo 34, a saber:

- Serán acumulables en un proceso las pretensiones que se deduzcan en relación con un mismo acto, disposición o actuación (artículo 34.1).

– Lo serán también las que se refieran a varios actos, disposiciones o actuaciones cuando unos sean reproducción, confirmación o ejecución de otros o exista entre ellos cualquier otra conexión directa (artículo 34.2).

Corresponderá resolver sobre la acumulación en primer término al letrado de la Administración de Justicia (antes llamado secretario judicial). Si este no estimare pertinente la acumulación, dará cuenta al Tribunal, quien, en su caso, ordenará a la parte que interponga por separado los recursos en el plazo de treinta días. Si la parte no lo efectuare, el Juez tendrá por caducado aquel recurso respecto del cual no se hubiere dado cumplimiento a lo ordenado (artículo 35.2).

1.2. *Acumulación sucesiva o por ampliación*

La acumulación sucesiva o por ampliación tiene lugar una vez que el proceso ya se ha iniciado. Concretamente, dispone el artículo 36.1 de la LJCA que "(s)i antes de la sentencia se dictare o se tuviere conocimiento de la existencia de algún acto, disposición o actuación que guarde con el que sea objeto del recurso en tramitación la relación prevista en el artículo 34, el demandante podrá solicitar, dentro del plazo que señala el artículo 46, la ampliación del recurso a aquel acto administrativo, disposición o actuación".

Esta petición producirá la suspensión del curso del procedimiento. El letrado de la Administración de Justicia dará traslado de la misma a las partes para que presenten alegaciones en el plazo común de cinco días (artículo 36.2). Si el órgano jurisdiccional accediere a la ampliación, continuará la suspensión de la tramitación del proceso en tanto no se alcance respecto de aquella el mismo estado que tuviere el procedimiento inicial (artículo 36.3).

El demandante también podrá solicitar la acumulación sucesiva o por ampliación cuando en los recursos contencioso-administrativos interpuestos contra actos presuntos la Administración dictare durante su tramitación resolución expresa respecto de la pretensión inicialmente deducida. En tal caso podrá el recurrente desistir del recurso interpuesto con fundamento en la aceptación de la resolución expresa que se hubiere dictado o solicitar la ampliación a la resolución expresa. Una vez producido el desistimiento del recurso inicialmente interpuesto, el plazo para recurrir la resolución expresa, que será de dos meses, se contará desde el día siguiente al de la notificación de la misma (art. 36.4).

En relación con la ampliación del recurso dirigido contra un acto presunto a la posterior resolución tardía, el Tribunal Supremo, en su sentencia de 15 de junio de 2015 (recaída en el recurso nº 1762/2014), recuerda que la ampliación del recurso no es necesaria salvo en los casos en los que el acuerdo tardío y expreso modifique el presumido por silencio. En esos casos la ampliación sí es una carga de la parte recurrente. Pero procede entender que la ampliación del recurso es facultativa y no necesaria cuando la pretensión mantiene su virtualidad impugnatoria a pesar de la resolución tardía. En ese caso puede entender legítimamente el recurrente que la resolución tardía no afecta al objeto esencial de su recurso.

Por consiguiente, no es conforme a Derecho la doctrina que asocia la pérdida sobrevenida de objeto del proceso iniciado frente a la desestimación presunta por silencio administrativo a la falta de ampliación de la impugnación a la posterior resolución expresa por la Administración. La interpretación correcta exige, por tanto, distinguir los siguientes supuestos:

a) Si la resolución expresa, posterior al silencio administrativo, satisface íntegramente la pretensión, lo procedente será el desistimiento o la satisfacción extraprocesal de la pretensión (art. 76 LJCA).

b) Si la resolución expresa, posterior al silencio administrativo, es plenamente denegatoria de la pretensión, el demandante podrá ampliar el recurso contencioso-administrativo; pero si no lo hace, no por eso habrá perdido sentido su recurso.

c) Si la resolución expresa, posterior al silencio administrativo, es parcialmente estimatoria de la pretensión, alterando la situación que deriva de la ficción legal de desestimación que anuda el silencio administrativo negativo, entonces sí, el artículo 36 LJCA impone, en principio, al demandante la carga de ampliar el recurso. Pero la no asunción de esta solo comporta la total pérdida sobrevenida de objeto cuando, a la vista del contenido de dicha resolución tardía, la pretensión formulada carece de toda su virtualidad. En otro caso, lo que se produce es la necesaria modificación de la pretensión formulada para adecuarla al contenido del acto administrativo que sustituye a la ficción legal en que consiste el silencio administrativo, entendiendo que no alcanza ni a lo que se obtiene por dicho acto ni a los aspectos de este que no podían ser incluidos en la desestimación presunta recurrida y que, por tanto, son ajenos al proceso iniciado.

2. Acumulación de autos

Como se ha señalado, la acumulación de autos se plantea –a diferencia de lo que sucede en los supuestos de acumulación de pretensiones o acciones (ya sea *ab initio*, ya sea sucesiva o por ampliación)– cuando ya se ha iniciado la tramitación de distintos recursos o procesos.

Para estos casos el artículo 37.1 de la LJCA dispone que "(i)nterpuestos varios recursos contencioso-administrativos con ocasión de actos, disposiciones o actuaciones en los que concurra alguna de las circunstancias señaladas en el artículo 34, el órgano jurisdiccional podrá en cualquier momento procesal, previa audiencia de las partes por plazo común de cinco días, acordar la acumulación de oficio o a instancia de alguna de ellas".

Por tanto, la acumulación de autos, que el órgano jurisdiccional puede acordar de oficio o a instancia de alguna de las partes, también exige que las pretensiones (i) se deduzcan en relación con un mismo acto, disposición o actuación, o bien (ii) se refieran a varios actos, disposiciones o actuaciones, pero unos sean reproducción, confirmación o ejecución de otros o exista entre ellos cualquier otra conexión directa.

A tal efecto, la Ley prevé que "(l)a Administración comunicará al Tribunal, al remitirle el expediente administrativo, si tiene conocimiento de la existencia de otros recursos contencioso-administrativos en los que puedan concurrir los supuestos de acumulación que previene el presente capítulo" (artículo 38.1). Igualmente, el letrado de la Administración de Justicia pondrá en conocimiento del Juez o Tribunal los procesos que se tramiten en la Oficina judicial en los que puedan concurrir dichos supuestos de acumulación (art. 38.2).

3. La tramitación preferente ("pleitos testigo")

En supuestos de pluralidad de recursos con idéntico objeto pendientes ante un mismo órgano judicial, este podrá optar entre acumularlos de acuerdo con lo dispuesto en el art. 37.1 (acumulación de autos) o, en su defecto, deberá ordenar la tramitación preferente de uno o varios de dichos recursos.

En efecto, según el art. 37.2 de la LJCA "(c)uando ante un Juez o Tribunal estuviera pendiente una pluralidad de recursos con idéntico objeto, el órgano jurisdiccional, si no se hubiesen acumulado, deberá tramitar uno o varios con carácter preferente, previa audiencia de las partes por plazo común de cinco días, suspendiendo el curso de los demás hasta que se dicte sentencia en los primeros". Una vez firme, el letrado de la Administración de Justicia "llevará testimonio de la sentencia a los recursos suspendidos y la notificará a los recurrentes afectados por la suspensión a fin de que en el plazo de cinco días puedan interesar la extensión de sus efectos en los términos previstos en el artículo 111, la continuación del procedimiento o bien desistir del recurso" (artículo 37.3).

La doctrina se refiere a estos procesos de tramitación preferente como "procesos testigo" o "procesos piloto". Se trata de un mecanismo procesal especialmente idóneo en los casos de pleitos masivos.

V. LA CUANTÍA DEL RECURSO

La cuantía del recurso es relevante por dos razones:

- Por un lado, y como se ha visto en el capítulo relativo a los órganos de la jurisdicción contencioso-administrativa y sus competencias, en algunos supuestos la cuantía del recurso es un elemento determinante de la competencia del órgano jurisdiccional[20].
- Por otro, la cuantía del recurso tiene importancia a los efectos de costas procesales y honorarios de abogado y procurador[21].

---

[20] Según la Disposición adicional segunda de la LJCA, "(e)l Gobierno queda autorizado para actualizar cada cinco años las cuantías señaladas en esta Ley, previo informe del Consejo General del Poder Judicial y del Consejo de Estado".

[21] Artículo 139:

1. En primera o única instancia, el órgano jurisdiccional, al dictar sentencia o al resolver por auto los recursos o incidentes que ante el mismo se promovieren, impondrá las costas a la parte que haya visto rechazadas todas sus pretensiones, salvo que aprecie y así lo razone, que el caso presentaba serias dudas de hecho o de derecho.

En los supuestos de estimación o desestimación parcial de las pretensiones, cada parte abonará las costas causadas a su instancia y las comunes por mitad, salvo que el órgano jurisdiccional, razonándolo debidamente, las imponga a una de ellas por haber sostenido su acción o interpuesto el recurso con mala fe o temeridad.

1. Procedimiento para la determinación de la cuantía del recurso

El letrado de la Administración de Justicia fijará la cuantía del recurso contencioso-administrativo una vez formulados los escritos de demanda y contestación, en los que las partes podrán exponer, por medio de otrosí, su parecer al respecto (artículo 40.1). Cuando así no se hiciere, el letrado de la Administración de Justicia requerirá al demandante para que fije la cuantía, concediéndole al efecto un plazo no superior a diez días, transcurrido el cual sin haberlo realizado se estará a la que fije el letrado de la Administración de Justicia, previa audiencia del demandado (artículo 40.2).

Cuando el demandado no estuviere de acuerdo con la cuantía fijada por el demandante, lo expondrá por escrito dentro del término de diez días, resolviendo el letrado de la Administración de Justicia lo procedente. En este caso, el juez o tribunal, en la sentencia, resolverá definitivamente la cuestión (art. 40.3).

La parte perjudicada por la cuantía del recurso determinada podrá fundar el recurso de queja en la indebida determinación de la cuantía si por causa de esta no se tuviere por preparado el recurso de casación o no se admitiera el recurso de casación para la unificación de doctrina o el de apelación (art. 40.4).

2. Criterios para la determinación de la cuantía del recurso

La cuantía del recurso contencioso-administrativo vendrá determinada por el valor económico de la pretensión objeto del mismo (art. 41.1).

Cuando existan varios demandantes, se atenderá al valor económico de la pretensión deducida por cada uno de ellos, y no a la suma de todos (art. 41.2).

En los supuestos de acumulación o de ampliación, la cuantía vendrá determinada por la suma del valor económico de las pretensiones objeto de aquellas, pero no comunicará a las de cuantía inferior la posibilidad de casación o apelación (art. 41.3).

Pero si la cuantía del recurso viene determinada por el valor económico de la pretensión objeto del mismo, la cuestión que se plantea es cómo se determina ese valor. Al respecto, el artículo 42.1 de la LJCA dispone lo siguiente:

> "Para fijar el valor económico de la pretensión se tendrán en cuenta las normas de la legislación procesal civil, con las especialidades siguientes:
>
> a) Cuando el demandante solicite solamente la anulación del acto, se atenderá al contenido económico del mismo, para lo cual se tendrá en cuenta el débito prin-

---

2. En las demás instancias o grados se impondrán al recurrente si se desestima totalmente el recurso, salvo que el órgano jurisdiccional, razonándolo debidamente, aprecie la concurrencia de circunstancias que justifiquen su no imposición.

3. La imposición de las costas podrá ser a la totalidad, a una parte de estas o hasta una cifra máxima.

4. Para la exacción de las costas impuestas a particulares, la Administración acreedora utilizará el procedimiento de apremio, en defecto de pago voluntario.

5. En ningún caso se impondrán las costas al Ministerio Fiscal.

6. Las costas causadas en los autos serán reguladas y tasadas según lo dispuesto en la Ley de Enjuiciamiento Civil.

cipal, pero no los recargos, las costas ni cualquier otra clase de responsabilidad, salvo que cualquiera de estos fuera de importe superior a aquel.

b) Cuando el demandante solicite, además de la anulación, el reconocimiento de una situación jurídica individualizada, o cuando solicite el cumplimiento de una obligación administrativa, la cuantía vendrá determinada:

Primero. Por el valor económico total del objeto de la reclamación, si la Administración pública hubiere denegado totalmente, en vía administrativa, las pretensiones del demandante.

Segundo. Por la diferencia de la cuantía entre el objeto de la reclamación y el del acto que motivó el recurso, si la Administración hubiera reconocido parcialmente, en vía administrativa, las pretensiones del demandante".

3. Supuestos de cuantía indeterminada

No obstante lo anterior, la Ley reputa de cuantía indeterminada las siguientes clases de recursos (artículo 42.2):

- Recursos dirigidos a impugnar directamente las disposiciones generales, incluidos los instrumentos normativos de planeamiento urbanístico.
- Recursos que se refieran a los funcionarios públicos cuando no versen sobre derechos o sanciones susceptibles de valoración económica.
- Recursos en los que junto a pretensiones evaluables económicamente se acumulen otras no susceptibles de tal valoración.
- Recursos interpuestos contra actos, en materia de Seguridad Social, que tengan por objeto la inscripción de empresas, formalización de la protección frente a riesgos profesionales, tarifación, cobertura de la prestación de incapacidad temporal, afiliación, alta, baja y variaciones de datos de trabajadores.

BIBLIOGRAFÍA BÁSICA: SANTAMARÍA PASTOR, J. A.: *La Ley Reguladora de la Jurisdicción Contencioso-Administrativa. Comentario*, Iustel, Madrid, 2012; GARCÍA PÉREZ, M.: *El objeto del proceso contencioso-administrativo*, Aranzadi, Pamplona, 1999; HUERGO LORA, A.: *Las pretensiones de condena en el contencioso-administrativo*, Aranzadi, Pamplona, 2000.

BIBLIOGRAFÍA COMPLEMENTARIA: CARLÓN RUIZ, M.: *La cuestión de ilegalidad en el contencioso-administrativo contra reglamentos*, Aranzadi, Cizur Menor, 2005; GÓMEZ PUENTE, M.: "La impugnación jurisdiccional de la inactividad administrativa", *Revista Española de Derecho Administrativo*, núm. 107 (2000), pp. 325 ss.; GONZÁLEZ-VARAS, S.: *La vía de hecho administrativa*, Tecnos, Madrid, 1994; LÓPEZ-MEDEL BASCONES, J.: "El objeto del proceso contencioso-administrativo", *Revista Española de Derecho Administrativo*, núm. 115 (2002), pp. 381 ss.; MENÉNDEZ SEBASTIÁN, E. M.:, *La cuantía en el recurso contencioso-administrativo*, Atelier, Barcelona, 2000; SANTOS VIJANDE, J. M.: *El recurso indirecto contra reglamentos*, Edersa, Madrid, 1998.

JURISPRUDENCIA DESTACADA:

Sobre el carácter revisor del proceso contencioso-administrativo: el acto administrativo impugnado no acota los términos del debate en el proceso, pues es tan solo su presupuesto. El objeto del proceso no es el acto sino las pretensiones que se formulan en relación con el mismo: STS de 21.12.00 (Rec. 3683/1995)

Sobre el control jurisdiccional del ejercicio de la potestad reglamentaria: STS de 07.10.02 (Rec. 48/1999)

Sobre el recurso contra la inactividad administrativa: SSTS de 24.07.00 (Rec. 408/1999) y de 18.02.05 (Rec. 24/2003)

En particular sobre el recurso contra la inejecución de actos firmes: STS de 28.12.05 (Rec. 9717/2003)

Sobre la vía de hecho y su control jurisdiccional: STS de 22.09.03 (Rec. 8039/1999)

Jurisprudencia constitucional sobre los actos consentidos y confirmatorios: SSTC 126/1984, 132/2005 y 87/2008

Jurisprudencia constitucional sobre el requisito de congruencia: SSTC 45/2003, 167/2007 y 141/2009

No pueden acumularse en un mismo recurso pretensiones contra actos distintos que, aunque conexos, deben ser enjuiciados por órganos jurisdiccionales diferentes: STS de 05.07.99 (Rec. 324/1996)

Sobre la ampliación del recurso contra actos presuntos a la impugnación de actos expresos posteriores: STS de 16.02.09 (Rec. 1887/2007)

Sobre la acumulación de autos: STS de 05.12.06 (Rec. 6196/2003)

LECCIÓN 6

EL PROCEDIMIENTO CONTENCIOSO-ADMINISTRATIVO EN PRIMERA O ÚNICA INSTANCIA Y EL PROCEDIMIENTO ABREVIADO

CARMEN FERNÁNDEZ RODRÍGUEZ

I. INTRODUCCIÓN: SENTIDO, CONCEPTO Y TIPOLOGÍA DE PROCEDIMIENTOS ADMINISTRATIVOS

1. Sentido y concepto del procedimiento administrativo como presupuesto previo del proceso contencioso-administrativo

La garantía y satisfacción del interés general por parte de las Administraciones Públicas obliga a que la formación de su voluntad se genere, también paso a paso, con unas garantías concretas que no hacen sino incorporar a ese proceso, el control del cumplimiento de los múltiples aspectos que han de integrar las decisiones administrativas: argumentos de los interesados; documentos existentes y demás aspectos de interés.

En este sentido, el procedimiento administrativo, si bien nos puede parecer, como ciudadanos, de una carga insoportable, no tiene otro objetivo que garantizar que la Administración resuelve y decide valorando todos los intereses en juego. De ahí que cualquier planteamiento de racionalización y agilización administrativa haya de tener en consideración que el procedimiento administrativo "es el cauce necesario de la buena gestión de los intereses públicos, como ocurre, por ejemplo, en los procedimientos de selección de proyectos de obras o de funcionarios". No pueden achacarse al procedimiento administrativo y al actuar administrativo todos los males de la organización administrativa.

El procedimiento administrativo se plasma pues en nuestro texto constitucional, en su artículo 105.3 como el cauce del actuar administrativo:

> "La ley regulará el procedimiento a través del cual pueden producirse los actos administrativos, garantizando, cuando proceda, la audiencia del interesado".

Del mismo modo que el proceso judicial constituye el cauce de la función judicial concretada por áreas objetivas en la jurisdicción contencioso-administrativa, penal, civil o laboral. Así GIANINNI observa las diferencias entre uno y otro, señalando, por un lado que mientras el proceso posee una complejidad formal intensa debido a la importante dignidad del órgano del que emana el acto (el juez); en el procedimiento administrativo existe una menor solemnidad puesto que la propia Administración que emana el acto es juez y parte. Y, por otro, las mayores o menores garantías que se acumulan en el procedimiento administrativo le hacen acercarse más o menos al proceso, según los casos.

2. Clasificación de los procedimientos administrativos

A partir de esta diferenciación, el propio GIANINNI refiere toda una tipología de procedimientos administrativos, teniendo en cuenta también la propia modalidad de acto administrativo emitido y así clasifica los procedimientos administrativos en:

- Procedimientos *declarativos y constitutivos*: los declarativos sirven para atribuir cualificaciones jurídicas a cosas, personas o relaciones. Mientras que los procedimientos constitutivos se caracterizan por producir un efecto jurídico de nacimiento, modificación o extinción de situaciones subjetivas.

Los procedimientos constitutivos pueden ser a su vez, según la finalidad a la que sirven, procedimientos *ablatorios o expropiatorios, concesionales y autorizativos*.

Asimismo, los procedimientos constitutivos, atendiendo al número de los intereses públicos que gestiona, pueden ser *simples o complejos*. Son simples los procedimientos que persiguen un único interés público (solicitud de licencia de pesca) y complejos aquellos que atienden a varios intereses públicos (expropiación forzosa).

- Procedimientos *organizativos* son aquellos que resultan de la manifestación de la potestad administrativa de organización y sirven para crear, modificar o extinguir personas jurídicas, órganos o articular actividad de control.
- Procedimientos sancionadores son aquellos en virtud de los cuales la Administración ejercita la potestad sancionadora.
- Procedimientos *ejecutivos*: son aquellos en que se concretan los contenidos de los actos administrativos.

Además cabe añadir otro tipo de procedimientos: *procedimientos lineales y triangulares*, modalidades que guardan relación con la distinción entre los procesos inquisitivos (procesos penales en su fase sumarial) y los procesos civiles, en que predomina el principio dispositivo de las partes. En el procedimiento lineal, que son la mayoría de los procedimientos administrativos, la Administración es parte y órgano decisor al mismo tiempo, pues está comprometido el interés público que representa la propia Administración. El procedimiento triangular, sin embargo, es aquel en el que, como sucede en el proceso civil, el órgano administrativo se sitúa en una posición de independencia e imparcialidad frente a dos o más administrados con intereses contrapuestos.

No obstante, en nuestro ordenamiento no existe un procedimiento general o común modelo único a modo en cómo sucede en otros ordenamientos. De hecho se habla de un procedimiento no formalizado o flexible (Título VI de la Ley 29/1998) y de otros procedimientos formalizados cuya tramitación se regula de forma escalonada en otras leyes o reglamentos.

3. El proceso contencioso-administrativo como proceso revisor y como garantía frente a conductas administrativas omisivas

El esquema original del proceso contencioso-administrativo que nace en 1845 parte de asimilarse al proceso civil de primera instancia. De tal modo que el expediente administrativo hacía las veces de los autos judiciales y el acto administrativo venía a representar la sentencia de primera instancia. Poco a poco, como apunta Parada, este proceso evolucionó hacia un modelo similar al proceso de apelación y así, al igual que la no impugnación de la sentencia de primera instancia produce el efecto de cosa juzgada, la no impugnación del acto administrativo en los plazos previstos para los recursos administrativos previos o el previsto para acceder al contencioso-administrativo da lugar al mismo efecto de cosa juzgada.

El carácter revisor del proceso contencioso-administrativo se marca desde el origen de esta jurisdicción, existiendo importante jurisprudencia coherente con este carácter hasta la actual ley jurisdiccional que mantiene ese carácter revisor para la impugnación de actos, aunque abandona dicho carácter cuando regula los recursos contra la inactividad de la Administración y las vías de hecho administrativas. Lo que se persigue con este nuevo carácter no revisor es "sencillamente dar a la Administración la oportunidad de resolver el conflicto y de evitar la intervención judicial. En caso contrario, lo que se impugna sin más trámites es, directamente, la inactividad o actuación material correspondiente, cuyas circunstancias delimitan el objeto material del proceso" –Exposición de Motivos de la Ley jurisdiccional–.

II. TRÁMITES DEL PROCEDIMIENTO ADMINISTRATIVO EN PRIMERA O ÚNICA INSTANCIA

El procedimiento administrativo en primera o única instancia se regula en el Capítulo I del Título IV de la Ley 29/1998. Los trámites propiamente dichos de este procedimiento y que regula y desarrolla la Ley son: las Diligencias Preliminares; la Interposición del recurso, el Emplazamiento y la Admisión del recurso; La demanda y la Contestación a la demanda; las Alegaciones previas; la Prueba; Vista y Conclusiones; la Sentencia y otros modos de terminación del procedimiento.

1. Las Diligencias preliminares

Son diligencias preliminares del procedimiento administrativo en primera o única instancia las dos previstas en los artículos 43 y 44 de la Ley 29/1998: el proceso de lesividad y los posibles litigios entre Administraciones Públicas.

1.1. *El proceso de lesividad*

> "Cuando la propia Administración autora de algún acto pretenda demandar su anulación ante la Jurisdicción Contencioso-administrativa deberá, previamente, declararlo lesivo para el interés público" –artículo 43 Ley 29/1998–.

La declaración de lesividad, regulada en el artículo 107 de la Ley del Procedimiento Administrativo Común de las Administraciones Públicas 39/2015, constituye un mero presupuesto procesal para la interposición del recurso contencioso-administrativo por parte de la Administración contra sus propios actos favorables o declarativos de derechos, siendo en el proceso que se promueva con base en esa declaración de lesividad donde se dilucida si efectivamente concurre causa de anulabilidad en el acto declarado lesivo –Sentencia del Tribunal Supremo de 23 de abril de 2002, Sala 3ª, Sección 7ª–.

Y es que las Administraciones públicas pueden declarar lesivos para el interés público los actos favorables para los interesados que sean anulables conforme a lo dispuesto en el artículo 48 de la Ley del Procedimiento Administrativo Común de las Administraciones Públicas 39/2015 –actos anulables–, a fin de proceder a su posterior impugnación ante el orden jurisdiccional contencioso-administrativo.

El recurso de lesividad se inicia por demanda formulada con arreglo al artículo 56. 1 de la Ley 29/1998 en la que consta con precisión la persona o personas demandadas y su sede o domicilio y a esta demanda que ya formaría parte de la interposición –no de la mera diligencia preliminar– se le ha de acompañar la declaración de lesividad, el expediente administrativo y, si procede, los documentos acreditativos de la representación del compareciente y el documento que acredite el cumplimiento de los requisitos exigidos para entablar acciones –artículo 45.4 Ley 29/1998–.

La declaración de lesividad no puede adoptarse una vez transcurridos cuatro años desde que se dictó el acto administrativo y exige la previa audiencia de cuantos aparezcan como interesados en el mismo, en los términos establecidos en el artículo 82 de la Ley del Procedimiento Administrativo Común de las Administraciones Públicas 39/2015 –trámite de audiencia–. Transcurrido el plazo de seis meses desde la iniciación del procedimiento sin que se hubiera declarado la lesividad, se produce la caducidad del mismo. En todo caso la declaración de lesividad se adopta por el órgano de cada Administración competente en la materia, tratándose estas de la Administración General del Estado o de las Comunidades Autónomas. Mientras que siendo Administración Local, la declaración de lesividad se adopta por el Pleno de la Corporación o, en defecto de este, por el órgano colegiado superior de la entidad –artículo 107 de la Ley del Procedimiento Administrativo Común de las Administraciones Públicas 39/2015–.

El plazo para interponer recurso de lesividad es de dos meses a contar desde el día siguiente a la fecha de la declaración de lesividad –artículo 46.5 Ley 29/1998–.

1.2. *Litigios entre Administraciones Públicas*

> "1. En los litigios entre Administraciones públicas no cabrá interponer recurso en vía administrativa. No obstante, cuando una Administración interponga recurso contencioso-administrativo contra otra, podrá requerirla previamente para que derogue la disposición, anule o revoque el acto, haga cesar o modifique la actuación material, o inicie la actividad a que esté obligada.
>
> Cuando la Administración contratante, el contratista o terceros pretendan recurrir las decisiones adoptadas por los órganos administrativos a los que corresponde resolver los recursos especiales y las reclamaciones en materia de contratación a que se refiere la legislación de Contratos del Sector Público interpondrán el recurso directamente y sin necesidad de previo requerimiento o recurso administrativo
>
> 2. El requerimiento deberá dirigirse al órgano competente mediante escrito razonado que concretará la disposición, acto, actuación o inactividad, y deberá producirse en el plazo de dos meses contados desde la publicación de la norma o desde que la Administración requirente hubiera conocido o podido conocer el acto, actuación o inactividad".
>
> 3. El requerimiento se entenderá rechazado si, dentro del mes siguiente a su recepción, el requerido no lo contestara.

> 4. Queda a salvo lo dispuesto sobre esta materia en la legislación de régimen local" –artículo 44 Ley 29/1998–.

Las relaciones entre las Administraciones Públicas, cuyos principios se recogen en los artículos 3 y siguientes de la Ley 40/2015, de 1 de octubre, de Régimen Jurídico del Sector Público, se articulan en base al respeto al ejercicio legítimo de las competencias, la ponderación, la facilitación de información entre administraciones, la cooperación y la asistencia activa entre ellas. Por ello, este precepto no prevé ningún tipo de control político o de oportunidad de unas Administraciones sobre otras e, incluso, para evitar ir contra la legalidad intrínseca de los actos administrativos, se evita acudir al recurso contencioso y se prevé una comunicación previa a través del requerimiento entre Administraciones.

En estos litigios, el plazo para interponer recurso contencioso-administrativo es de dos meses, salvo que por Ley se establezca otra cosa. Cuando hubiera procedido el requerimiento, el plazo se cuenta desde el día siguiente a aquel en que se recibe la comunicación del acuerdo expreso o se entienda presuntamente rechazado.

2. La interposición del recurso contencioso-administrativo

2.1. *Escrito de interposición y documentación que se acompaña*

> "El recurso contencioso-administrativo se iniciará por un escrito reducido a citar la disposición, acto, inactividad o actuación constitutiva de vía de hecho que se impugne y a solicitar que se tenga por interpuesto el recurso, salvo cuando esta Ley disponga otra cosa…" –artículo 45.1 Ley 29/1998–.

Al escrito de interposición del recurso contencioso-administrativo se acompaña toda una serie de documentación:

- El documento acreditativo de la representación del compareciente, salvo que ya figure unido a otras actuaciones.
- El documento o documentos que acrediten la legitimación del actor cuando la ostente por habérsela transmitido otro por herencia o por cualquier otro título.
- La copia o traslado de la disposición o del acto expreso que se recurran, o indicación del expediente en que haya recaído el acto o el periódico oficial en que la disposición se haya publicado. Si el objeto del recurso es la inactividad de la Administración o una vía de hecho, se ha de mencionar el órgano o dependencia al que se atribuye una u otra.
- El documento o documentos que acrediten el cumplimiento de los requisitos exigidos para entablar acciones las personas jurídicas con arreglo a las normas o estatutos que les sean de aplicación, salvo que ya estuviera incorporado –artículo 45.2 Ley 29/1998–.

El secretario judicial, a la vista de esta documentación, examina de oficio la validez de la comparecencia y si estima que es válida, admite a trámite el recurso.

Si con el escrito de interposición no se acompañaran los documentos exigidos, si fueran incompletos o si el secretario judicial estimara que no concurren los requisitos exigidos para la validez de la comparecencia, este requiere inmediatamente la subsanación de los mismos, señalando un plazo de diez días para que el recurrente pueda llevarla a efecto y, si no lo hace, el Juez o Tribunal se pronuncia declarando el archivo de las actuaciones –artículo 45.3 Ley 29/1998–.

Sin perjuicio de las exigencias para la demanda en el recurso de lesividad, ya analizada en el epígrafe anterior y a las que se refiere el artículo 45.4 de la Ley, el recurso dirigido contra una disposición general, acto, inactividad o vía de hecho en que no existan terceros interesados puede iniciarse también mediante demanda en que se concreta la disposición, acto o conducta impugnados y se razona su disconformidad a Derecho. Con la demanda se han de acompañar los documentos que procedan –artículo 45.5 Ley 29/1998–.

2.2. *El plazo de interposición del recurso contencioso-administrativo*

El plazo de interposición constituye un elemento esencial en la regulación del trámite de interposición del recurso contencioso-administrativo.

Con carácter general, el plazo para interponer el recurso es de dos meses contados desde el día siguiente al de la publicación de la disposición impugnada o al de la notificación o publicación del acto que ponga fin a la vía administrativa, si fuera expreso. Si no lo fuera, el plazo es de seis meses y se cuenta, para el solicitante y otros posibles interesados, a partir del día siguiente a aquel en que, de acuerdo con su normativa específica, se produzca el acto presunto. En los supuestos en que la Administración está obligada a realizar una prestación concreta, bien en virtud de una disposición general o de un contrato o convenio, el plazo de dos meses se cuenta a partir del día siguiente al vencimiento de los plazos señalados en el artículo 29 de la Ley 29/1998.

Si el recurso contencioso-administrativo se dirige contra una actuación en vía de hecho, el plazo para interponer el recurso es de diez días a contar desde el día siguiente a la terminación del plazo establecido en el artículo 30. Si no hubiera requerimiento, el plazo es de veinte días desde el día en que se inició la actuación administrativa en vía de hecho.

El plazo para la interposición se cuenta desde el día siguiente a aquel en que se notifique la resolución expresa del recurso potestativo de reposición o en que este deba entenderse presuntamente desestimado. En el recurso de lesividad el plazo es de dos meses y en los litigios entre Administraciones, como hemos visto, es asimismo de dos meses, salvo que por Ley se establezca otra cosa –artículo 46 Ley 29/1998–.

2.3. *El anuncio de la interposición del recurso*

Cuando el secretario examina y admite el recurso, en el siguiente día hábil ha de acordar, si lo solicita el recurrente, que se anuncie dicha interposición, remitiendo el oficio para su publicación por el órgano competente en el periódico oficial que proceda, atendiendo al ámbito territorial de competencia del órgano autor de la actividad administrativa recurrida. Esta publicación también puede ser acordada de oficio por el secretario, si lo estima conveniente.

En los supuestos en que el recurso se interpone contra una disposición general, debe procederse a la publicación del anuncio de interposición, concediéndose quince días para la personación de quienes tengan interés legítimo en sostener la conformidad a Derecho de la disposición, acto o conducta impugnados. Transcurrido este plazo, el Letrado de la Administración de Justicia procede a dar traslado de la demanda y de los documentos que la acompañan para que sea contestada primero por la Administración y luego por los demás demandados que se hubieran personado –artículo 47 Ley 29/1998–.

2.4. *La remisión del expediente por parte de la Administración*

> "El Secretario judicial, al acordar lo previsto en el apartado 1 del artículo anterior, o mediante diligencia si la publicación no fuera necesaria, requerirá a la Administración que le remita el expediente administrativo, ordenándole que practique los emplazamientos previstos en el artículo 49. El expediente se reclamará al órgano autor de la disposición o acto impugnado o a aquel al que se impute la inactividad o vía de hecho. Se hará siempre una copia autentificada de los expedientes tramitados en grados o fases anteriores, antes de devolverlos a su oficina de procedencia –art. 48.1 Ley 29/1998–.

El expediente debe ser remitido por la Administración requerida, en el plazo improrrogable de veinte días, a contar desde que la comunicación judicial tiene entrada en el registro general del órgano requerido. La entrada se pone en conocimiento del órgano jurisdiccional. Dicho expediente, original o copiado, se envía completo, foliado y, en su caso, autentificado, acompañado de un índice, asimismo autentificado, de los documentos que contenga. La Administración conserva siempre el original o una copia autentificada de los expedientes que envía. De manera que si el expediente es reclamado por diversos Juzgados o Tribunales, la Administración envía copias autentificadas del original o de la copia que conserve –artículo 48. 4–.

Si el recurso contra la disposición se inicia por demanda, el Tribunal puede recabar de oficio o a petición del actor, el expediente de elaboración de dicha disposición y una vez recibido el expediente, el Letrado de la Administración de Justicia lo pone de manifiesto a las partes por cinco días para que formulen alegaciones –artículo 48.5–.

Cuando el expediente contiene documentos que son secreto oficial, se excluyen del mismo mediante resolución motivada –artículo 48.6–.

Transcurrido el plazo de remisión del expediente sin haberse recibido completo, se reitera la reclamación y si no se envía en el término de días, tras constatase su responsabilidad, previo apercibimiento del Letrado de la Administración de Justicia notificado personalmente para formulación de alegaciones, el Juez o Tribunal puede imponer una multa coercitiva de trescientos a mil doscientos euros a la autoridad o empleado responsable. La multa se reitera cada veinte días, hasta el cumplimiento de lo requerido. No obstante si no se logra que se remita el expediente una vez impuestas las tres primeras multas, el Juez o Tribunal ha de poner los hechos en conocimiento del Ministerio Fiscal, sin perjuicio de seguir imponiéndose nuevas multas – artículo 48.7 y 10–.

En todo caso, si no se puede individualizar la responsabilidad del empleado o autoridad, la Administración se considera la responsable del pago de la multa sin perjuicio de que se repercuta contra el responsable. Contra los autos en los que se acuerda la imposición de multas puede interponerse recurso de súplica en los términos previstos en el artículo 79 de la Ley. Cuando no se satisfacen las multas de forma voluntaria, siendo firmes se hacen efectivas por vía judicial de apremio –artículo 48.8 y 9–.

3. El Emplazamiento de los demandados y Admisión del recurso

3.1. *Emplazamiento*

La resolución de remisión del expediente se notifica a todos los interesados en él y se les emplaza para que puedan personarse como demandados en el plazo de nueve días.

Cuando se trata de recursos contra decisiones de órganos administrativos a los que corresponde resolver los recursos especiales y en las reclamaciones en materia de contratación administrativa, se emplaza además como parte demandada a las personas, distintas del recurrente, que han comparecido en el recurso administrativo para que puedan personarse como demandados. Y una vez hechas las notificaciones de emplazamiento, el expediente administrativo se envía al Juzgado o Tribunal, incorporando la justificación de dicho emplazamiento.

Una vez que se recibe el expediente, el Letrado de la Administración de Justicia, si advierte algún defecto en las notificaciones, ordena a la Administración que se practiquen para asegurar la defensa de los interesados que sean identificables. Y, en el caso de que no sea posible emplazar a algún interesado, el Letrado de la Administración de Justicia manda insertar el correspondiente edicto en el periódico oficial que proceda, atendiendo al ámbito territorial de competencia del órgano autor de la actividad administrativa recurrida. Los emplazados por este medio pueden personarse hasta el momento en que haya de dárseles traslado para contestar a la demanda –artículo 49–.

Cuando los demandados emplazados se personan con posterioridad al plazo concedido para ello, se les tiene por parte para los trámites no concluidos y si no se personan oportunamente continúa el procedimiento sin que haya de notificárseles en adelante ningún otro trámite –artículo 50.3–.

El emplazamiento de la Administración, se entiende producido cuando se le reclama el expediente y asimismo, la personación se entiende efectuada por el envío del expediente –artículo 50. 1 y 2–.

3.2. *El incidente de admisión*

Cuando el Juzgado o la Sala examinan el expediente admite o inadmite el recurso. Lo inadmite cuando de forma inequívoca y manifiesta le consta alguna o varias de estas causas de inadmisión:

- La falta de jurisdicción o la incompetencia del Juzgado o Tribunal.
- La falta de legitimación del recurrente.
- Haberse interpuesto el recurso contra actividad no susceptible de impugnación.
- Haber caducado el plazo de interposición del recurso –artículo 51.1–.

Cuando se han desestimado en el fondo otros recursos "sustancialmente iguales por sentencia firme" al recurso que se plantea, también es posible la inadmisión de este –art. 51.2–. Asimismo cuando se trate de la impugnación de actuaciones materiales de vía de hecho, es posible la inadmisión si "fuera evidente que la actuación administrativa se ha producido dentro de la competencia y en conformidad con las reglas del procedimiento legalmente establecido" –artículo 51.3–. Del mismo modo, en los supuestos en que la Administración ha de realizar una prestación concreta –artículo 29– el recurso se inadmite si es evidente la ausencia de obligación concreta de la Administración respecto de los recurrentes –artículo 51.3–.

El Juzgado o la Sala, antes de pronunciarse sobre la inadmisión del recurso, hace saber a las partes el motivo en que se funda la inadmisión para que aleguen lo que estimen procedente, acompañado, en su caso, de la documentación oportuna –artículo 51.4–.

Contra el auto que declara la inadmisión se pueden interponer los recursos previstos en la Ley regulados en el artículo 79.2 y 80.1 c). Por el contrario, el auto de admisión no es recurrible, aunque cabe la oposición por cualquier motivo de inadmisibilidad en un momento procesal posterior. Declarada la inadmisión por falta de jurisdicción o incompetencia se estará a lo que determina la ley para la fijación de la jurisdicción competente – artículo 51.5 y 6–.

4. La demanda y la contestación a la demanda

4.1. *Remisión del expediente administrativo y presentación de la demanda*

Cuando el Juzgado o Tribunal recibe el expediente administrativo, lo comprueba y, en su caso completa los emplazamientos y solo después de ello, el Letrado de la Administración de Justicia acuerda que se entregue al recurrente el original o copia del expediente para que deduzca la demanda en el plazo de veinte días, salvo que concurra algún motivo de inadmisión. Si los recurrentes son varios, la demanda se formula simultáneamente por todos ellos. La no presentación de la demanda en plazo supone la caducidad del recurso mediante auto que, de oficio, dicta el Juzgado o Sala, salvo que se presentara por el recurrente dentro del día en que se notifica el auto –artículo 52–.

Cuando transcurre el término para la remisión del expediente administrativo y este no es enviado, el recurrente puede pedir, por sí o a iniciativa del Letrado de la Administración de Justicia, que se le conceda plazo para formalizar la demanda. Si el expediente se recibe después del plazo fijado, el Letrado de la Administración de Justicia pone de manifiesto dicho expediente a los demandantes durante el plazo de diez días para que formulen las alegaciones complementarias que estimen oportunas –artículo 53–.

4.2. *Contestación a la demanda*

Una vez presentada la demanda, se da traslado de ella y del expediente, a los demandados para que la contesten en el plazo de veinte días. Cuando la demanda se formula sin haberse recibido el expediente administrativo, el Letrado de la Administración de Justicia emplaza a la Administración demandada para contestar, apercibiéndola de que no se admitirá la contestación si no va acompañada de dicho expediente. De otro lado, cuando el defensor de la Administración recurrida considera que la disposición o actuación administrativa que se recurre puede no ajustarse a Derecho, puede solicitar la suspensión del procedimiento por un plazo de veinte días con el fin de comunicar su parecer razonado, siendo el Letrado de la Administración de Justicia el que previa audiencia del demandante, acuerda lo procedente.

La contestación a la demanda, en primer lugar se formula por la Administración demandada y si hay otros demandados, lo harán simultáneamente, aunque, en este caso no se hace entrega del expediente administrativo a cada uno sino que se pone de manifiesto en la Oficina judicial o bien copia del mismos cargándose los gastos de la misma a los demandados.

En el caso de que la Administración demandada es una entidad local y no se hubiere personado en el proceso aunque haya sido emplazada, se le da traslado de la demanda para que en el plazo de veinte días designe representante en juicio o comunique al órgano judicial por escrito, los fundamentos por los que estima improcedente la pretensión del actor –artículo 54–.

Si las partes consideran que el expediente administrativo que se les remite no es completo, pueden solicitar, dentro del plazo que se les da para la formulación de la demanda o la contestación, que se reclamen los antecedentes que permitan completarlo. Dicha solicitud suspende el plazo de los veinte días y el Letrado de la Administración de Justicia deberá resolver lo pertinente en el plazo de tres días y si se estima adicionar información, esto deberá remitirse de nuevo con el expediente indicándose en el índice qué documentos se han añadido –artículo 55–.

4.3. *Estructura de la demanda y de la contestación a la demanda. El trámite de admisión y de conclusión del pleito*

Los escritos de demanda y de contestación a la demanda tienen una estructura concreta que supone consignar, de forma separada, los hechos, los fundamentos de Derecho y las pretensiones que se deduzcan, en justificación de las cuales pueden alegarse todos los motivos que procedan, hayan sido o no planteados ante la

Administración previamente –artículo 56.1–. Con la demanda y la contestación, las partes pueden acompañar los documentos en que funden su derecho, aunque, si no obran en su poder, pueden sin más, designar el archivo, oficina, protocolo o persona en cuyo poder se encuentran –artículo 56.3–. Después de la presentación de estos escritos no se admite aportar nueva documentación, salvo los documentos que puede presentar el demandante y que tienen por objeto desvirtuar las alegaciones contenidas en la contestación a la demanda para poner de manifiesto disconformidad en los hechos, antes de la citación de vista o conclusiones –artículo 56.4–.

El Letrado de la Administración de Justicia examina la demanda y si observa que adolece de alguna falta, otorga un plazo no superior a diez días para la subsanación. Una vez producida la subsanación, en su caso, el Letrado de la Administración de Justicia admite la demanda.

Una vez contestada la demanda, el Letrado de la Administración de Justicia, declara concluso el pleito, sin más trámite, para sentencia –salvo que el Juez o Tribunal hagan uso de la facultad que les atribuye el artículo 61 de la Ley relativo al recibimiento a prueba del pleito– cuando:

- El actor pide por otrosí en su demanda que el recurso se falle sin necesidad de recibimiento a prueba ni tampoco de vista o conclusiones y la parte demandada no se opone.
- Cuando en los escritos de demanda y contestación no se solicita el recibimiento del pleito a prueba ni los trámites de vista o conclusiones, salvo que el Juez o Tribunal, excepcionalmente acuerde la celebración de vista o de conclusiones, atendiendo a la índole del asunto.

En ambos casos, cuando el demandado solicita la inadmisión del recurso, se da traslado al demandante para que en el plazo de cinco días formule las alegaciones que estime procedentes sobre la posible causa de inadmisión y tras este trámite se declara concluso el pleito –artículo 57–.

5. El trámite de alegaciones previas

Dentro de los primeros cinco días del plazo total de veinte días que hay para contestar a la demanda, los demandados pueden alegar los motivos que consideren oportunos en relación con la incompetencia del órgano jurisdiccional o la indadmisibilidad del recurso con arreglo a lo que la sentencia ha de concretar según el artículo 69 de la Ley. La Administración demandada debe acompañar el expediente administrativo si quiere llevar a cabo este trámite, en el caso de que no lo hubiera remitido antes –artículo 58.2–.

No obstante estos mismos motivos –salvo el que se refiere a la incompetencia del órgano jurisdiccional– pueden ser alegados en la contestación, incluso si son desestimados como alegación previa. El escrito de alegaciones previas es trasladado por el Letrado de la Administración de Justicia al demandante, por cinco días para que subsane, en su caso, el defecto. Una vez realizado este traslado se sigue la tramitación de los incidentes prevista en el artículo 137 de la Ley y los artículos 387 a 393 de la Ley de Enjuiciamiento Civil.

El auto desestimatorio de las alegaciones previas no es susceptible de recurso y dispone que se conteste a la demanda en el plazo que reste –artículo 59.3–. Sin embargo, el auto estimatorio de las alegaciones previas declara la inadmisibilidad del recurso y, una vez firme, el Letrado de la Administración de Justicia manda la devolución del expediente administrativo a la Administración de donde proceda. En el caso de que dicho auto estime la falta de jurisdicción o de competencia, se está a lo que determinan los artículos 5, 3ª y 7, 3ª de la Ley en relación a la dicha jurisdicción y competencia –artículo 59.4–.

6. La prueba

6.1. El recibimiento del pleito a prueba

El recibimiento del pleito a prueba se pide mediante otrosí en los escritos de demanda y contestación a la demanda y en los de alegaciones complementarias. La propia Ley, en su artículo 60 exige que en dichos escritos se exprese de forma ordenada los puntos de hecho sobre los que debe versar la prueba y los medios de prueba que se proponen.

Si de la contestación a la demanda resultan nuevos hechos de trascendencia para la resolución del pleito, el recurrente tiene la posibilidad de pedir el recibimiento a prueba y expresar los medios de prueba que propone, dentro de los cinco días siguientes a aquel en que se le dio traslado de la contestación, sin perjuicio de que pueda aportar documentos conforme al artículo 56.4.

Si a juicio del órgano jurisdiccional existe entre las partes disconformidad en los hechos y estos son de trascendencia para el pleito, este se recibe a prueba. Sin embargo cuando el pleito versa sobre una sanción administrativa o disciplinaria el proceso se recibe siempre a prueba cuando exista disconformidad en los hechos.

El Juez o Tribunal puede acordar también de oficio el recibimiento del pleito a prueba y disponer la práctica de cuantas estime pertinentes para la más acertada decisión del asunto –artículo 61–.

6.2. La práctica de la prueba

La prueba se practica conforme a las normas generales establecidas para el proceso civil, durante treinta días. Además, fuera de este plazo se admiten pruebas, cuando la causa de ese exceso de plazo no es imputable a la parte que las propone.

Cabe que la sala delegue en uno de sus Magistrados o en el Juzgado de lo Contencioso-administrativo, la práctica de todas o algunas de las diligencias probatorias y, asimismo, el representante en autos de la Administración puede delegar en un funcionario pública de dicha Administración, la facultad de intervenir en la práctica de pruebas.

Cuando se trata de pruebas periciales, el Juez otorga, cuando así lo solicitan las partes, un plazo no superior a cinco días para que soliciten aclaraciones al dictamen pericial emitido.

Cuando las alegaciones de la parte recurrente se fundamentan en actuaciones discriminatorias por razón de sexo, de conformidad con la reforma articulada por la Ley Orgánica 3/2007, de 22 de marzo, para la igualdad efectiva de mujeres y hombres, corresponde al demandado probar la ausencia de discriminación en las medidas adoptadas y su proporcionalidad. Incluso el órgano judicial puede recabar, a instancia de parte y, si lo estima útil y pertinente, informe o dictamen de los organismos públicos competentes.

Asimismo y mientras el pleito no es declarado concluso para sentencia, el órgano jurisdiccional puede también acordar la práctica de cualquier diligencia de prueba que estime necesaria –art. 61–. Y cuando esto ocurre y las partes no tienen la oportunidad de alegar sobre ello en la vista o en el escrito de conclusiones, el Letrado de la Administración de Justicia pone de manifiesto a las partes el resultado de la prueba para que ellos puedan, en el plazo de cinco días, alegar cuanto estimen conveniente acerca de su alcance e importancia.

El Juez también tiene la capacidad de extender los efectos de las pruebas periciales a los procedimientos conexos, de oficio, previa audiencia a las partes o bien a instancia de estas.

A los efectos de la determinación del coste de las pruebas para la concreción de las costas procesales, se entiende que son partes todos los intervinientes en los procesos sobre los cuales se haya acordado la extensión de sus efectos, prorrateándose su coste entre los obligados en dichos procesos al pago de las costas –artículo 61.5–.

7. Vista y conclusiones

7.1. *Solicitud de vista, Conclusiones o juicio concluso*

Las partes pueden solicitar que se celebre vista, que se presenten conclusiones o que el pleito sea declarado concluso, sin más trámites, para sentencia. Ello se realiza en los escritos de demanda o de contestación a la demanda mediante otrosí o por escrito presentado en el plazo de cinco días contados desde que se notifica la diligencia de ordenación declarando concluso el período de prueba.

Si las partes coinciden en sus peticiones, el Letrado de la Administración de Justicia provee según lo pedido pero si no es así, acuerda la celebración de vista o la formulación de conclusiones escritas cuando lo solicite el demandante o cuando, habiéndose practicado prueba, lo solicite cualquiera de las partes. El Juez además, excepcionalmente, según la importancia del asunto, puede acordar la celebración de vista o la formulación de conclusiones escritas cuando las partes no formulan dicha solicitud –artículo 62–.

7.2. *El trámite de Vista*

Cuando se acuerda la celebración de vista, el Letrado de la Administración de Justicia señala la fecha de la audiencia por riguroso orden de antigüedad de los asuntos y los criterios establecidos en el artículo 182 de la Ley de Enjuiciamiento Civil –artículo 63.1–.

El acto de la vista consiste en dar la palabra a las partes por su orden para que de forma resumida expongan sus alegaciones. Incluso, el Juez o el Presidente de la Sala, por sí o a través del Magistrado ponente, pueden invitar a los defensores de las partes, antes o después de los informes orales, para que concreten los hechos y puntualicen, aclaren o rectifiquen cuanto sea preciso para delimitar el objeto de debate. Todo este desarrollo debe registrarse en soporte apto para la grabación y reproducción del sonido y de la imagen, siendo el Letrado de la Administración de Justicia el responsable de custodiar el documento electrónico, cuyas copias podrán solicitar a su costa las partes.

Cuando se cuenta con los medios tecnológicos precisos, el Letrado de la Administración de Justicia garantiza la autenticidad e integridad de lo grabado o reproducido mediante la firma electrónica reconocida o sistema de seguridad análogo y cuando esto sucede no es precisa la presencia en la sala de dicho Letrado de la Administración de Justicia, salvo que las partes lo soliciten o que, excepcionalmente el Letrado de la Administración de Justicia lo considere necesario por la complejidad del asunto –artículo 63.4–.

Por el contrario, cuando no se cuenta con dichos medios, el Letrado de la Administración de Justicia está obligado a consignar en el acta toda una serie de extremos y circunstancias y a dicho acta se incorporan los soportes de la grabación de las sesiones. En todo caso, si los medios de registro previstos, por el motivo que fuere, no pudieran articularse, el Letrado de la Administración de Justicia ha de extender acta de cada sesión, recogiendo en ella las alegaciones de las partes, las incidencias y reclamaciones producidas y las resoluciones adoptadas. Estas actas no pueden ser manuscritas sino que se han de extender por procedimientos informáticos, salvo que la Sala carezca de dichos medios. En estos casos, al terminar la sesión el Letrado de la Administración de Justicia lee el acta, haciendo en ella las rectificaciones que las partes reclamen, si las estima procedentes. Dicho acta se firma por el Letrado de la Administración de Justicia tras el Juez o Presidente, las partes, sus representantes o defensores y los peritos, en su caso –artículos 63.4 a 63.7–.

7.3. *El trámite de Conclusiones*

En este trámite las partes presentan por escrito alegaciones sucintas acerca de los hechos, la prueba practicada y los fundamentos jurídicos en que apoyan sus pretensiones. El plazo para su formulación es de diez días sucesivos para los demandantes y demandados, siendo simultáneo para cada uno de estos grupos de partes si en alguno de ellos hubiere comparecido más de una persona y no actúan unidos bajo una misma representación.

Ni en este trámite ni en el de vista es posible plantearse cuestiones nuevas que no hayan sido suscitadas en los escritos de demanda y contestación –artículo 65–. Sin embargo sí es posible que el Juez estime que es preciso que se traten motivos relevantes para el fallo y distintos de los alegados por las partes, en cuyo caso mediante providencia les da un plazo de diez días para oírles al respecto y contra dicha providencia no es posible recurso alguno –artículo 65.2–.

En ambos trámites –de vista y conclusiones– el demandante puede solicitar que la sentencia se pronuncie concretamente sobre la existencia y cuantía de daños y perjuicios si constasen probadas en autos.

Una vez presentadas las conclusiones –o celebrada la vista– el Juez o tribunal declara que el pleito ha quedado concluso para sentencia, salvo que haga uso de la facultad de practicar pruebas que estime necesarias –artículo 61.2– en cuyo caso la declaración de conclusión se hace inmediatamente después de que finalice la práctica de la prueba.

8. Sentencia y otros modos de terminación del procedimiento

Cuando el proceso se declara concluso, ya no se articulan más trámites sino que únicamente se dicta sentencia en el plazo de diez días, poniendo fin al mismo. La sentencia se ha de pronunciar declarando o bien la inadmisibilidad del recurso o bien su estimación o desestimación, conteniendo además el pronunciamiento en materia de costas –artículos 67 a 73–.

Otras formas de terminación del procedimiento distintas de la sentencia son el desistimiento del recurrente –artículo 74–; el allanamiento de los demandados –artículos 75 y 76– y la conciliación –artículo 77–.

III. EL PROCEDIMIENTO ABREVIADO

1. El ámbito objetivo del procedimiento abreviado

El artículo 78.1 de la Ley establece un procedimiento que se caracteriza por su oralidad y concentración. En concreto se tramitan por este procedimiento "los asuntos de su competencia que se susciten sobre cuestiones de personal al servicio de las Administraciones Públicas, sobre extranjería y sobre inadmisión de peticiones de asilo político, asuntos de disciplina deportiva en materia de dopaje, así como todas aquellas cuya cuantía no supere los 30.000 euros.

La finalidad de este procedimiento parece que es tratar de solucionar la lentitud de los procesos contencioso-administrativos mediante las características propias de esta vía: la oralidad y la concentración de trámites. Aunque no se califica de procedimiento especial, lo cierto es que lo es.

Es obligatorio seguirlo en procesos que se tramiten ante juzgados de lo contencioso-administrativo sobre cuestiones de personal al servicio de las Administraciones Públicas, sobre extranjería y sobre inadmisión de peticiones de asilo político, así como en todos los demás asuntos cuya cuantía no supere los treinta mil euros; y en los procesos que tengan por objeto una pretensión en relación con la inactividad de la Administración, particularmente, cuando se trate de dar cumplimiento a la obligación de ejecutar un acto administrativo, de acuerdo con el artículo 29.2 LJCA, siendo indiferente el órgano judicial al que corresponda la competencia para conocer del asunto.

2. Iniciación del proceso y admisión del recurso

El recurso contencioso administrativo por el procedimiento abreviado si inicia por demanda a la que se acompañan los documentos en que el actor funde sus derechos. Cuando el Letrado de la Administración de Justicia aprecia la jurisdicción y competencia objetiva del Tribunal, admite dicha demanda o da cuenta al Tribunal para que resuelva lo que proceda.

Admitida la demanda, el Letrado de la Administración de Justicia acuerda su traslado al demandado, citando a las partes para la celebración de vista, requiriendo a la Administración demandada para que remita el expediente administrativo con al menos quince días de antelación del término señalado para la vista –artículo 78.1, 2 y 3–. Recibido el expediente administrativo, el Letrado de la Administración de Justicia lo remite al actor y a los interesados que se hubieran personado para que puedan hacer las alegaciones que estimen pertinentes en el acto de la vista –artículo. 78.4–.

Cuando el demandante solicita mediante otrosí en su demanda que no se reciba el pleito a prueba ni se celebre vista, el Letrado de la Administración de Justicia procede a dar traslado de la demanda a las partes demandadas para que en veinte días contesten la demanda, si bien dentro de los diez primeros días de ese plazo pueden solicitar la celebración de vista, en cuyo caso el Letrado de la Administración de Justicia cita a las partes al acto. Si no lo solicitare, el Letrado de la Administración de Justicia declara concluso el pleito sin más trámite una vez contestada la demanda, salvo que el Juez haga uso de la facultad del artículo 61 de la Ley que le permite acortar diligencias probatorias hasta la declaración de la conclusión del pleito.

3. Celebración de la vista

El juez declara abierta la vista cuando comparecen las partes. Si no comparecen o comparece únicamente el demandado, el Juez o Tribunal considera que el actor ha desistido del recurso, condenándole a costas. Si únicamente comparece el actor, el Juez acuerda que prosiga la vista en ausencia del demandado.

El iter procedimental del acto de la vista es el siguiente:

- La vista comienza con la exposición que hace el demandante de los fundamentos de lo que solicite o ratificando los expuestos en su demanda: artículo 78.6.
- Posteriormente a la exposición del demandante, el demandado formula las alegaciones que a su derecho convengan, comenzando por las cuestiones relativas a la jurisdicción y a la competencia objetiva y territorial y asimismo sobre cualquier cuestión que pudiera obstaculizar una sentencia que entrara sobre el fondo del asunto: artículo 78.7.
- Oído el demandante, el Juez resuelve lo que proceda y si ordena proseguir el juicio, el demandado puede pedir que conste en acta su disconformidad. Si, por el contrario, el Juez, al resolver sobre alguna de dichas cuestiones, declina el conocimiento del asunto a favor de otro Juzgado o Tribunal o

entiende que debe declarar la inadmisibilidad del recurso, el demandante también puede hacer constar en acta su disconformidad: artículo 78.8.

- Cuando el demandado en sus alegaciones impugna la adecuación del procedimiento por razón de la cuantía, el Juez, antes de practicarse la prueba, o, en su caso, las conclusiones, exhorta a las partes a ponerse de acuerdo sobre dicha cuantía. Si no se alcanza acuerde decide el Juez, que da al proceso el curso procedimental que corresponda según la cuantía que él determine, sin posibilidad de recurso alguno al respecto: artículo 78.9.
- Si no se suscitan durante la vista las cuestiones procesales antes mencionadas o si se suscitan pero se resuelven a continuación del juicio, se da la palabra a las partes para fijar con claridad los hechos en que fundamenten sus pretensiones. Si no existe conformidad sobre los hechos, se proponen las pruebas y una vez admitidas se practican a continuación: artículo 78.10.
- Cuando existe conformidad porque de las alegaciones de las partes se desprende coincidencia de todos los demandados con las pretensiones del actor, o se manifiesta el carácter meramente jurídico de la controversia, la ausencia de proposición de la prueba o la inadmisibilidad de toda la prueba propuesta, siempre y cuando las partes no deseen formular conclusiones, el Juez puede dictar sentencia sin más dilación, si ninguna parte se opone. Si existe oposición el Juez resuelve estimándola, en cuyo caso prosigue la vista o, desestimándola en la misma sentencia que dicte antes de resolver sobre el fondo, como especial pronunciamiento: artículo 78.11.

4. Práctica de la prueba y terminación del procedimiento

La práctica y medios de prueba se práctica en el juicio abreviado del modo previsto para el juicio ordinario, en cuanto no sea incompatible con sus trámites. Y así las preguntas en la prueba de interrogatorio de parte no se realiza en pliegos sino proponiéndola verbalmente.

Tampoco se admiten escritos de preguntas ni repreguntas en la prueba testifical e incluso si se reiteran a juicio discrecional del órgano judicial los testimonios de un número excesivo de testigos, puede limitarlos. Tampoco existe la posibilidad de tacha de testigos, si bien en conclusiones las partes pueden hacer las observaciones que consideren oportunas en relación a las circunstancias personales de los testigos y la veracidad de sus manifestaciones.

Asimismo en la práctica de la prueba pericial no son de aplicación las reglas generales sobre elección de peritos.

Contra las resoluciones del Juez en relación a la denegación de pruebas o sobre admisión de las que se denunciaran como obtenidas con violación de los derechos fundamentales, las partes pueden interponer en el acto recurso de súplica, que se sustancia y resuelve a continuación de la práctica de la prueba. Cuando alguna prueba relevante no puede practicarse en la vista, si no hay mala fe por parte de quien tenga la carga de aportarla, el Juez puede suspender dicha vista pidiendo al Letrado de la Administración de Justicia que fije nueva fecha para su reanudación –artículos 78.12 a 18, inclusive–.

Concluida la práctica de la prueba, cuando existe o, en su caso, de las conclusiones, oídos los letrados, las personas que son parte los asuntos pueden, con la venia del Juez, exponer de palabra lo que crean oportuno para su defensa a la conclusión de la vista, antes de darla por terminada –artículo 78.19–. Celebrada la vista, el Juez ha de dictar sentencia en el plazo de diez días –artículo 78.20–.

La vista se ha de registrar como se registra en el procedimiento ordinario, tal y como se prescribe en el artículo 63. 3 y 4 –art. 78.21–. De manera que, si existen medios, la vista ha de grabarse para su reproducción con todas las garantías tecnológicas de seguridad. Si no existieran medios, el Letrado de la Administración de Justicia consignará en el acta toda una serie de extremos, extendiéndola de cada sesión, con indicación de:

- Lugar, fecha, Juez que preside el acto, partes comparecientes, representantes, en su caso y defensores.
- Breve resumen de las alegaciones de las partes, medios de prueba propuestos por ellas, declaración expresa de su pertinencia o impertinencia, razones de la denegación y protesta, en su caso.
- En cuanto a las pruebas admitidas y practicadas, el Letrado de la Administración de Justicia debe hacer constar un resumen suficiente de las de interrogatorio de parte y testifical; la relación circunstanciada de los documentos presentados; relación de las incidencias planteadas en el juicio respecto a la prueba documental; resumen suficiente de los informes periciales y de la resolución judicial en torno a las propuestas de recusación de los peritos y resumen de las declaraciones realizadas en la vista.
- Conclusiones y peticiones concretas formuladas por las partes y, en el caso de que fueran de condena a cantidad, esta debe recogerse en el acta.
- Declaración judicial de conclusión de los autos, mandando traerlos a la vista para sentencia.

El acta de celebración del juicio resulta fundamental para que el procedimiento cumpla con su misión. Como en el procedimiento ordinario, las actas se extienden por procedimientos informáticos, sin que puedan ser manuscritas, salvo que la sala careciera de tales medios en cuyo caso, al terminar la sesión, el secretario lee el acta, haciendo en ella las rectificaciones que las partes reclamen, si las estima procedentes. El acta contiene las circunstancias y hechos enumerados en el artículo 78.21 LJCA y se firma por el Letrado de la Administración de Justicial tras el Juez o Presidente, las partes, sus representantes o defensores y los peritos, en su caso –art. 78.22–. El juez resuelve, sin ulterior recurso, cualquier observación sobre el contenido del acta.

LECCIÓN 7

LA SENTENCIA Y OTROS MODOS DE TERMINACIÓN DEL PROCESO

SARA MEDINA GONZÁLEZ

SUMARIO:

I. LA SENTENCIA

1. La sentencia en el orden jurisdiccional contencioso-administrativo

La sentencia es el modo normal de terminación del proceso contencioso-administrativo. Según dispone el artículo 245.1.c) de la Ley Orgánica del Poder Judicial son sentencias las resoluciones de los Jueces y Tribunales "cuando decidan definitivamente el pleito o causa en cualquier instancia o recurso" pronunciándose sobre las pretensiones formuladas de las partes.

Las sentencias que dicten los órganos de la jurisdicción contencioso-administrativo, al igual que las dictadas en los demás órdenes jurisdiccionales, han de contemplar los requisitos formales que aparecen regulados en los artículos 248.3 de la Ley Orgánica del Poder Judicial y 209 de la Ley de Enjuiciamiento Civil: "Las sentencias se formularán expresando, tras un encabezamiento, en párrafos separados y numerados, los antecedentes de hecho, hechos probados, en su caso, los fundamentos de derecho y, por último, el fallo".

Debemos tener presente que la Ley de La Jurisdicción Contencioso-Administrativa no se detiene a regular con detalle las sentencias que se dicten en este orden jurisdiccional (concepto, estructura formal, procedimiento de elaboración, requisitos internos...), sino que se limita a contemplar las especialidades de las sentencias que se promulguen en el mismo, de manera que en todo aquello no previsto en la LJCA habrá que acudir a la normativa procesal general (Ley Orgánica del Poder Judicial y Ley de Enjuiciamiento Civil).

Ahora bien, la primera cuestión que nos planteamos es la de determinar cuáles son estas especialidades previstas para las sentencias contencioso-administrativas.

En primer lugar, debemos tener en cuenta la relativa a los contenidos de estas sentencias (artículos 68-71 LJCA), pues la parte dispositiva o fallo de esta ha de pronunciarse sobre alguno de los tres siguientes: la inadmisibilidad del recurso contencioso-administrativo (artículo 69), la desestimación del recurso (artículo 70), o la estimación del recurso (artículo 71).

Otra particularidad a tener en cuenta es la relativa a la eficacia subjetiva de las sentencias contencioso-administrativas, que depende directamente del contenido del fallo (artículo 72 LJCA).

Y, por último, habría que resaltar la de los límites de las sentencias anulatorias de disposiciones generales (artículo 73 LJCA), ya que esta no afectará por sí misma a la eficacia de las sentencias o actos administrativos firmes que lo hayan aplicado antes de que la anulación alcanzara efectos generales, salvo en el caso de que la anulación del precepto supusiera la exclusión o la reducción de las sanciones aún no ejecutadas completamente.

Son, precisamente, estas especialidades que presentan las sentencias contenciosas en las que nos vamos a centrar al analizar en este capítulo del manual.

2. El plazo para dictar sentencia

2.1. *Regla general: plazo 10 días*

Según el artículo 67.1 LJCA la sentencia se dictará en el plazo de 10 días desde que el pleito fue declarado concluso.

Una primera lectura de este artículo nos hace plantearnos la cuestión de determinar en qué momento el pleito es declarado concluso, pues es precisamente este el momento a partir del cual comienza a contar el plazo.

A estos efectos, debemos tener en cuenta la posibilidad que ofrece la Ley a las partes de que en sus escritos de demanda o contestación, por medio de otrosí, soliciten que se prescinda de la vista y conclusiones, y que el pleito sea declarado concluso (artículo 62.2 LCA). Tal y como prescribe el artículo 62.1 LJCA: "salvo que en esta Ley se disponga otra cosa, las partes podrán solicitar que se celebre vista, que se presente conclusiones o que el pleito sea declarado concluso, sin más trámites, para sentencia".

En este sentido el artículo 57 LJCA dispone que el Letrado de la Administración de Justicia[22] declarará concluso el pleito, sin más trámite, para sentencia una vez contestada la demanda, salvo que el Juez o Tribunal de oficio acuerde el recibimiento del pleito a prueba, en los dos supuestos que a continuación se señalan. El primero de ellos se da cuando el actor pide por otrosí en su demanda que el recurso se falle sin necesidad de recibimiento a prueba ni tampoco de vista o conclusiones y la parte demandada no se oponga a ello. El segundo, tiene lugar cuando en los escritos de demanda y contestación no se solicite el recibimiento a prueba ni los trámites de vista o conclusiones, salvo que el Juez o Tribunal, excepcionalmente, atendida la índole del asunto, acuerde la celebración de vista o la formulación de conclusiones escritas.

En los dos supuestos anteriores, si el demandado solicita la inadmisión del recurso, se dará traslado al demandante para que en el plazo de cinco días formule las alegaciones que estime procedentes sobre la posible causa de inadmisión, y seguidamente se declarará concluso el pleito.

Otra posibilidad es que se celebren vista o se presenten conclusiones, en cuyo caso, el Juez o Tribunal declarará que el pleito ha quedado concluso para sentencia, salvo que el órgano jurisdiccional acuerde la práctica de alguna diligencia de prueba que estime necesaria, haciéndose en este caso la declaración inmediatamente después de que finalice la práctica de la diligencia o diligencias de prueba acordadas (artículo 64.4).

En todo caso, hay que tener presente que el incumplimiento del plazo de 10 días para dictar sentencia establecido en este artículo 67.1 LJCA no afecta a la validez de la sentencia. Constituye una irregularidad del proceso que no produciría su nulidad (STS de 16 de mayo de 2006 Rec. 3092/2000).

2.2. *Aplazamiento del fallo*

La Ley permite que el juez prorrogue el plazo de 10 días siempre que lo justifique de forma razonada. Así el artículo 67.2 LJCA dispone que "cuando el juez o Tribunal apreciase que la sentencia no podrá dictarse dentro del plazo indicado, lo razonará debidamente y señalará una fecha posterior concreta en la que se dictará la misma, notificándolo a las partes".

3. Pronunciamientos de la sentencia

El artículo 68 LJCA enumera los tres posibles pronunciamientos que pueden incluir las sentencias contencioso-administrativas: la inadmisibilidad (artí-

[22] Los Secretarios Judiciales han pasado a denominarse Letrados de la Administración de Justicia tras la LO 7/2015, de 21 de julio, por la que se modifica la LO 6/1985, de 1 julio, del Poder Judicial.

culo 69), la estimación del recurso (artículo 70.2), o la desestimación del recurso (artículo 70.1). Además, la sentencia deberá contener el pronunciamiento que corresponda respecto a las costas (artículo 68.2), según los criterios establecidos en el artículo 139 LJCA, que más adelante estudiaremos.

3.1. *La inadmisión del recurso contencioso-administrativo. Las causas de inadmisibilidad del recurso*

La sentencia de inadmisión es aquella que no entra en el fondo de la pretensión formulada por las partes en el proceso, al concurrir alguno de los supuestos contemplados en el artículo 69 LJCA: falta de jurisdicción; que se hubiera interpuesto el recurso por una persona incapaz, no debidamente representada o legitimada; que tuviera por objeto disposiciones, actos o actuaciones no susceptibles de impugnación; que recayera sobre cosa juzgada o existiera litispendencia; o que se hubiera presentado el escrito inicial del recurso fuera del plazo establecido.

Tal y como señala el artículo 69 LJCA, la sentencia puede declarar la inadmisión de todo el recurso o de alguna de las pretensiones en él contenidas.

A continuación, pasamos a analizar las causas de inadmisibilidad del recurso.

3.1.1. *La falta de jurisdicción*

En el caso de que el juez o Tribunal ante el que se sustancia el proceso carezca de jurisdicción, al ser el asunto competencia de los jueces o tribunales de otro orden jurisdiccional, se deberá declarar la inadmisión del recurso.

El artículo 5.2 LJCA señala que los órganos del orden jurisdiccional contencioso-administrativo apreciarán de oficio la falta de jurisdicción y resolverán sobre la misma, previa audiencia de las partes y del Ministerio Fiscal por plazo común de diez días. En todo caso, la declaración de falta de jurisdicción habrá de estar fundada y deberá indicar el orden jurisdiccional concreto que se estime competente (artículo 5.3 LJCA y 9.3 LOPJ).

En relación al plazo que tiene el recurrente para personarse en el órgano jurisdiccional que se indica, de conformidad con el artículo 5.3 LJCA si este se persona ante el mismo en el plazo de un mes desde la notificación de la sentencia que declare la falta de jurisdicción, se entenderá que se personó en la fecha en que se inició el plazo para interponer el recurso, siempre que lo hubiera formulado siguiendo las indicaciones de la notificación del acto, o cuando la notificación del acto hubiera sido defectuosa.

3.1.2. *Falta de capacidad, representación y legitimación*

El artículo 69.b LJCA distingue tres supuestos distintos: que el recurso se hubiera interpuesto por una persona incapaz, que se hubiera interpuesto por una persona que no hubiera estado debidamente representada, o bien que el recurso se hubiera interpuesto por una persona no legitimada.

El primero de ellos hace referencia a la ausencia de capacidad procesal que tiene lugar cuando el demandante no se encuentra en pleno ejercicio de sus derechos civiles (artículo 7.1 LECivil), esto es, en el caso de que la demanda hubiera sido interpuesta por un menor de edad (salvo en los casos en los que su actuación les esté permitida por el ordenamiento jurídico sin necesidad de asistencia de la persona que ejerza la patria potestad, tutela o curatela –artículo 18 LJCA–) o por una persona declarada incapaz, sin contar con la asistencia, la autorización la habilitación o el defensor exigidos por la ley (artículo 7.2 LECivil).

En el supuesto de los recurrentes fuesen grupos de afectados, la causa de inadmisibilidad concurriría cuando el proceso no hubiera sido incoado por las personas que, de hecho o en virtud de pactos de la entidad, actúen en su nombre frente a terceros (artículo 6.7. LECivil).

Si los recurrentes fueren uniones sin personalidad, esta causa de inadmisibilidad se aplicaría en el caso de que la demanda no hubiera sido interpuesta por las personas a las que la Ley atribuye la representación en juicio de dichas entidades (artículo 6.6 LECivil).

Y cuando los recurrentes fueran patrimonios independientes o autónomos, concurriría esta causa de inadmisibilidad cuando la demanda hubiera sido interpuesta por personas distintas a quienes los administren (artículo 6.5 LECivil).

El segundo de los supuestos regulados en el artículo 69.b LJCA que da lugar a la inadmisibilidad del recurso es que este hubiera sido interpuesto por una persona *no debidamente representada*, vulnerando lo dispuesto en los artículos 23 y 24 LJCA. Esto sucede, por ejemplo, en el caso de que aun siendo necesario (en las actuaciones ante órganos colegiados), el demandante no confiere su representación a un Procurador, o cuando el Procurador carece de poder o este es insuficiente. No obstante, se trata de un requisito subsanable por vía del artículo 45.3 LJCA que permite al recurrente llevar a efecto la subsanación de este requisito en el plazo de 10 días desde la notificación del requerimiento de subsanación efectuado por el Letrado de la Administración de Justicia.

El último de los supuestos enumerados en el artículo 69.b LJCA hace referencia a la ausencia de legitimación al no estar incluido el recurrente en ninguno de los supuestos que se enumeran en el artículo 19 LJCA.

3.1.3. *Inimpugnabilidad de actos, disposiciones o actuaciones*

Si el recurso tiene por objeto disposiciones, actos o actuaciones no susceptibles de impugnación, se declarará su inadmisión (artículo 69.c).

Esto sucede, por ejemplo, cuando se impugnan actos administrativos que no reúnen los requisitos del artículo 25.1 LJCA, esto es, que no pongan fin a la vía administrativa; que se trate de actos de trámite, siempre y cuando no decidan sobre el fondo del asunto, no determinen la imposibilidad de continuar el procedimiento o no produzcan indefensión o prejuicio irreparable a derechos e intereses legítimos; o cuando se impugnen actos firmes.

Tampoco son susceptibles de impugnación en vía contenciosa los actos que sean reproducción de otros anteriores definitivos y firmes y los confirmatorios de actos consentidos por no haber sido recurridos en tiempo y forma (artículo 28.2 LJCA).

Ni lo serán las disposiciones de carácter general que no tengan la condición de reglamentos o de decretos legislativos.

3.1.4. *Cosa juzgada y litispendencia*

La LJCA tan solo contiene referencias a la "cosa juzgada" y a la "litispendencia" en el artículo 69.d) al incluirlas como causas de inadmisibilidad del recurso. Se trata de dos instituciones del proceso civil reguladas en los artículos 222 LECivil (cosa juzgada material) y 410-413 LECivil (litispendencia).

Sin pararnos a analizar con detalle estas dos figuras procesales, y a los efectos de lograr una mejor comprensión de esta causa de inadmisibilidad, debemos señalar que "la cosa juzgada de las sentencias firmes, sean estimatorias o desestimatorias, excluirá, conforme a la ley, un ulterior proceso cuyo objeto sea idéntico al del proceso en que aquella se produjo" (222.1 LECivil), y que la litispendencia, cuya definición no encontramos en la LECivil, es considerada como un efecto jurídico-procesal que consiste en poder impedir la sustanciación de un segundo proceso con objeto idéntico a otro anterior que se encuentra pendiente (410-413 LECivil).

3.1.5. *Extemporaneidad en la interposición del recurso*

La última de las causas de inadmisibilidad del recurso contencioso-administrativo consiste en la presentación del escrito inicial del recurso fuera del plazo establecido (artículo 69.e LJCA).

Esta causa de inadmisibilidad se basa en el incumplimiento de los plazos que establece el artículo 46 LJCA, que ya estudiamos en el capítulo relativo al procedimiento contencioso-administrativo en primera o única instancia, al que nos remitimos.

Debemos tener presente que el artículo 128 LJCA declara que los plazos son improrrogables y que una vez transcurridos estos, se tendrá "por caducado el derecho y por perdido el trámite que hubiere dejado de utilizarse". De este modo, la presentación fuera de plazo del recurso, sería un defecto no subsanable que conllevaría la inadmisibilidad del recurso.

3.2. *La desestimación del recurso*

La sentencia será desestimatoria en el supuesto que se ajusten a derecho la disposición, acto o actuación impugnados (artículo 70.1 LJCA). Debemos tener presente que la sentencia podrá desestimar todas o solo algunas de las pretensiones de las partes.

En cualquier caso, la desestimación del recurso podría conllevar la imposición de las costas en algunos supuestos. Así por ejemplo, en primera o única instancia, el órgano jurisdiccional impondrá las costas a la parte que haya visto rechazadas todas sus pretensiones, salvo que aprecie y así lo razone, que el caso presentaba serias dudas de hecho o de derecho. En el caso de que se desestimasen solo parcialmente las pretensiones, sería cada parte la que pagaría las costas causadas a su instancia y las comunes por mitad, salvo que el órgano jurisdiccional, razonándolo debidamente, las impusiera a una de ellas por haber sostenido su acción o interpuesto el recurso con mala fe o temeridad (139.1 LJCA).

En los recursos se impondrán las costas al recurrente si se desestima totalmente el recurso, salvo que el órgano jurisdiccional, razonándolo debidamente, aprecie la concurrencia de circunstancias que justifiquen su no imposición (139.2 LJCA).

Sin embargo, en el recurso de casación, cada parte abonará las costas causadas a su instancia y las comunes por mitad, aunque se podrán imponer las costas del recurso de casación a una sola de las partes cuando la sentencia aprecie, y así lo motive, que ha actuado con mala fe o temeridad, imposición que podrá limitar a una parte de ellas o hasta una cifra máxima (139.3 en relación con el art. 93.4 LJCA).

3.3. *La estimación del recurso*

Cuando la disposición, la actuación o el acto impugnados mediante el recurso contencioso-administrativo incurrieran en cualquier infracción del ordenamiento jurídico, incluso la desviación de poder (definida como el ejercicio de potestades administrativas para fines distintos de los fijados en el ordenamiento jurídico –artículo 70.3–), la sentencia estimará el recurso (artículo 70.2 LJCA).

Dependiendo de las pretensiones de las partes en el recurso contencioso-administrativo, la sentencia estimatoria puede tener consecuencias distintas (artículo 71 LJCA):

3.3.1. *Anulación y cesación de actuaciones ilegales*

La sentencia estimatoria podrá declarar no ser conforme a Derecho y, en su caso, anular total o parcialmente la disposición o acto recurrido o disponer que cese o se modifique la actuación impugnada (71.a LJCA).

Dependerá, pues, de la actuación administrativa impugnada (artículos 25 y 30 LJCA) el pronunciamiento de la sentencia estimatoria: en el supuesto de que se impugne un acto administrativo o una disposición de carácter general (artículo 25 LJCA), procederá anular total o parcialmente dicho acto o disposición, no pudiendo el órgano judicial determinar ni la forma en la que habrían de quedar redactados los preceptos de una disposición general en sustitución de los que se anulan, ni tampoco el contenido discrecional de los actos anulados (artículo 71.2 LJCA). Si por el contrario, lo que se impugna es la actuación de la Administración mediante la vía de hecho (artículo 30), la sentencia declarará que cese o se modifique la actuación impugnada.

3.3.2. *Reconocimiento y restablecimiento de situaciones jurídicas*

En el caso de que en el recurso se pretenda el reconocimiento y restablecimiento de una situación jurídica individualizada, la sentencia reconocerá dicha situación jurídica y adoptará todas aquellas medidas que resulten necesarias para el pleno restablecimiento de la misma (71.1.b LJCA).

3.3.3. *Establecimiento de plazos para cumplimiento fallo*

Cuando la medida consistiera en la emisión de un acto o en la práctica de una actuación jurídicamente obligatoria, la sentencia podrá establecer plazo para que se cumpla el fallo (artículo 71.1c LJCA).

Esto es, en el caso de que la Administración esté obligada a dictar un acto administrativo, se podrá fijar en la sentencia un plazo para que el acto sea dictado. Igualmente, la sentencia podrá establecer un plazo para que la Administración, cuando esté obligada realizar una actuación concreta, lleve a cabo su cumplimiento.

3.3.4. *Resarcimiento de daños y perjuicios*

En el caso de que se estimase una pretensión de resarcir daños y perjuicios, la sentencia deberá declarar el derecho a la reparación y deberá identificar al obligado a indemnizar.

La cuantía de la indemnización quedará fijada en la sentencia, siempre que lo pidiera expresamente el demandante y quedaran probados en autos los elementos suficientes para ello. Si esto no fuera así, en la sentencia se establecerían las bases para la determinación de la cuantía, cuya definitiva concreción quedaría diferida al periodo de ejecución de sentencia (artículo 71.1.d).

3.4. *El pronunciamiento sobre las costas procesales*

Según el artículo 68.2 LJCA "la sentencia contendrá además el pronunciamiento que corresponda sobre las costas". Este pronunciamiento expreso sobre las costas deberá realizarse siguiendo los criterios establecidos en el artículo 139 LJCA, que ya mencionábamos al hablar de la desestimación del recurso. De esta manera, en primera o única instancia se establece como regla general el criterio del vencimiento, esto es, la imposición de las costas a la parte que haya visto rechazadas todas sus pretensiones, salvo que se aprecie y así lo razone el órgano jurisdiccional, que el caso presentaba serias dudas de hecho o de derecho. En los supuestos de estimación o desestimación parcial de las pretensiones, cada parte abonará las costas causadas a su instancia y las comunes por mitad, salvo que el órgano jurisdiccional, razonándolo debidamente, las imponga a una de ellas por haber sostenido su acción o interpuesto el recurso con mala fe o temeridad.

En los recursos, como regla general, se impondrán las costas al recurrente si se desestima totalmente el recurso, salvo que el órgano jurisdiccional, razonándolo debidamente, aprecie la concurrencia de circunstancias que justifiquen su no imposición.

Sin embargo, en el recurso de casación, cada parte abonará las costas causadas a su instancia y las comunes por mitad, aunque se podrán imponer las costas del recurso de casación a una sola de las partes cuando la sentencia aprecie, y así lo motive, que ha actuado con mala fe o temeridad, imposición que podrá limitar a una parte de ellas o hasta una cifra máxima.

Respecto a la cuantía de las costas, la Ley permite su graduación al establecer que "la imposición de las costas podrá ser a la totalidad, a una parte de estas o hasta una cifra máxima".

4. Los efectos de la sentencia

Al tratar los efectos de la sentencia debemos distinguir los efectos que se producen entre las partes del litigio, de aquellos que tienen efectos frente a terceros.

Es importante tener en cuenta que las sentencias estimatorias y desestimatorias, una vez hubieran alcanzado firmeza, producen efectos de cosa juzgada, que impide plantear un nuevo proceso con idéntico objeto que el de otro proceso anterior ya examinado y juzgado.

4.1. *Efectos en las sentencias de inadmisibilidad o desestimación*

Las sentencias de inadmisión o desestimatorias solo producen efectos entre las partes (72.1 LJCA). No obstante, debemos de analizar por separado la eficacia de ambos tipos de fallos.

En este sentido, debemos recordar que la sentencia de inadmisibilidad no puede pronunciarse sobre el fondo del asunto de manera que, en ningún caso, produciría efectos de cosa juzgada lo que permitiría, siempre que fuese posible por reunir los requisitos procesales necesarios de tiempo y forma, interponer un nuevo recurso con el mismo objeto.

Cosa distinta ocurre con la sentencia desestimatoria, que sí produce efectos de cosa juzgada, lo que impediría la iniciación de un nuevo proceso. Tal y como señala el artículo 222.1 de la Ley de Enjuiciamiento Civil: "la cosa juzgada de las sentencias firmes, sean estimatorias o desestimatorias, excluirá, conforme a la ley, un ulterior proceso cuyo objeto sea idéntico al del proceso en que aquella se produjo".

4.2. *Efectos en las sentencias anulatorias de actos o disposiciones*

Los efectos de las sentencias estimatorias dependen del contenido de las pretensiones de las partes. Así, en el caso de sentencias anulatorias habría que distinguir entre aquellas que anulasen actos administrativos, de aquellas que declarasen la nulidad de disposiciones generales.

En el primer supuesto (nulidad de actos administrativos) la sentencia producirá efectos para todas las personas afectadas y no solo entre las partes comparecidas en el proceso. En el caso de que la sentencia firme anulase actos administrativos que afectase a una pluralidad indeterminada de personas, será necesaria su publicación en el mismo periódico oficial en que se hubiera realizado la del acto anulado para que pueda surtir efecto (artículo 72.2 LJCA).

Cuando una sentencia anula una disposición general, produce efectos para todas las personas afectadas. Ahora bien, las sentencias firmes que anulen una disposición general tendrán efectos generales (*erga omnes*) desde el día en que sea publicado su fallo y preceptos anulados en el mismo periódico oficial en que lo hubiera sido la disposición anulada (72.2 LJCA). No es necesario, pues, que se publique la totalidad de la sentencia, bastando con la publicación del fallo y los preceptos anulados.

Un problema que se plantea en los supuestos en los que una sentencia incluye en su fallo la anulación de un precepto de una disposición general, es el de determinar cómo afecta dicha anulación a los actos que se dicten en aplicación de dicho precepto. Esta cuestión ha sido resuelta por el artículo 73 LJCA que señala que en este supuesto concreto, la anulación en el fallo de una sentencia de un precepto de una disposición general, no afectará por sí misma a la eficacia de las sentencias o actos administrativos firmes que lo hayan aplicado antes de que la anulación alcanzara efectos generales, salvo en el caso de que la anulación del precepto supusiera la exclusión o la reducción de las sanciones aún no ejecutadas completamente.

Por tanto, como regla general, la anulación por sentencia de preceptos de una disposición general, no afecta a la eficacia de las sentencias o actos que se dicten en aplicación de estos preceptos. Sin embargo, de forma excepcional, aquellas sentencias que anulen preceptos de una disposición general, sí afectarían a las sentencias y actos firmes dictados en aplicación de los mismos cuando esta anulación supusiera la exclusión o la reducción de las sanciones no ejecutadas completamente.

4.3. *Efectos de las sentencias que reconociesen situaciones jurídicas individualizadas*

Estas sentencias sólo producen efectos entre las partes, sin perjuicio de su extensión a terceros en los términos previstos en los artículos 110 y 111 (artículo 72.3 LJCA). Esto es, las sentencias de reconocimiento de situaciones jurídicas individualizadas pueden extender sus efectos a terceros que no hayan sido parte en el proceso, siempre y cuando se cumplan las siguientes circunstancias:

- Que el recurso se refiera a materia tributaria o de personal al servicio de la Administración Pública.
- Que los interesados se encuentren en idéntica situación jurídica que los favorecidos por el fallo.
- Que el órgano judicial sentenciador fuera también competente, por razón del territorio, para conocer de sus pretensiones de reconocimiento de dicha situación individualizada.
- Que los terceros interesados soliciten la extensión de los efectos de la sentencia, en el plazo de un año desde la última notificación de esta a quienes fueron parte en el proceso, o desde la última notificación de la sentencia cuando se trate de un recurso en interés de ley o de revisión.

Debemos tener en cuenta que esta solicitud de extensión de los efectos de la sentencia ha de dirigirse directamente al órgano judicial competente que hubiere dictado la sentencia cuya extensión de efectos se pretende.

Dicha solicitud habrá de formularse por medio de escrito razonado al que se deberá acompañar los medios de prueba documentales que acrediten la identidad de situaciones, o la no concurrencia de alguna de las circunstancias que, pese a la identidad de situaciones, no permiten la extensión de los efectos de la sentencia (artículo 110.3 LJCA). Estas circunstancias, que cuando concurre alguna de ellas impide la extensión pretendida y da lugar a la desestimación del incidente, serían las siguientes (artículo 110.5 LJCA):

- Que existiese cosa juzgada.
- Que la doctrina determinante del fallo cuya extensión se postula sea contraria a la jurisprudencia del Tribunal Supremo o a la doctrina sentada por los Tribunales Superiores de Justicia en el recurso de casación para unificación de doctrina.
- Que se hubiera dictado para el interesado una resolución que, habiendo causado estado en vía administrativa, fuere consentida y firme por no haber promovido recurso contencioso-administrativo.

El Letrado de la Administración de Justicia competente, antes de resolver el incidente, recabará de la Administración, dentro de los 20 días siguientes a la solicitud, los antecedentes que estime oportunos y, en todo caso, un informe detallado sobre la viabilidad de la extensión solicitada. Del resultado de estas actuaciones dará traslado a las partes para alegaciones por el plazo común de cinco días. Una vez evacuado el trámite, el Juez o Tribunal resolverá sin más por medio de auto, en el que no podrá reconocerse una situación jurídica distinta a la definida en la sentencia firme de que se trate (artículo 110.4 LJCA).

En el caso de que se trate de procesos con idéntica pretensión que, conforme al artículo 37.2 LJCA, se hubiese acordado suspender la tramitación de uno o más recursos mientras se resuelve el declarado preferente, una vez hubiera sido declarada firme la sentencia del pleito preferente, los interesados tendrán el plazo de cinco días (a contar desde la notificación del requerimiento del Letrado de la Administración de Justicia) para que soliciten la extensión de los efectos de la sentencia o la continuación del pleito suspendido, o bien manifiesten si desisten del recurso (artículo 111 LJCA).

II. OTROS MODOS DE TERMINACIÓN DEL PROCESO

Como acabamos de ver, el modo normal de terminación del proceso es la sentencia. Sin embargo, la LJCA contempla lo que se denominan "otros modos de terminación del procedimiento" entre los que se encuentran el desistimiento, el allanamiento, la satisfacción extraprocesal de las pretensiones o la transacción judicial (artículos 74-77 LJCA).

1. Desistimiento

El desistimiento, como modo de terminación del proceso, tiene lugar cuando el actor manifiesta su voluntad de no proseguir con el proceso que se inició a su instancia.

El desistimiento afecta al recurso pero no a la acción de la que es titular el actor. De esta forma, la acción podría volver a plantearse. Esta es la principal diferencia entre el desistimiento y la renuncia, pues esta última afecta a la acción, al derecho material y conlleva un pronunciamiento del órgano jurisdiccional que, mediante sentencia, absuelve a la Administración demandada, de modo que el demandante no podrá volver a plantear el ejercicio de la acción a la que ha renunciado.

El desistimiento puede plantearse por el recurrente ante el órgano judicial que venga conociendo el proceso en cualquier momento del mismo anterior a la sentencia.

Resulta imprescindible que desista el propio actor o recurrente, como titular de la acción ejercitada. Por ello, en el caso de que el desistimiento lo haya realizado el representante en juicio del actor, para que este produzca efectos, será necesario que lo ratifique el recurrente, o bien que el representante tenga una autorización expresa que le faculte para desistir.

Si es la Administración pública la que desiste del proceso, será necesario que presente testimonio del acuerdo adoptado por el órgano competente "con arreglo a los requisitos exigidos por las leyes o reglamentos respectivos" (artículo 74.2 LJCA). Así, si la que desiste es la Administración Estatal o alguno de sus Organismos autónomos, será necesario que el Abogado del Estado cuente con autorización expresa de la Dirección del Servicio Jurídico del Estado, previo informe del Departamento o de la entidad Pública afectados (artículo 7 Ley 52/1997, de 27 de noviembre, de Asistencia Jurídica del Estado e Instituciones Públicas. En el caso de sea la Administración Autonómica la que desista, habría que remitirse a la normativa autonómica que regule esta cuestión que generalmente suele requerir la autorización previa del Consejo de Gobierno o de su Presidente. Y si fuese la Administración local la que desistiera sería necesario acuerdo del Pleno de la Corporación recurrente (artículo 22 y 23 LBRL).

En aquellos casos en los que hubiese varios recurrentes y no desistieran todos ellos, el procedimiento continuará respecto de aquellos que no hubieren desistido (74.5 LJCA).

En cuanto a la tramitación del desistimiento, la Ley diferencia si este se produce en primera o única instancia o si se produce en segunda instancia.

En el primer supuesto, una vez presentado el desistimiento por el actor, el Letrado de la Administración de Justicia da traslado de él a las demás partes y, en los casos de acción popular, al Ministerio Fiscal, por un plazo común de cinco días.

Transcurrido este plazo, si las demás partes no se oponen o prestan su conformidad con el desistimiento, el Letrado de la Administración de Justicia dicta un decreto en el que declara terminado el procedimiento ordenando el archivo de los autos y la devolución del expediente a la oficina de procedencia.

Si, por el contrario, se oponen al desistimiento las partes demandadas o, en su caso, el Ministerio Fiscal, o si se apreciase daño al interés público, el Letrado de la Administración de Justicia dará cuenta de ello al Juez o Tribunal para que resuelva lo que proceda.

Hay que tener presente que el desistimiento no implica, necesariamente, la condena en costas.

Si el desistimiento se produjera en segunda instancia (recursos de apelación o casación), el Letrado de la Administración de Justicia, sin más trámites, declarará terminado el procedimiento por decreto, ordenando el archivo de los autos y la devolución de las actuaciones recibidas al órgano jurisdiccional de procedencia.

Por último, la Ley contempla el supuesto de que el desistimiento obedezca a que la Administración demandada hubiera reconocido totalmente en vía administrativa las pretensiones del demandante, y después la Administración hubiera dictado un nuevo acto total o parcialmente revocatorio del reconocimiento. En este caso, el actor podrá pedir que continúe el procedimiento en el estado en que se encontrase, extendiendo el objeto del proceso al acto revocatorio. Si el órgano judicial lo estima conveniente, concederá a las partes n plazo común de 10 días para que formulen por escrito alegaciones complementarias sobre la revocación (artículo 74.7)

2. Allanamiento

El allanamiento es un acto procesal por el que del demandado declara su voluntad expresa de no formular oposición y prestar su conformidad con la pretensión planteada por el demandante.

Al igual que sucede con el desistimiento, el allanamiento debe plantearse por escrito ante el órgano judicial que conoce del recurso contencioso-administrativo, y puede realizarse en cualquier momento después de la demanda y anterior a la sentencia. La Ley exige que los demandados al allanarse cumplan los requisitos exigidos para el desistimiento, esto es, que cuando el que se allane sea un particular lo realice personalmente o bien cuente con un poder especial o una autorización concreta para ello. Y que si quien se allana es la Administración, acompañe testimonio del oportuno acuerdo adoptado por el órgano competente, que deberá contener la decisión de la Administración de no oponerse a la pretensión del actor.

Si fueran varios los demandamos, el procedimiento seguirá respecto de aquellos que no se hubieran allanado.

Respecto a aquellos que se hubieran allanado, el Juez o Tribunal dictará sentencia "sin más trámite", de conformidad con las pretensiones del demandante (75.2). La Ley contempla una excepción a esta regla general, para el supuesto de que la estimación de la pretensión del actor supusiera una infracción manifiesta del ordenamiento jurídico, en cuyo caso, el órgano jurisdiccional comunicará a las partes los motivos que pudieran oponerse a la estimación de las pretensiones, y las oirá por un plazo común de diez días, dictando luego la sentencia que estime ajustada a Derecho.

3. Satisfacción extraprocesal de las pretensiones

La satisfacción extraprocesal de las pretensiones tiene lugar cuando la Administración demandada reconoce totalmente en vía administrativa las pretensiones del demandante. Se produce, pues, cuando se esté tramitando un proceso en vía judicial y es la propia Administración demandada la que admite, en vía administrativa, todas y cada una de las pretensiones del actor, de forma que este ve atendida su pretensión en vía administrativa antes de que se dicte la sentencia pronunciándose sobre la cuestión objeto de controversia.

Es imprescindible que el reconocimiento extraprocesal de las pretensiones sea total. Tal y como pone de manifiesto el Tribunal Supremo en su Sentencia de 12 de febrero de 1992 (Rec. Núm. 1661/1990): "*Para que se extinga el proceso contencioso por reconocimiento en vía administrativa de las pretensiones del actor es necesario que exista coincidencia entre la pretensión del demandante y el contenido del acto administrativo que se dicte, es decir, que el acto de satisfacción consista en una decisión que coincida totalmente con la pretensión ejercitada en el proceso*".

Es en principio, es la propia Administración la que debería poner en conocimiento del Juez o Tribunal que viniese conociendo del proceso, el reconocimiento en vía administrativa de las pretensiones del demandante. En el caso de que no lo hiciera, la Ley permite a cualquiera de las partes del proceso que ponga en conocimiento del órgano jurisdiccional este hecho.

Una vez puesto el hecho en conocimiento del juez, el órgano jurisdiccional oirá a las partes por el plazo común de cinco días.

Comprobada la veracidad de la satisfacción extraprocesal de la pretensión, el juez o Tribunal dictará auto declarando terminado el procedimiento y ordenando el archivo del recurso y la devolución del expediente administrativo, excepto en el caso de que el reconocimiento infringiera manifiestamente el ordenamiento jurídico. En este último supuesto, el órgano judicial dictará sentencia ajustada a Derecho.

4. Transacción judicial

La Ley permite que las partes lleguen a un acuerdo en vía judicial que ponga fin a la controversia.

Lógicamente, las partes deberían plantear el acuerdo ante el órgano que viniese conociendo el pleito, y solo estaría permitido en los procesos de única o primera instancia, por lo que se excluiría en vía de recurso de apelación o casación.

Es el propio órgano judicial el que, de oficio o a solicitud de parte, puede someter a la consideración de las partes el reconocimiento de hechos o documentos, o la posibilidad de alcanzar un acuerdo que ponga fin a la controversia.

A este acuerdo podrán llegar las partes en cualquier fase del proceso, una vez formuladas la demanda y contestación y hasta el día en el que sea declarado concluso para sentencia, siempre que el juicio se "promueva sobre materias susceptibles de transacción y, en particular, cuando verse sobre estimación de cantidad" (artículo 77.1). Hay que tener en cuenta que el intento de conciliación no suspenderá el curso de las actuaciones, salvo que lo solicitasen todas las partes personadas.

Para que los representantes de las Administraciones Públicas demandadas puedan llegar a efecto la transacción, es necesario que cuenten con la oportuna autorización con arreglo a las normas que regulan la disposición de la acción por parte de los mismos.

Respecto a los particulares, deberán ser titulares de un interés legítimo, tener capacidad de obrar suficiente y, en el caso de que cuenten con un representante legal en el juicio, este podrá llevar a efecto la transacción siempre que esté autorizado para ello. Esto es, deberá contar con un poder de representación específico para transigir.

Si las partes llegan a un acuerdo que resuelva la controversia, el órgano judicial dicta auto declarando terminado el procedimiento. En ningún caso el Juez o Tribunal podrá aprobar un acuerdo que fuera manifiestamente contrario al ordenamiento jurídico y lesivo para el interés público o de tercero, en cuyo caso, no procederá a su aprobación y deberá continuar el procedimiento.

5. La caducidad de la instancia

Se trata de un modo de terminación del proceso que tiene lugar cuando el mismo se paraliza durante el tiempo señalado en la Ley por una causa imputable a los litigantes, cuya regulación no se contiene en la LJCA, resultando de aplicación las normas sobre caducidad contenidas en la LEC.

Es imprescindible, pues, que la paralización del procedimiento o la falta de actividad procesal sea imputable a los litigantes y no al órgano judicial, y que hayan transcurrido los plazos establecidos en el artículo 237.1 LEC: dos años cuando el pleito se hallare en primera instancia y un año en segunda instancia, que se contarán desde la última notificación a las partes.

Estos plazos no serán de aplicación cuando estemos ante la ejecución forzosa de sentencias cuyas actuaciones podrán proseguirse hasta conseguir el cumplimiento de lo juzgado, aunque hubieran quedado sin curso durante los plazos señalados (dos y un año) (artículo 239 LEC).

Transcurridos estos plazos sin que se produzca actividad procesal, si se trata de primera instancia, se entenderá producido el desistimiento en dicha instancia, por lo que se podrá interponer nuevo recurso, sin perjuicio de la caducidad de la acción y, cuando el recurso fuera de apelación o casación, se tendrá a la parte desistida del recurso correspondiente y por firme la resolución recurrida, devolviéndose las actuaciones al órgano judicial que proceda (240 LEC).

La declaración de caducidad no contendrá imposición de costas, debiendo pagar cada parte las causadas a su instancia y las comunes por mitad (artículo 240.3 LEC).

BIBLIOGRAFÍA BÁSICA: SANTAMARÍA PASTOR, J. A., *La Ley Reguladora de la Jurisdicción Contencioso-Administrativa*, Iustel, 2010; PALOMAR OLMEDA, A. (Dir.), *Tratado de la Jurisdicción Contencioso-Administrativa, Tomo I, Parte General. Los Procedimientos Contencioso-Administrativos*, Thomson Reuters, 2012; GONZÁLEZ PÉREZ, J., *Comentarios a la Ley de* *la Jurisdicción Contencioso-Administrativa (Ley 29/1998, de 13 de julio)*, Thomson-Civitas, 2013.

BIBLIOGRAFÍA COMPLEMENTARIA: CASADO ROMÁN, J., "Las formas de terminación del procedimiento contencioso-administrativo", *Diario La Ley*, nº7077, 2008; RECUERDA GIRELA, M. A., "El procedimiento ordinario. Artículos 67 a 73", en *Tratado de la Jurisdicción Contencioso-Administrativa. Tomo I.* Palomar Olmedo, A (Dir.), Thomson Reuters Aranzadi, 2012, pp. 951-1027.; RUIZ RISUEÑO, F., *El proceso contencioso-administrativo. Ley 29/1998, de 13 de julio, Reguladora de la Jurisdicción Contencioso-Administrativa*, Colex, 2012, pp. 291-347; VÁZQUEZ GARRANZO, J., "El procedimiento ordinario. Otros modos de terminación del proceso", en *Tratado de la Jurisdicción Contencioso-Administrativa. Tomo I.* Palomar Olmedo, A (Dir.), Thomson Reuters Aranzadi, 2012, pp. 1029-1127

LECCIÓN 8

LOS RECURSOS EN EL PROCESO CONTENCIOSO-ADMINISTRATIVO

SARA MEDINA GONZÁLEZ

SUMARIO:

I. INTRODUCCIÓN

Los recursos en la Jurisdicción Contencioso-Administrativa son un medio de impugnación que permite a las partes en el proceso plantear la revisión de una resolución no firme con la que no estén conformes, y que consideren que no es ajustada a Derecho.

El sistema de recursos tiene una importancia capital como medio para la corrección de los posibles errores en los que podrían incurrir las resoluciones judiciales en la interpretación y aplicación de las normas.

El Capítulo III del Título IV (artículos 79 a 102) de la Ley de la Jurisdicción Contencioso-Administrativa regula un complejo sistema de recursos contra las resoluciones procesales. Este sistema fue modificado por la Ley 13/2009, de 3 de noviembre, de reforma de la legislación procesal para la implantación de la nueva Oficina judicial, que faculta a los Letrados de la Administración de Justicia[23] para dictar algunas resoluciones susceptibles de recurso, de modo que los recursos se podrían interponer contra resoluciones del Letrado de la Administración de Justicia (reposición y revisión –artículo 102.bis–), o contra resoluciones del órgano jurisdiccional (reposición –79–, apelación –80-85–, casación –86-93–, y revisión de sentencias –artículo 102–). También la Ley Orgánica 7/2015, de 21 de julio, por la que se modifica la Ley Orgánica 6/1985, de 1 de julio, del Poder Judicial, ha llevado a cabo una profunda reforma del recurso de casación Contencioso-Administrativo, y ha incluido un nuevo motivo para la interposición del recurso de revisión contra una resolución judicial firme.

II. LOS RECURSOS CONTRA PROVIDENCIAS Y AUTOS

1. Recurso de reposición contra providencias y autos

La Ley 13/2009, de 3 de noviembre, de reforma de la legislación procesal para la implantación de la nueva Oficina judicial, tal y como se explica en su Exposición de Motivos, unifica la denominación de los recursos interpuestos contra providencias y autos no definitivos en las jurisdicciones civil, social y contenciosa, desapareciendo la referencia al recurso de súplica en las dos últimas, en favor del término «recurso de reposición. Así, aunque el tenor literal de la Ley sigue manteniendo en los apartados 1 y 3 del artículo 79 la denominación "súplica", las referencias a este recurso deben entenderse hechas al recurso de reposición, según establece la Disposición Adicional Octava de la Ley de la Jurisdicción Contencioso-Administrativa, añadida por el artículo 14.67 de la Ley 13/2009, de 3 de noviembre. Por tanto, esta Ley 13/2009 suprime el recurso de súplica para el proceso contencioso-administrativo, sustituyéndolo por el de reposición.

El recurso de reposición es un medio de impugnación ordinario (pues no tiene tasados los motivos por los que se puede plantear) que se interpone ante el mismo juez o tribunal que dictó las resoluciones impugnada y que tiene como fin la obtención de una resolución distinta a la recurrida, o la revocación de esta. Se trata, pues, de un recurso no devolutivo que se interpone ante y se resuelve por el órgano jurisdiccional que hubiera dictado la resolución objeto del recurso.

El artículo 79.1 LJCA prevé que podrá interponerse este recurso contra las providencias y los autos no susceptibles de apelación o casación.

---

[23] Los Secretarios Judiciales han pasado a denominarse Letrados de la Administración de Justicia tras la LO 7/2015, de 21 de julio, por la que se modifica la LO 6/1985, de 1 julio, del Poder Judicial.

Por tanto, para que pueda plantearse el recurso de reposición, las resoluciones recurribles han de ser necesariamente providencias o autos y, además, estas no han de ser susceptibles de apelación o casación, en cuyo caso, serían estos los recursos procedentes. Los autos contra los que cabe recurrir en apelación o casación están previstos en los artículos 80 y 87 LJCA.

Tampoco será admisible el recurso de reposición contra las resoluciones expresamente exceptuadas del mismo en esta Ley, ni contra los autos que resuelvan los recursos de reposición y los de aclaración.

El recurso de reposición se interpondrá en el plazo de cinco días a contar desde el siguiente al de la notificación de la resolución impugnada (artículo 79.3 LJCA).

La interposición del recurso de reposición no produce efecto suspensivo en relación a la ejecución de la resolución impugnada. De este modo, aunque se interponga el recurso, la resolución impugnada se lleva a efecto, salvo en el caso de que el órgano jurisdiccional, de oficio, o a instancia de parte, acuerde lo contrario (artículo 79.1 LJCA). Se prevé, pues, una excepción a la regla general, en el caso de que el Juez o Tribunal de lo Contencioso-Administrativo mediante resolución expresa en este sentido, acuerde suspender la ejecución de la resolución impugnada.

Interpuesto el recurso en tiempo y forma, el Letrado de la Administración de Justicia dará traslado de las copias del escrito a las demás partes, por término común de cinco días, a fin de que puedan impugnarlo si lo estiman conveniente (artículo 79.4 LJCA).

Transcurrido dicho plazo, el órgano jurisdiccional resolverá por auto dentro del tercer día.

2. Recurso de apelación contra autos

El recurso de apelación es un recurso ordinario para cuya interposición no existen motivos tasados, y que puede plantearse ante cualquier infracción del ordenamiento jurídico en que hubiese podido incurrir la resolución recurrida.

Hay que tener en cuenta que la interposición del recurso de apelación contra autos, con carácter general, solo produce efectos devolutivos (el artículo 80.1 considera a los autos "apelables en un solo efecto"), lo que significa que se remite el conocimiento del asunto a otro órgano jurisdiccional, y que no se suspende la eficacia del auto recurrido, que deberá ejecutarse, salvo en los supuestos de adopción de medidas cautelares.

Este recurso se ha de interponer ante el órgano jurisdiccional que hubiese dictado la resolución recurrida, pero será resuelto, bien por el Tribunal Superior de Justicia que corresponda, en el caso de autos dictados por los Juzgados de lo Contencioso-Administrativo (artículo 10.2 LJCA), o bien por la Sala de lo Contencioso-Administrativa de la Audiencia Nacional, si los autos hubieran sido dictados por los Juzgados Centrales de lo Contencioso-Administrativo (artículo 11.2 LJCA).

La Ley de la Jurisdicción enumera en su artículo 80 los autos contra los que cabe formular de recurso de apelación.

Por un lado, serían recurribles en apelación los autos dictados por los Juzgados de lo Contencioso-administrativo y los Juzgados Centrales de lo Contencioso-administrativo, en procesos de los que conozcan en primera instancia, y en los casos que se enumeran a continuación. En estos supuestos, la apelación es a un solo efecto:

- Los autos que pongan término a la pieza separada de medidas cautelares.
- Los autos recaídos en ejecución de sentencia.
- Los autos que declaren la inadmisión del recurso contencioso-administrativo o hagan imposible su continuación.
- Los autos recaídos sobre las autorizaciones previstas en el artículo 8.6, esto es, las exigidas para la entrada en domicilios y restantes lugares cuyo acceso requiera el consentimiento de su titular, y sobre las previstas en el artículo 8.2 de la Ley 34/2002, de 11 de junio, de servicios de la sociedad de la información y de comercio electrónico, para poder requerir a los prestadores de la sociedad de la información la cesión de datos que permitan identificar al responsable del servicio que esté realizando una conducta que vulnere los principios previstos en esta Ley (artículos 9.2 y 122 bis LJCA).
- Los autos recaídos en aplicación de los artículos 83 y 84 LJCA respecto a la ejecución provisional de la sentencia recurrida.

Y, por otro lado, serían también susceptibles de recurso de apelación los autos de los Juzgados de lo Contencioso-Administrativo y los Juzgados Centrales de lo Contencioso-Administrativo en los supuestos en los que pueda hacerse extensiva a terceros los efectos de la sentencia de conformidad con los artículos 110 y 111 LJCA. En estos casos, el régimen de admisión de la apelación es el que corresponda a la sentencia cuya extensión se pretende (artículo 80.2 LJCA).

En cuanto a la tramitación de los recursos de apelación interpuestos contra los autos de los Juzgados de lo Contencioso-administrativo y los Juzgados Centrales de lo Contencioso-administrativo, será de aplicación lo dispuesto en la Sección 2ª del Capítulo III de la Ley (en especial, lo dispuesto en el artículo 85), que analizaremos con detalle a continuación, al tratar el recurso ordinario de apelación (artículo 80.3 LJCA).

III. EL RECURSO ORDINARIO DE APELACIÓN

Este recurso, como su propio nombre indica, es un recurso ordinario que procede, por tanto, ante cualquier infracción del ordenamiento jurídico y no solo por motivos tasados.

1. Resoluciones susceptibles del recurso ordinario de apelación

El recurso ordinario de apelación se admite contra todas las sentencias dictadas por los Juzgados de lo Contencioso-administrativo y por los Juzgados centrales de lo Contencioso-administrativo, salvo en los casos señalados en los apartados a) y b) del artículo 81 que no serían susceptibles de recurso de apelación. Estas excepciones serían dos:

La primera de ellas opera en los asuntos cuya cuantía no exceda de 30.000 euros, contra cuyas sentencias no cabría interponer recurso de apelación. Y la razón de ser que ha dado el legislador a la inclusión de esta excepción ha sido la de "descargar a los Tribunales Superiores de Justicia de conocer en segunda instancia de los asuntos de menor entidad, para resolver el agobio que hoy padecen" (Exposición de Motivos LJCA).

La segunda excepción se refiere a los asuntos relativos a materia electoral que tengan por objeto los actos de las Juntas Electorales de Zona y proclamación de candidatos efectuada por cualquiera de las Juntas Electorales (artículo 81.1.b en relación con el artículo 8.5[24] LJCA).

Sin embargo, el apartado 2 del artículo 81, regula cuatro supuestos en los que la apelación sería procedente siempre, aún en el caso de que se tratase de sentencias incluidas en las excepciones del apartado 1, dada la gran transcendencia que tienen estos asuntos, y con el objeto de garantizar el contenido normal del derecho a la tutela judicial efectiva, así como en el procedimiento para la protección de los derechos fundamentales, en los litigios entre Administraciones, y cuando se resuelve la impugnación indirecta de disposiciones generales.

Son, por tanto, siempre susceptibles de recurso de apelación las siguientes sentencias:

- Las que declaren la inadmisibilidad del recurso contencioso-administrativo. En aras a garantizar la aplicación del derecho fundamental a la tutela judicial efectiva prevista en el artículo 24 CE, la Ley considera que siempre serán susceptibles de apelación las sentencias que declarasen la inadmisibilidad del recurso contencioso-administrativo y que, por tanto, impidiesen entrar a conocer el fondo del asunto.
- Las dictadas en el procedimiento para la protección de los derechos fundamentales de la persona.

  Puesto que se trata de una materia de gran transcendencia, serán siempre recurribles en apelación, sin limitación alguna, las sentencias que se dicten en este procedimiento, regulado por la LJCA en sus artículos 114 a 122.
- Las que resuelvan los litigios entre Administraciones Públicas.

  El que puedan ser recurribles en apelación todas las sentencias que se dicten en estos casos viene motivado por la importancia de las cuestiones que se tratan en estos asuntos en los que se resuelven litigios entre Administraciones Públicas.
- Las que resuelvan impugnaciones indirectas de disposiciones generales.

  Así, serán siempre recurribles en apelación las sentencias que se dicten en casos en los que se impugnen los actos de aplicación de una disposición de carácter general en base a que esta disposición no es ajustada a Derecho de conformidad con lo dispuesto en el artículo 26 LJCA.

[24] La redacción del artículo 81.1 b) LJCA contiene un error en la remisión al apartado 4 del artículo 8, pues las competencias de los Juzgados de lo Contencioso-Administrativo en materia electoral no se prevén en este apartado 4 de este artículo 8, sino en su apartado 5.

2. Efectos de la interposición del recurso de apelación

La interposición del recurso de apelación ordinario produce efectos "devolutivos" y efectos "suspensivos". Así, el artículo 83.1 LJCA dispone que "el recurso de apelación contra las sentencias es admisible en ambos efectos". En esto se diferencia del recurso de apelación contra autos cuya interposición, como vimos, solo produce efectos devolutivos (artículo 80.1 LJCA).

La doble eficacia de la interposición del recurso significa, por un lado, que se remite el conocimiento del asunto a otro órgano jurisdiccional ("efecto devolutivo") y, por otro lado, que suspenden la eficacia de la resolución que se recurre hasta que esta sea confirmada por el órgano jurisdiccional superior al resolver el recurso ("efecto suspensivo").

De esta forma, al interponer el recurso de apelación ordinario la eficacia de la sentencia recurrida queda suspendida hasta que el órgano superior resuelva el recurso. Como excepción a lo anterior la Ley prevé, por un lado, que el Juez pueda adoptar las medidas cautelares que sean pertinentes para asegurar, en su caso, la ejecución de la sentencia y, por otro lado, que pueda acordar la ejecución provisional de la sentencia.

En el caso de adopción de medidas cautelares resulta necesario que su adopción sea solicitada por la parte interesada (artículo 83.2 LJCA).

En cuanto a la ejecución provisional de la sentencia, esta habrá de ser instada por las partes favorecidas por la sentencia, y no podrá ser acordada por el Juez si pudiera producir situaciones irreversibles o perjuicios de imposible reparación (artículo 84.3 LJCA).

Pero si de la ejecución provisional se pudieran derivar perjuicios de cualquier naturaleza, podrá el Juez acodar las medidas adecuadas para evitar o paliar dichos perjuicios. La Ley también prevé la posibilidad de que el Juez exija a la parte ejecutante que preste una caución o garantía para responder de estos perjuicios que se pudieran ocasionar con la ejecución provisional, la cual no podrá llevarse a cabo hasta que la caución o la medida acordada esté constituida y acreditada en autos. No obstante lo anterior, si fuera la Administración pública la que instase la ejecución provisional, esta quedará exenta de la prestación de caución.

3. Tramitación del recurso ordinario de apelación

La tramitación del recurso de apelación ordinario es la misma que en el caso del recurso de apelación contra autos y providencias.

La Ley distingue en la tramitación del recurso dos momentos diferentes: la interposición, admisión y trámite de oposición ante el Juzgado que hubiese dictado la resolución que se apele (órgano judicial "*a quo*"), y la tramitación del recurso ante la Sala de lo Contencioso-Administrativo competente (Tribunal "*ad quem*").

3.1. *La interposición del recurso, su admisión, y el trámite de oposición ante el órgano judicial* "a quo"

El recurso de apelación deberá interponerse ante el Juzgado que hubiere dictado la sentencia que se apele. Y podrán interponerlo quienes estén legitimados como parte demandante o demandada.

La Ley establece el plazo de 15 días, a contar desde el siguiente al de la notificación de la sentencia para presentar escrito de interposición, que deberá contener de forma razonada las alegaciones en que se fundamente el recurso (artículo 85.1 LJCA).

Si transcurre este plazo de quince días sin que se hubiese interpuesto el recurso de apelación, el Letrado de la Administración de Justicia declarará la firmeza de la sentencia.

Una vez interpuesto el recurso, el órgano judicial "a quo" debe pronunciarse sobre la admisión el recurso. Para ello deberá examinar, por un lado, si el escrito de interposición cumple los requisitos exigidos por la Ley, esto es, que se hubiese interpuesto por una persona legitimada para ello dentro del plazo y en la forma establecida en el artículo 85.1; y por otro lado, si la sentencia recurrida es susceptible de recurso de apelación.

Si estos requisitos se cumplen, el Letrado de la Administración de Justicia dictará resolución admitiendo el recurso, contra la que no cabrá recurso alguno, y dará traslado del mismo a las demás partes para que puedan formalizar su oposición en el plazo de 15 días.

Si la parte apelada se opusiera a la admisión del recurso, deberá hacerlo constar en su escrito de oposición. En este caso, Letrado de la Administración de Justicia dará traslado a la apelante por cinco días.

También cabe la posibilidad de que el apelado, en el escrito de oposición, se adhiera a la apelación, en cuyo caso tendrá que razonar aquellos puntos que crea que le son perjudiciales de la sentencia. En este supuesto el Letrado de la Administración de Justicia dará traslado al apelante del escrito de oposición por plazo de diez días, al solo efecto de que pueda oponerse a la adhesión (artículo 85.4 LJCA).

Si el Letrado de la Administración de Justicia considera que no se cumplen los requisitos exigidos para la admisión del recurso, lo pondrá en conocimiento del juez que, si lo estima oportuno, denegará la admisión por medio de auto, contra el que cabrá recurso de queja.

Las partes podrán, en sus escritos de interposición del recurso y de interposición del mismo, solicitar el recibimiento del pleito a prueba. Ahora bien, solo para la práctica de aquellas pruebas que hubieran sido denegadas o no hubieran sido debidamente practicadas en primera instancia por causas que no les sean imputables (artículo 85.3 LJCA). Hay que tener presente que es la Sala de lo Contencioso-administrativo competente, esto es, el Tribunal "ad quem" el que resolverá lo que proceda sobre el recibimiento a prueba (artículo 85.5 LJCA).

Asimismo podrán solicitar las partes en dichos escritos (de interposición y de oposición al recurso) que se celebre vista, que se presenten conclusiones o que el pleito sea declarado concluso, sin más trámites, para sentencia (artículo 85.7 LJCA).

3.2. *La tramitación del recurso ante el Tribunal* "ad quem"

Una vez realizados los trámites que acabamos de explicar por el juez autor de la sentencia apelada, debe remitir a la Sala de lo Contencioso-administrativa competente los autos y el expediente administrativo, junto con los escritos presentados por las partes. Además, deberá emplazar a las partes para que comparezcan ante el "Tribunal ad quem" en el plazo de treinta días (artículo 85.5 LJCA).

En esta fase, como más arriba indicábamos, el Tribunal de lo Contencioso-Administrativo competente deberá resolver lo que proceda sobre la admisión del recurso si el apelado se ha opuesto a ella, o sobre el recibimiento del pleito a prueba solicitado por las partes. En este último caso, cuando la Sala estime procedente la prueba solicitada, su práctica tendrá lugar con citación de las partes (artículo 85.6 LJCA).

En cuanto al trámite de celebración de la vista hay que señalar con carácter previo que las partes pueden solicitar en sus escritos de interposición o de oposición que el trámite se celebre o que no se celebre. Y que solo en los casos en los que todas las partes lo hubieran pedido, o si se hubiera practicado prueba, el Letrado de la Administración de Justicia acordará necesariamente su celebración. Fuera de estos supuestos, la Sala solo acordará la celebración de la vista o que se presenten conclusiones escritas si lo estima necesario en atención a la índole del asunto.

Celebrada la vista o presentadas las conclusiones, el Letrado de la Administración de Justicia declarará que el pleito ha quedado concluso para sentencia (artículo 85.8 LJCA).

La sentencia deberá dictarse en el plazo de diez días contados desde la declaración de que el pleito está concluso para sentencia (artículo 85.9 LJCA).

El apartado 10 del artículo 85 recoge el supuesto de que la sentencia recurrida en apelación hubiese declarado la inadmisibilidad del recurso contencioso-administrativo, en cuyo caso, si la sentencia que se dicte en apelación estima dicho recurso, deberá al mismo tiempo resolver sobre el fondo del asunto. Esto es, el Tribunal "ad quem" entrará conocer y pronunciarse sobre el fondo del asunto, ya que el tribunal a quo al haber inadmitido el recurso no pudo realizar tal labor.

IV. EL RECURSO DE CASACIÓN

1. Características del recurso de casación.

La Ley Orgánica 7/2015, de 21 de julio, por la que se modifica la Ley Orgánica 6/1985, de 1 de julio, del Poder Judicial (*BOE* núm. 174, de 22 de julio de 2015) ha reformado de forma sustancial la regulación del recurso de casación Contencioso-Administrativo. De este modo, la Disposición Final Tercera de la Ley Orgánica 7/2015, modifica la Sección Tercera del Capítulo III del Título IV, de la Ley 29/1998, de 13 de julio, reguladora de la Jurisdicción Contencioso-Administrativa, que quedaría integrada por los artículos 86 a 93, suprimiéndose los artículos del 94 al 101 (se eliminan, pues, los recursos de casación para la unificación de doctrina y en interés de Ley).

Uno de los principales objetivos que persigue nueva regulación del recurso es reforzar la casación como *"instrumento por excelencia para asegurar la uniformidad en la aplicación judicial del derecho", con la finalidad de "intensificar las garantías en la protección de los derechos de los ciudadanos*". La finalidad que se persigue al modificar el recurso es que éste cumpla de forma estricta su "*función nomofiláctica*", y no se convierta en una tercera instancia. Para ello, se diseña un mecanismo de admisión que pivota sobre la concurrencia del "interés casacional" del recurso (*vid.* Preámbulo de la LO 7/2015). Antes de la reforma, para acceder a la casación bastaba con cumplir con los requisitos objetivos establecidos taxativamente por la Ley. Ahora sin embargo, con la modificación, se produce un cambio significativo respecto al anterior modelo, al suprimirse estos criterios objetivos, y hacer girar la admisión del recurso en torno al "interés casacional" del asunto (art. 88 LJCA).

Otras destacadas novedades que incluye la reforma, y que analizaremos más adelante, son la ampliación de las resoluciones judiciales recurribles en casación, e importantes y significativos cambios en la tramitación del recurso en sus diferentes fases (ampliación del plazo para la preparación, nuevas formalidades en el escrito de preparación, reforma del trámite de admisión ante el Tribunal Supremo, modificaciones en la fase de interposición del recurso, cambio en el contenido de la Sentencia que resuelva el recurso….).

Debemos tener presente que el recurso de casación es un medio de impugnación de carácter extraordinario, que solo puede ser interpuesto contra determinadas resoluciones judiciales y cuando concurra el "interés casacional", y cuyo conocimiento corresponde al Tribunal Supremo (artículo 12.1 LJCA).

El recurso de casación tiene en el orden contencioso-administrativo, al igual que en los demás órdenes jurisdiccionales, una doble función:

a) Por un lado, la de protección o salvaguarda de la norma legal mediante la sumisión de los jueces y tribunales al imperio de la Ley, entendida como el ordenamiento jurídico en su conjunto, lo que comporta la inclusión en este concepto no solo de la Ley en sentido estricto, sino también las disposiciones generales de rango inferior a ella. En este sentido se ha pronunciado el Tribunal Supremo en múltiples sentencias como por ejemplo las SSTS de 27 de junio de 2006; de 3 de noviembre de 2006; de 24 de octubre de 2005, de 6 de abril de 2006, de 12 de marzo de 2007; de 10 de octubre de 2006; y 3 de julio de 2006.

b) Y por otro lado, una función uniformadora de la jurisprudencia en la interpretación del derecho a fin de lograr la unidad del ordenamiento jurídico (SSTS de 27 de junio de 2006, de 24 de octubre de 2005, de 6 de abril de 2006, de 3 de noviembre de 2006, de 12 de marzo de 2007, de 10 de octubre de 2006 y de 3 de junio de 2006). Se trata de lograr por este medio una función uniformadora de la jurisprudencia en la interpretación del Derecho efectuado por las Salas de instancia, a fin de obtener la unidad del ordenamiento jurídico (STS de 6 de junio de 2006).

La verdadera naturaleza de este recurso no es la reproducción de las de las actuaciones de instancia, sino, limitadamente, la crítica de las eventuales infracciones jurídicas, formales o de fondo, en que pudiera haber incurrido la sentencia cuya casación se pretende (aportando, para ello, los precisos argumentos que resulten oportunos para poner de manifiesto la equivocada aplicación de la normativa jurídica por parte del Tribunal a quo), sin que pueda plantearse de nuevo la cuestión ya debatida en la instancia (a modo de tercera o nueva instancia judicial) (STS de 3 de junio de 2004).

Estamos, pues, ante un recurso distinto del de apelación. No se trata de un recurso ordinario que permita realizar un nuevo total examen de las cuestiones planteadas ante los tribunales de grado inferior desde un punto de vista fáctico y jurídico. El recurso de casación es un recurso extraordinario, que solo indirectamente a través del control de la aplicación del derecho que haya realizado el tribunal "a quo", resuelve el concreto caso controvertido (ATS de 16 de noviembre de 1996). Por tanto, al tener por objeto la interpretación de la norma y de la jurisprudencia, su finalidad consiste en denunciar y acreditar las concretas infracciones legales o de doctrina y jurisprudencia en que los tribunales de grado inferior hayan podido incurrir y que puedan motivar la anulación de su decisión (ATS de 16 de noviembre de 1996). Tal y como afirmó el Tribunal Supremo:

> "(...) el recurso de casación no es ni un recurso de apelación ni una segunda instancia que permita reabrir todo el debate procesal. Su objeto es la protección de la norma y de la jurisprudencia por lo que el Tribunal de Casación solo puede examinar las infracciones que se aduzcan de la norma o de la jurisprudencia, sobre la base de alguno de los motivos de casación expresamente previstos debidamente argumentados, de forma que si no se alegan alguno de aquellos ni se razona frente a la sentencia, no hay base alguna para el recurso de casación. No cabe, pues, introducir cuestiones nuevas (STS 9 de marzo de 2005, recurso de casación 3841/2001, de 6 de julio de 2005, recurso de casación 7316/2003, 23 de noviembre de 2005, recurso de casación 5169/03, 12 de junio de 2006 recurso 6774/2000), ni limitarse a reproducir los argumentos esgrimidos en instancia por cuanto lo que debe combatirse es la razón de decidir de la sentencia objeto de recurso de casación y no los razonamientos del acto administrativo. Tampoco es admisible una invocación global de un articulado de una norma legal o reglamentaria sino que es preciso desgranar las infracciones cometidas respecto cada uno de los artículos invocados. Lo mismo debe hacerse respecto a la doctrina legal en que pretenda ampararse el recurso" (STS de 12 de marzo de 2007).

2. Resoluciones recurribles en casación

La Ley de la Jurisdicción Contencioso-Administrativa en sus artículos 86 y 87 establece de forma taxativa las resoluciones frente a las que cabe interponer el recurso de casación ante el Tribunal Supremo.

2.1. Sentencias recurribles en casación

En el nuevo recurso de casación diseñado por la Ley Orgánica 7/2015 se amplían las sentencias susceptibles de recurso. Mientras que con la anterior regulación sólo eran recurribles en casación ante la Sala de lo Contencioso Administrativo del Tribunal Supremo "las sentencias dictadas en única instancia por la

Sala de lo Contencioso-administrativo de la Audiencia Nacional y por las Salas de lo Contencioso-administrativo de los Tribunales Superiores de Justicia", ahora sin embargo, además de estas sentencias, se podrá interponer el recurso contra las sentencias dictadas en única instancia por los Juzgados de lo Contencioso Administrativo cuando contengan doctrina que se repute gravemente dañosa para los intereses generales y sean susceptibles de extensión de efectos.

Esta regla general tiene concretas excepciones. Así, no serán susceptibles del recurso de casación las sentencias dictadas en el procedimiento para la protección del derecho fundamental de reunión, y en los procesos contencioso-electorales.

Aquí encontramos un destacado cambio respecto al sistema anterior, en el que existía un límite cualitativo para acceder a la casación, que se elimina tras la reforma (la anterior redacción del art. 86.2 LJCA en su apartado b) impedía el acceso al recurso de aquellas sentencias recaídas en asuntos cuya cuantía no excediera de 600.000 euros, excepto cuando se tratase del procedimiento especial para la defensa de los derechos fundamentales, en cuyo caso procedería el recurso cualquiera que fuera la cuantía del asunto litigioso). Y también se suprime la excepción que contenía la anterior redacción en razón del contenido material de la sentencia, que impedía recurrir en casación las sentencias que se refirieran a cuestiones de personal al servicio de las Administraciones públicas, salvo que afectasen al nacimiento o a la extinción de la relación de servicio de funcionarios de carrera (art. 86.2 a) LJCA en su anterior redacción).

Hay que tener en cuenta que las sentencias de las Salas de los Tribunales Superiores de Justicia de las Comunidades Autónomas, sólo serán recurribles en casación cuando el recurso se fundase en infracción de normas de derecho estatal o comunitario determinante del fallo, siempre que hubieran sido invocadas oportunamente en el proceso o consideradas por la sala sentenciador (art. 86.3 LJCA).

Por tanto, no serán susceptibles de casación las sentencias de las Salas de los Tribunales Superiores de Justicia de las Comunidades Autónomas cuando el recurso no se fundase en infracción de normas de derecho estatal o comunitario determinante del fallo o cuando, aun siéndolo, no hubieran sido invocadas oportunamente en el proceso o no hubieran sido consideradas por la sala sentenciadora.

En definitiva, para que sean recurribles las Sentencias dictadas por los Tribunales Superiores de Justicia, además de ser susceptibles de casación, deben concurrir los siguientes requisitos: A) Que el recurso de casación pretenda fundarse en infracción de normas de Derecho estatal o comunitario europeo que sea relevante y determinante del fallo recurrido; B) que esas normas, que el recurrente reputa infringidas, hubieran sido invocadas oportunamente por éste o consideradas por la Sala Sentenciadora; C) que el recurrente justifique en el escrito de preparación del recurso que la infracción de las mismas ha sido relevante y determinante del fallo de la Sentencia. En este sentido se ha pronunciado el Tribunal Supremo en múltiples ocasiones. A modo de ejemplo podemos citar sus Autos de 30 de noviembre de 2006, de 25 de marzo de 2004, de 7 de marzo de 2003, de 21 julio 2005, de 14 de septiembre de 2006, de 12 de mayo de 2006, de 19 de junio de 2003, de 18 de febrero de 2002, de 21 de junio de 2002, y de 3 de julio de 2004).

Cuando el recurso se funde en una infracción de normas emanadas de la Comunidad Autónomas, será competente para resolver una sección especial de la

Sala de lo Contencioso-Administrativa del Tribunal Superior de Justicia, compuesta por el Presidente de dicha Sala, por el Presidente o Presidentes de las demás Salas de lo Contencioso-Administrativo y, en su caso, de las Secciones de las mismas, en número no superior a dos, y por los Magistrados de la referida Sala o Salas que fueran necesarios para completar un total de cinco miembros (86.3 segundo párrafo).

Por último, señalar que el artículo 86.4 de la LJCA finaliza el elenco de resoluciones susceptibles de recurso de casación refiriéndose a las resoluciones del Tribunal de Cuentas. Así, este apartado establece que "las resoluciones del Tribunal de Cuentas en materia de responsabilidad contable serán susceptibles de recurso de casación en los casos establecidos en su Ley de Funcionamiento".

2.2. Autos recurribles en casación

Serán susceptibles del recurso de casación, en todo caso, los autos dictados en los incidentes de extensión subjetiva de los efectos de las sentencias regulados en los artículos 110 y 111. Esto es, por un lado, los autos por los que se declara la extensión a otras personas de los efectos de una sentencia firme que hubiera reconocido una situación jurídica individualizada a favor de una o varias personas en materia tributaria o de personal al servicio de las Administraciones Públicas (artículo 110 LJCA). Y, por otro lado, los autos por los que se extienden los efectos de una sentencia o sentencias firmes a uno o varios sujetos que hubieran planteado recursos con idéntico objeto, y que se encontrasen suspendidos en espera de dicha sentencia (artículo 111 LJCA).

También son susceptibles del recurso de casación, los autos dictados por la Sala de lo Contencioso-Administrativo de la Audiencia Nacional y por las Salas de lo Contencioso-administrativo de los Tribunales Superiores de Justicia que no versen sobre las materias excluidas por el artículo 86.2 LJCA y que se refieran a las materias enunciadas en los artículo 87.1 y 2 LJCA:

1) Los que declaren la inadmisión del recurso contencioso-administrativo o hagan imposible su continuación.
2) Los que pongan término a la pieza separada de suspensión o de medidas cautelares.
3) Los recaídos en ejecución de sentencia, siempre que resuelvan cuestiones no decididas, directa o indirectamente, en aquella o que contradigan los términos de fallo que se ejecuta.
4) Los relativos a la ejecución provisional de sentencias recurridas en casación.

Para que pueda prepararse el recurso de casación en estos casos, es requisito necesario interponer previamente el recurso de reposición[25].

[25] Si bien el tenor literal del artículo 87.2 LJCA se refiere expresamente al recurso de súplica, de conformidad con lo dispuesto en la Disposición Adicional 8 de la LJCA, incluida por el artículo 14.67 de la Ley 13/2009, de 3 de noviembre, la referencia hecha al "recurso de súplica", se entiende hecha al "recurso de reposición".

3. El interés casacional.

Puesto que el recurso de casación tiene carácter extraordinario, solo puede interponerse cuando concurra el "interés casacional", concepto introducido como novedad en la nueva regulación del mismo. De este modo, el recurso de casación podrá ser admitido a trámite cuando, invocada una concreta infracción del ordenamiento jurídico, tanto procesal como sustantiva, o de la jurisprudencia, la Sala de lo Contencioso-Administrativo del Tribunal Supremo estime que el recurso presenta interés casacional objetivo para la formación de jurisprudencia (art. 88.1 LJCA). Se eliminan, pues, los motivos tasados que la anterior redacción de este artículo preveía.

Ahora bien, tal y como indica el nuevo artículo 87.bis, el recurso de casación se limita a conocer cuestiones de derecho, con exclusión de las cuestiones de hecho.

De este modo, las pretensiones del recurso de casación deberán tener por objeto la anulación total o parcial de la sentencia o auto impugnado y, en su caso, la devolución de los autos al Tribunal de Instancia o la resolución del litigio por la Sala de lo Contencioso-Administrativo del Tribunal Supremo dentro de los términos en que apareciese planteado el debate (art. 87.bis.2).

Como consecuencia de la reforma del recurso de casación, la Sala de lo Contencioso-Administrativo del Tribunal Supremo va a contar con un amplio margen de apreciación a la hora de determinar si existe o no interés casacional que justifique la admisión del recurso.

No obstante lo anterior, la Ley enumera una serie de supuestos en los que el Tribunal Supremo podrá apreciar, o se presume que existe un "interés casacional objetivo".

Así, el Tribunal de casación podrá apreciar que existe "interés casacional objetivo", motivándolo expresamente en el auto de admisión, cuando, entre otras circunstancias, la resolución que se impugna:

a) Fije, ante cuestiones sustancialmente iguales, una interpretación de las normas de Derecho estatal o de la Unión Europea en las que se fundamenta el fallo contradictoria con la que otros órganos jurisdiccionales hayan establecido.

b) Siente una doctrina sobre dichas normas que pueda ser gravemente dañosa para los intereses generales.

c) Afecte a un gran número de situaciones, bien en sí misma o por trascender del caso objeto del proceso.

d) Resuelva un debate que haya versado sobre la validez constitucional de una norma con rango de ley, sin que la improcedencia de plantear la pertinente cuestión de inconstitucionalidad aparezca suficientemente esclarecida.

e) Interprete y aplique aparentemente con error y como fundamento de su decisión una doctrina constitucional.

f) Interprete y aplique el Derecho de la Unión Europea en contradicción aparente con la jurisprudencia del Tribunal de Justicia o en supuestos en que aun pueda ser exigible la intervención de éste a título prejudicial.

g) Resuelva un proceso en que se impugnó, directa o indirectamente, una disposición de carácter general.

h) Resuelva un proceso en que lo impugnado fue un convenio celebrado entre Administraciones públicas.

i) Haya sido dictada en el procedimiento especial de protección de derechos fundamentales.

La Ley también prevé expresamente una serie de supuestos en los que se presume que existe "interés casacional objetivo" y que por ello, el recurso deberá ser admitido. No obstante, en los supuestos a), b), y e) el recurso podrá inadmitirse por auto motivado cuando el Tribunal aprecie que el asunto carece manifiestamente de interés casacional objetivo para la formación de jurisprudencia (art. 88. 3 LJCA).

a) Cuando en la resolución impugnada se hayan aplicado normas en las que se sustente la razón de decidir sobre las que no exista jurisprudencia.

b) Cuando dicha resolución se aparte deliberadamente de la jurisprudencia existente al considerarla errónea.

c) Cuando la sentencia recurrida declare nula una disposición de carácter general, salvo que esta, con toda evidencia, carezca de trascendencia suficiente.

d) Cuando resuelva recursos contra actos o disposiciones de los organismos reguladores o de supervisión o agencias estatales cuyo enjuiciamiento corresponde a la Sala de lo Contencioso-administrativo de la Audiencia Nacional.

e) Cuando resuelva recursos contra actos o disposiciones de los Gobiernos o Consejos de Gobierno de las Comunidades Autónomas.

4. La tramitación del recurso de casación

4.1. *Actuaciones ante el Tribunal* **"a quo"**: *la preparación del recurso*

El recurso de casación se inicia mediante un escrito de preparación que deberá contener, en párrafos separados que se encabezarán con un epígrafe expresivo de aquello de lo que tratan, las siguientes manifestaciones (art. 89.2 LJCA):

a) Acreditar el cumplimiento de los requisitos reglados en orden al plazo, la legitimación y la recurribilidad de la resolución que se impugna.

b) Identificar con precisión las normas o la jurisprudencia que se consideran infringidas, justificando que fueron alegadas en el proceso, o tomadas en consideración por la Sala de instancia, o que ésta hubiera debido observarlas aun sin ser alegadas.

c) Acreditar, si la infracción imputada lo es de normas o de jurisprudencia relativas a los actos o garantías procesales que produjo indefensión, que se pidió la subsanación de la falta o transgresión en la instancia, de haber existido momento procesal oportuno para ello.

d) Justificar que la o las infracciones imputadas han sido relevantes y determinantes de la decisión adoptada en la resolución que se pretende recurrir.

e) Justificar, en el caso de que ésta hubiera sido dictada por la Sala de lo Contencioso-administrativo de un Tribunal Superior de Justicia, que la norma supuestamente infringida forma parte del Derecho estatal o del de la Unión Europea.

f) Especialmente, fundamentar con singular referencia al caso, que concurren alguno o algunos de los supuestos que, con arreglo a los apartados 2 y 3 del artículo 88, permiten apreciar el interés casacional objetivo y la conveniencia de un pronunciamiento de la Sala de lo Contencioso-administrativo del Tribunal Supremo.

En cuanto a la legitimación, el artículo 89.2 LJCA señala que podrá interponerse el recurso de casación por quienes hubieran sido parte en el proceso, o debieran haberlo sido.

Corresponde, pues, la legitimación para interponer el recurso de casación "a quienes hubieren sido parte en el procedimiento al que se refiera la resolución dictada por la Sala, lo que interpretado a la luz del principio de tutela judicial efectiva, en relación con la ausencia de indefensión, consagrado en el artículo 24 de la Constitución, implica la integración en tal concepto de legitimación activa, a todas aquellas personas naturales o jurídicas, que ostentando capacidad procesal y legitimación para ser parte en el indicado procedimiento, no hubieran materializado tal facultad al no haber sido citados ni emplazados para ello" (Auto del Tribunal Supremo de 15 de junio de 2002).

La Ley dispone que el recurso deberá prepararse ante la sala que hubiese dictado la resolución recurrida en el plazo de 30 días contados desde el siguiente de la notificación de la resolución que se recure (art. 89.1 LJCA). Se amplía pues, con la reforma del recurso, el plazo para la preparación, que pasa de diez a treinta días. Se trata de un plazo improrrogable cuyo incumplimiento determina la caducidad del derecho y la pérdida del trámite (artículo 128.1 LJCA).

Si el escrito de preparación se presenta en plazo y cumple los requisitos que acabamos de señalar, la Sala de Instancia tendrá por preparado el recurso, mediante auto motivado, en el que se emplazará a las partes para su comparecencia ante la Sala de lo Contencioso-Administrativo del Tribunal Supremo en el plazo de treinta días, y se ordenará la remisión a ésta de los autores originales y del expediente administrativo. La Ley permite a la Sala de instancia, cuando lo entienda oportuno, emitir opinión sucinta y fundada sobre el interés objetivo del recurso para la formación de jurisprudencia, que se unirá al oficio de remisión (art. 89.5 LJCA).

Hay que tener presente que la preparación del recurso de casación no impedirá la ejecución provisional de la sentencia recurrida (artículo 91.1 LJCA).

Contra el auto en el que se tenga por preparado el recurso de casación, la parte recurrida no podrá interponer recurso alguno, pero podrá oponerse a su admisión al tiempo de comparecer ante el Tribunal Supremo, si lo hiciere dentro del término del emplazamiento (artículo 89.6 LJCA).

En el caso de que el escrito de preparación **no cumpliese los requisitos de forma** antes mencionados, no se tendrá por preparado el recurso, y la Sala de instancia dictará auto motivado denegando el emplazamiento de las partes y la remisión de las actuaciones al Tribunal Supremo. Contra este auto solo podrá interponerse recurso de queja ante el Tribunal Supremo (artículo 89.4 LJCA).

Si el escrito de preparación **no se presentara en el plazo de treinta días**, la sentencia o auto quedara firme, declarándolo así el Letrado de la Administración de Justicia[26] mediante decreto. Contra esta decisión sólo cabrá el recurso directo de revisión previsto en el art. 102 bis de la LJCA (art. 89.3 LJCA).

4.2. *Actuaciones ante el Tribunal* "ad quem"

4.2.1. *El trámite de admisión*

La nueva redacción de la Ley (art. 90 LJCA) modifica profundamente el trámite de admisión ante el Tribunal Supremo. Mientras que hasta la entrada en vigor de la reforma se trataba de un trámite que se resolvía una vez interpuesto el recurso, previendo la Ley en su artículo 93.2 diferentes causas de inadmisibilidad del recurso[27], tras la modificación, el trámite de admisión tiene lugar antes de formalizar el escrito de interposición, y pivota sobre la existencia o no del interés casacional del asunto[28]. Esto es, si bien la admisión del antiguo recurso de casación dependía del cumplimiento de nos presupuestos objetivos establecidos en la Ley, la nueva casación utiliza como criterio determinante de la admisión la existencia de un interés casacional objetivo para la formación de jurisprudencia.

Antes de la reforma, la carencia del interés casacional del asunto aparecía prevista de la Ley como una de las causas de inadmisibilidad del recurso de aplicación restringida, pues para poder apreciar esta causa de inadmisión se exigían unas concretas circunstancias: estar ante un procedimiento de cuantía indeterminada, que el recurso se fundase en infracción de normas del ordenamiento jurídico o de la jurisprudencia, que no se tratase de un recurso Contencioso-Adminis-

---

[26] Tras la LO 7/2015, de 21 de julio, por la que se modifica la LO 6/1985, de 1 julio, del Poder Judicial el Cuerpo de Secretarios Judiciales pasa a denominarse Cuerpo de Letrados de la Administración de Justicia.

[27] 1º) Si no se hubieran cumplido los requisitos exigidos para la preparación del recurso o si la resolución impugnada no fuera susceptible de recurso de casación.

2º) Cuando los motivos invocados en el escrito de interposición del estuvieran comprendidos entre los que, con carácter tasado, establecía la Ley en su artículo 88.

3º) Si no se hubiesen citado las normas o la jurisprudencia que se reputan infringidas; o si las citas hechas no guardasen relación alguna con las cuestiones debatidas; o si, siendo necesario haber pedido la subsanación de la falta, no hubiese constancia de que se hubiera hecho.

4º) Si se hubieran desestimado en el fondo de otros recursos sustancialmente iguales.

5º) Si el recurso carece manifiestamente de fundamento.

6ª) Si se aprecia que el asunto carece de interés casacional por no afectar a un gran número de situaciones o no poseer el suficiente contenido de generalidad.

[28] La Ley también prevé la inadmisión del recurso, una vez presentado el escrito de interposición, si este no cumple con los requisitos formales previstos en la norma (art. 92.4 LJCA)

trativo directo o indirecto contra disposiciones generales, y que no afectase a un gran número de situaciones, o no poseyera el suficiente contenido de generalidad.

De hecho, el Tribunal Supremo hizo un uso moderado de esta causa de inadmisión teniendo en cuenta la incidencia que podría tener en la efectividad del derecho a la tutela judicial efectiva una interpretación extensiva de la misma. Tal es así, que sólo excepcionalmente vino inadmitiendo los recursos por falta de interés casacional (STS de 28 de enero de 2004).

Ahora, sin embargo, la Sala de lo Contencioso-Administrativo del Tribunal Supremo va a ostentar un gran margen para apreciar si existe o no interés casacional que justifique la admisión del recurso. Esta admisión requerirá, pues, por un lado, una infracción del ordenamiento jurídico o de la jurisprudencia y, por otro lado, que la Sala de lo Contencioso-Adminsitrativo del Tribunal Supremo entienda que el recurso tiene interés casacional objetivo para la formación de jurisprudencia.

De esta forma, cuando en el Tribunal Supremo se reciban los autos originales y el expediente administrativo, la admisión o inadmisión a trámite del recurso será decidida directamente por una Sección de la Sala de lo Contencioso-Administrativa del Tribunal Supremo integrada por el Presidente de la Sala y por, al menos, un Magistrado de cada una de sus restantes Secciones. Con excepción del Presidente de la Sala, dicha composición se renovará por cada seis meses, mediante acuerdo de la Sala de Gobierno del Tribunal Supremo que determinará sus integrantes para cada uno de los citados periodos y que se publicará en la página web del poder judicial (art. 90.2 LJCA).

De forma excepcional, y como novedad, se contempla la posibilidad de que esta Sección de la Sala de lo Contencioso-Administrativo del Tribunal Supremo acuerde, sólo si las características del asunto lo aconsejan, oír a las partes personadas, por un plazo común e treinta días acerca de si el recurso presenta interés casacional objetivo para la formación de jurisprudencia (art. 90.1 LJCA).

En cuanto a la forma de la resolución sobre la admisión o inadmisión del recurso de casación, la Ley diferencia claramente entre los supuestos en los que ha de apreciarse la existencia de interés casacional objetivo para la formación de jurisprudencia conforme al art. 88.2 LJCA, y aquéllos supuestos en los que se presume la existencia de interés casacional objetivo tal y como dispone el artículo 88.3 LJCA.

Así, en los supuestos del artículo 88.2 LJCA, en los que ha de apreciarse la existencia de interés casacional objetivo, si la resolución decide la inadmisión, adoptará la forma de providencia. No será necesario motivar la carencia del interés casacional objetivo, pues bastará con indicar la concurrencia de la causa por la que se inadmite. Así, el art. 90. 4 LJCA señala que "las providencias de inadmisión únicamente indicarán si en el recurso de casación concurre una de estas circunstancias:

a) Ausencia de los requisitos reglados de plazo, legitimación o recurribilidad de la resolución impugnada;

b) Incumplimiento de cualquiera de las exigencias que el artículo 89.2 impone para el escrito de preparación;

c) No ser relevante y determinante del fallo ninguna de las infracciones denunciadas;

d) Carencia en el recurso de interés casacional objetivo para la formación de jurisprudencia".

No obstante lo anterior, la Ley prevé como excepción un supuesto del art. 88.2 LJCA en el que la inadmisión se acordará por auto motivado: cuando el órgano que dictó la resolución recurrida hubiera emitido opinión sucinta y fundada sobre el interés objetivo del asunto para la formación de jurisprudencia, en el trámite previsto en el art. 89.5 LJCA.

En los supuestos del artículo 88.3 LJCA en los que se presume la existencia de interés casacional objetivo, el Tribunal podrá inadmitir el recurso por Auto motivado, cuando se den dos condiciones: en primer lugar, que este Auto se justifique razonadamente que el asunto carece manifiestamente de interés casacional objetivo para la formación de jurisprudencia y, en segundo lugar, que nos encontremos en alguno de los supuestos previstos en los apartados a), d) y e) de este artículo 88.3 LJCA, esto es, cuando en la resolución impugnada se apliquen normas sobre las que no existan jurisprudencia; cuando se impugne una sentencia de la Audiencia Nacional que resuelva recursos contra actos o disposiciones de los organismos reguladores o de supervisión o agencias estatales; o cuando resuelva recursos contra actos o disposiciones de los Gobiernos o Consejos de Gobierno de las Comunidades Autónomas.

En estos casos, pese a la presunción legal de que existe interés casacional, el Tribunal considera que el asunto carece del mismo de forma manifiesta al tener en cuenta las características de la cuestión objeto de debate y debe, por tanto, justificarlo y razonarlo.

También podrá inadmitir los recursos de casación interpuestos contra sentencias que declaren nula una disposición general, por entender que esta norma con toda evidencia, carece de trascendencia suficiente (90.3 b) en relación con el 88.3 c) LJCA).

En el nuevo recurso de casación, la inadmisión a trámite del recurso comporta la imposición de las costas a la parte recurrente, pudiendo el Tribunal Supremo limitar tal imposición a una parte de ellas, o hasta una cifra máxima (art. 90.8 LJCA).

Por su parte, la resolución que admita el recurso de casación adoptará la forma de auto, y en él se deberán precisar la cuestión o cuestiones en las que se entiende que existe interés casacional objetivo, y habrán de identificarán la norma o normas jurídicas que en principio serán objeto de interpretación, sin perjuicio de que la sentencia haya de extenderse a otras si así lo exigiere el debate finalmente trabado en el recurso.

Además, otra novedad que incluye la reforma, es que prevé que los autos de admisión de recurso de casación se publiquen en la página web del Tribunal Supremo, y que con periodicidad semestral, su Sala de lo Contencioso-Administrativo haga público, en dicha web y en el "Boletín Oficial del Estado", el listado de recursos de casación admitidos a trámite, con mención sucinta de la norma o normas que serán objeto de interpretación y dela programación para su resolución (art. 90.7 LJCA).

Hay que tener en cuenta que contra las providencias y los autos de admisión e inadmisión no cabrá recurso alguno.

4.2.2. *La interposición del recurso y oposición*

Si el recurso es admitido, se presentará el escrito de interposición del recurso de casación en el plazo de 30 días,

En cuanto a los requisitos formales del escrito de interposición, la Ley exige que, en apartados separados que se encabezaran con un epígrafe expresivo de aquello de lo que tratan:

- Se exponga de forma razonada por qué han sido infringidas las normas o la jurisprudencia que como tales se identificaron en el escrito de preparación, sin poder extenderse a otra u otras no consideradas entonces. Además, se tendrán que analizar, y no sólo citar, aquéllas sentencias del Tribunal Supremo que la parte considera que son expresivas de aquella jurisprudencia para justificar su aplicabilidad al caso.
- Y se precise el sentido de las pretensiones que la parte deduce y de los pronunciamientos que solicita.

El Tribunal Supremo ha venido sosteniendo que los requisitos formales del escrito de interposición son inherentes a la naturaleza procesal del recurso de casación, no son impeditivos u obstaculizadores del acceso a la jurisdicción, sino simplemente limitadores de un recurso extraordinario contra una Sentencia previamente dictada en un proceso contradictorio, en el que las partes gozan de todas las garantías y medios de defensa legales (STS de 5 de mayo de 1995).

No serán, pues, admitidos los recursos de casación en los que no se cumplen las exigencias del artículo 92.3 de la Ley Jurisdiccional. Así pues, cuando el escrito de interposición no reúna estos requisitos formales, la Sección de la Sala de lo Contencioso-Administrativa del Tribunal Supremo competente para la resolución del recurso acordará oír a la parte recurrente sobre el incumplimiento detectado y, sin más trámites, dictará sentencia inadmitiéndolo si entendiera tras la audiencia que el incumplimiento fue cierto. En ella se impondrá a dicha parte las costas causadas, pudiendo ser tal imposición limitada por el Tribunal Supremo a una parte de ellas o hasta una cifra máxima (art. 92.4 LJCA).

En el caso de que el escrito de interposición no fuera presentado en el plazo de 30 días previsto para ello, el Letrado de la Administración de Justicia declara desierto el recurso, ordenando la devolución de las actuaciones recibidas a la Sala de la que procedieran (art. 92.2 LJCA).

Si el escrito de interposición reúne los requisitos formales exigidos y es presentado en plazo, la Sección dela Sala de lo Contencioso-administrativo del Tribunal Supremo competente para su resolución, acordará dar traslado del mismo a la parte o partes recurridas y personadas para que puedan oponerse al recurso en el plazo común de 30 días, sin que en el escrito de oposición se pueda pretender la inadmisión del recurso. Durante este plazo estarán las actuaciones procesales y el expediente administrativo en la Oficina Judicial (art.92. 5 LJCA).

Debemos tener en cuenta que la nueva redacción de la Ley permite a la Sala de Gobierno del Tribunal Supremo fijar, a través de acuerdo publicado en el "Boletín Oficial del Estado", la extensión máxima y otras condiciones extrínsecas, incluidas las relativas a su presentación por medios telemáticos, de los escritos de interposición y de oposición de los recursos de casación (art. 87.bis. 3).

4.2.3. *La celebración de la vista pública*

Con la nueva redacción, se establece como regla general la celebración de vista pública para el conocimiento del caso, salvo que la Sección competente entendiera que la índole del asunto la hace innecesaria, en cuyo caso, declara que el recurso queda concluso y pendiente de votación y fallo (art. 92.6 LJCA).

En cuanto al señalamiento del día en que haya de celebrarse la vista, o en el que haya de tener lugar el acto de votación y fallo, la Ley indica que deberá respetar la programación que, atendiendo prioritariamente al criterio de mayor antigüedad del recurso, se haya podido establecer.

Además, cuando la índole del asunto lo aconseje, el Presidente de la Sala de lo Contencioso-Administrativo del Tribunal Supremo, de oficio o a petición de la mayoría de los Magistrados de la Sección competente para la decisión del asunto, podrá acordar que los actos de vista público o de votación y fallo tengan lugar ante el Pleno de la Sala.

4.2.4. *La sentencia*

La sentencia, que será dictada en el plazo de diez días desde que termine la deliberación para votación y fallo, se pronunciará sobre todas las pretensiones deducidas en el proceso, y podrá anular la sentencia o auto recurrido, en todo o en parte, bien o confirmarlos. Además, podrá, siempre que justifique su necesidad, ordenar la retroacción de las actuaciones a un momento determinado del procedimiento de instancia para que siga el curso ordenado por la Ley hasta su culminación (93.1 LJCA). También se prevé la posibilidad de que anule la resolución recurrida por apreciar falta de jurisdicción, indicando el concreto orden jurisdiccional que considere competente, o en los casos en los que entendiera que no es competente el órgano judicial de instancia, remitiendo las actuaciones al órgano que hubiera debido conocer de ellas (art. 93.2 LJCA).

Es importante tener en cuenta que el Tribunal Supremo, podrá integrar en los hechos admitidos como probados por la Sala de instancia, aquéllos que, habiendo sido omitidos por ésta, queden suficientemente justificados en las actuaciones, y cuya toma en consideración resulte necesaria para apreciar la infracción alegada de las normas del ordenamiento jurídico o de la jurisprudencia, incluso la desviación de poder (art. 93. 3 LJCA).

En cualquier caso, la sentencia fijará la interpretación de aquellas normas estatales o la que tenga por establecida o clara de las de la Unión Europea sobre las que, en el auto de admisión a trámite, se consideró necesario el pronunciamiento del Tribunal Supremo (art. 93.1 LJCA). De este modo, la sentencia va a precisar la doctrina legal tanto sobre la interpretación del derecho estatal como del derecho europeo. Precisamente, esta finalidad de fijar la doctrinal legal al hilo de la cuestión controvertida, para conseguir reducir a la unidad criterios judiciales dispersos y contradictorios, es la que hasta la reforma tenía el recurso de casación para la unificación de doctrina.

4.2.5. *Las costas procesales*

Las sentencia que finaliza el procedimiento ante el Tribunal Supremo se pronunciará sobre las costas procesales diferenciando entre las generadas en la instancia, que se resolverá conforme a lo establecido en el artículo 139.1 LJCA[29], y las costas generadas en el recurso de casación, en el que cada parte abonará las causadas a su instancia y las comunes por mitad, aunque se podrán imponer las costas del recurso de casación a una sola de las partes cuando la sentencia aprecie, y así lo motive, que ha actuado con mala fe o temeridad[30] (art. 93.4 LJCA).

V. LA REVISIÓN DE SENTENCIAS

La revisión de sentencias es un procedimiento extraordinario previsto en el artículo 102 de la LJCA que solo procede contra sentencias firmes y por los motivos tasados establecidos en la Ley, y que se rige, con algunas excepciones, por lo dispuesto en la Ley de Enjuiciamiento Civil.

La competencia para conocer de la revisión de sentencias firmes depende del órgano juridicial que hubiese dictado la resolución cuya firmeza se pretende atacar. Así:

- Las Salas de lo Contencioso-Administrativo de los Tribunales Superiores de Justicia conocerán de la revisión de sentencias firmes dictadas por los Juzgados de lo Contencioso-Administrativo (artículo 10.3 LJCA).
- La Sala de lo Contencioso-Administrativo de la Audiencia Nacional conocerá de la revisión de sentencias firmes de los Juzgados Centrales de lo Contencioso-Administrativo (artículo 11.3 LJCA).
- Y la Sala de lo Contencioso-Administrativo del Tribunal Supremo conocerá de las sentencias dictadas por las Salas de lo Contencioso-Administrativo de los Tribunales de Justicia, de la Audiencia Nacional y del

---

[29] Art. 139.1 LJCA: " *En primera o única instancia, el órgano jurisdiccional, al dictar sentencia o al resolver por auto los recursos o incidentes que ante el mismo se promovieren, impondrá las costas a la parte que haya visto rechazadas todas sus pretensiones, salvo que aprecie y así lo razone, que el caso presentaba serias dudas de hecho o de derecho.*

En los supuestos de estimación o desestimación parcial de las pretensiones, cada parte abonará las costas causadas a su instancia y las comunes por mitad, salvo que el órgano jurisdiccional, razonándolo debidamente, las imponga a una de ellas por haber sostenido su acción o interpuesto el recurso con mala fe o temeridad".

[30] Imposición que podrá limitar a una parte de ellas o hasta una cifra máxima.

Tribunal Supremo, salvo en este último caso, lo dispuesto en el artículo 61.1.1º LOPJ, que atribuye la competencia a una Sala especial para conocer de los recursos de revisión contra sentencias dictadas en única instancia por la Sala de lo Contencioso-Administrativo de dicho Tribunal (artículo 12.2.c LJCA).

También será competente la Sala de lo Contencioso-Administrativo del Tribunal Supremo para conocer de la revisión contra resoluciones del Tribunal de Cuentas, con arreglo a lo establecido en su Ley de Funcionamiento (artículo 12.2.b).

En cuanto a las resoluciones recurribles en revisión hay que señalar que debe tratarse de sentencias firmes, y no de otro tipo de resolución (providencias o autos).

Dado que estamos ante un recurso extraordinario, solo puede interponerse en los supuestos que la Ley establece de forma taxativa (artículo 102.1 LJCA):

1) Que después de pronunciarse la sentencia aparezcan documentos decisivos, no aportados por fuerza mayor o por obra de la parte en cuyo favor se hubieran dictado

Por tanto, para que concurra esta causa de revisión deben darse los siguientes requisitos. Por un lado, debe tratase de documentos (referidos al soporte material), y estos documentos han de ser anteriores a la revisión. Por otro, los documentos han de ser decisivos, con una influencia notoria en el pleito, de forma que de haberse conocido el fallo de la sentencia hubiese sido distinto al que motiva la sentencia. Y, además, ha de tratarse de documentos que existían en el momento de dictarse la sentencia y que fueron detenidos por fuerza mayor o por obra de la parte beneficiada por la sentencia.

2) Que se reconozca o se declare la falsedad de documentos en virtud de los cuales recayó la sentencia

De esta forma, ha de tratarse de documentos falsos, cuya falsedad hubiera sido declarada judicialmente, y que hubieran tenido una influencia decisiva en el fallo de la sentencia.

3) Que se condene por falso testimonio a testigos por declaraciones que sirvieron de fundamento a la sentencia

Es necesario, pues, un pronunciamiento judicial penal firme que determine el falso testimonio del testigo, y que este testimonio hubiese resultado determinante y decisivo en el fallo de la sentencia.

4) Que la sentencia se dictara en virtud de cohecho, prevaricación, violencia u otra maquinación fraudulenta.

En este supuesto, tal y como pone de manifiesto el Tribunal Supremo en su Sentencia de 18 de noviembre de 2000 "… *quien alega que la sentencia* *firme se obtuvo merced a maquinaciones fraudulentas, violentas o cohecho, ha de probar irrefutablemente la existencia de ardides o artificios utilizados por una de las partes para impedir la defensa del adversario, y también ha de probar la existencia de un nexo causal eficiente y manifiesto entre el proceder malicioso y la resolución judicial. Finalmente, ha de destacarse que tales maquinaciones violentas o cohecho han de haber tenido lugar precisamente en el proceso jurisdiccional y no en la vía administrativa, exigiéndose la prueba del elemento subjetivo del artificio o asechanza oculta (el "*consilium fraudes*"), como el dato objetivo del resultado o daño cierto para la parte que no vio satisfecha su pretensión, tal y como esta fue ejercida en el proceso, según expone la sentencia de 14 de febrero de 1996".*

La Ley Orgánica 7/2015, de 21 de julio, incluye un nuevo motivo para la interposición del recurso de revisión contra una resolución judicial firme: que el Tribunal Europeo de Derechos Humanos declare que dicha resolución ha vulnerado alguno de los derechos reconocidos en el Convenio Europeo para la protección de los Derechos Humanos y Libertades Fundamentales y sus Protocolos, pero siempre y cuando esta vulneración, por su naturaleza y gravedad, entrañe efectos que persistan y no puedan cesar de ningún otro modo que no sea mediante esta revisión. En ningún caso, la revisión podrá perjudicar los derechos adquiridos de buena fe por terceras personas (art. 102.2 LJCA).

En cuanto a la legitimación, los plazos para interponer el recurso, el procedimiento y los efectos de las sentencias dictadas en el procedimiento de revisión, sería de aplicación lo dispuesto en la Ley de Enjuiciamiento Civil, a la cual nos remitimos.

VI. LOS RECURSOS CONTRA LAS RESOLUCIONES DEL LETRADO DE LA ADMINISTRACIÓN DE JUSTICIA

La Ley 13/2009, de 3 de noviembre atribuye nuevas competencias a los Letrados de la Administración de Justicia[31] que determinan el establecimiento de una serie de recursos que podrán interponerse contra las resoluciones que dicten en el ejercicio de las mismas. Estos recursos se establecen en el artículo 102 bis de la Ley de la Jurisdicción Contencioso-Administrativa.

1. Recurso de reposición

El recurso de reposición es un recurso ordinario, al no existir motivos tasados para su interposición, que ha de interponerse ante el mismo Letrado de la Administración de Justicia que hubiera dictado la resolución recurrida.

Este recurso procede contra las diligencias de ordenación y decretos no definitivos del Letrado de la Administración de Justicia, exceptuándose del recurso los casos en los que la Ley prevea recurso directo de revisión (artículo 102 bis. 1 LJCA).

---

[31] Secretarios Judiciales antes de la LO 7/2015, de 21 de julio, por la que se modifica la LO 6/1985, de 1 julio, del Poder Judicial.

El recurso de reposición se interpondrá en el plazo de cinco días a contar desde el siguiente al de la notificación de la resolución impugnada.

En el caso de que el recurso no se presentase dentro de este plazo, o no se interpusiera ante el Letrado de la Administración de Justicia autor de la resolución recurrida, o la resolución que se impugna no fuese una de las que la Ley establece como recurribles a través de este recurso, se inadmitirá el recurso de reposición por decreto del Letrado de la Administración de Justicia, que será recurrible directamente en revisión.

Una vez interpuesto el recurso en tiempo y forma, el Letrado de la Administración de Justicia dará traslado de las copias del escrito a las demás partes, por término común de tres días, a fin de que puedan impugnarlo si lo estiman conveniente.

Transcurrido este plazo de tres días, el Letrado de la Administración de Justicia resolverá mediante decreto dentro del tercer día.

El primer párrafo del apartado 2 del artículo 102 bis de la Ley 29/1998, de 13 de julio, reguladora de la Jurisdicción Contencioso-administrativa, en la redacción dada por la Ley 13/2009, de 3 de noviembre, de reforma de la legislación procesal para la implantación de la nueva oficina judicial, establecía que contra este decreto dictado por el Letrado de la Administración de Justicia para resolver el recurso de reposición contra sus propias decisiones "no se dará recurso alguno". De manera que sólo se podía reproducir la cuestión en el recurso que resolviera el proceso, si éste fuera procedente.

El Tribunal Constitucional en su Sentencia de 17 de marzo de 2016 (rec. 5344/2013) declara la inconstitucionalidad y nulidad de este primer párrafo del artículo 102 bis. 2 de la Jurisdicción Contencioso-Administrativa.

Según el Tribunal Constitucional, "obligar al justiciable a esperar a que recaiga la sentencia resolutoria del proceso contencioso-administrativo para plantear en vía de recurso (cuando éste proceda, no se olvide) la eventual vulneración del derecho fundamental al proceso sin dilaciones indebidas (art. 24.2 CE) vaciaría de contenido la tutela que el Tribunal Constitucional puede otorgar en relación con este derecho fundamental". De acuerdo con la doctrina, "carece de objeto alegar la vulneración del derecho a un proceso sin dilaciones indebidas cuando éstas, de haberse efectivamente producido, ya han cesado, al haber finalizado el proceso judicial".

Esta sentencia mantiene que el derecho fundamental garantizado por el art. 24.1 CE "comporta que la tutela de los derechos e intereses legítimos de los justiciables sea dispensada por los jueces y tribunales, a quienes está constitucionalmente reservado en exclusividad el ejercicio de la potestad jurisdiccional (art. 117.3 CE)". "Este axioma veda que el legislador excluya de manera absoluta e incondicionada la posibilidad de recurso judicial contra los decretos de los letrados de la Administración de Justicia resolutorios de la reposición, como acontece en el cuestionado párrafo del art. 102 bis 2 LJCA".

Por todo ello, concluye el Tribunal Constitucional, el párrafo primero del art. 102 bis.2 LJCA "incurre en insalvable inconstitucionalidad al crear un espacio de inmunidad jurisdiccional incompatible con el derecho fundamental a la tutela judicial efectiva y la reserva de jurisdicción a los jueces y tribunales integrantes del poder judicial". Este precepto, "en cuanto excluye del recurso judicial a determinados decretos definitivos del Letrado de la Administración de Justicia[32] (aquellos que resuelven la reposición), cercena, (...) el derecho del justiciable a someter a la decisión última del Juez o Tribunal, a quien compete de modo exclusivo la potestad jurisdiccional, la resolución de una cuestión que atañe a sus derechos e intereses y legítimos, pudiendo afectar incluso a otro derecho fundamental: a un proceso sin dilaciones indebidas. Ello implica que tal exclusión deba reputarse lesiva del derecho a la tutela judicial efectiva que a todos garantiza el art. 24.1 CE y del principio de exclusividad de la potestad jurisdiccional (art. 117.3 CE)".

Por último, la Sentencia determina que, en tanto que el legislador no se pronuncie sobre el párrafo anulado, el recurso judicial procedente contra los decretos del letrado de la Administración de Justicia que resuelvan recursos de reposición, será el directo de revisión, al que se refiere el propio artículo 102 bis.2 LJCA, y que resolverá el juez o tribunal ante el que se está tramitando el proceso principal.

2. Recurso de revisión

El recurso de revisión es un recurso ordinario, que no tiene limitados los motivos en los que se puede fundamentar, del que conocerá el órgano jurisdiccional ante el que se estuviese tramitando el proceso principal y cuyo Letrado de la Administración de Justicia hubiera dictado el decreto recurrido.

Es un recurso que procede, pues, contra los decretos del Letrado de la Administración de Justicia por los que se ponga fin al procedimiento o impidan su continuación, y contra los decretos de éste en los casos en que expresamente se prevea.

El recurso de revisión se interpone en el plazo de cinco días a contar desde el de la notificación del decreto recurrido, mediante escrito en el que deberá citarse la infracción en que la resolución hubiera incurrido.

Si los requisitos que acabamos de señalar se cumplen, el Letrado de la Administración de Justicia admitirá el recurso mediante diligencia de ordenación, y concederá a las demás partes personadas un plazo común de cinco días para impugnarlo, si lo estiman conveniente.

En el caso de que no se cumplieran estos requisitos de admisibilidad del recurso, el Juzgado o Tribunal lo inadmitirá mediante providencia.

Debe tenerse en cuenta que contra las resoluciones sobre admisión o inadmisión del recurso de revisión no cabrá recurso alguno.

Una vez ha transcurrido el plazo de 5 días previsto para impugnación el recurso, se hayan presentado o no escritos, el Juzgado o Tribunal resolverá sin más trámites, mediante auto, en un plazo también de cinco días.

32 Nueva denominación de los Secretarios Judiciales tras la LO 7/2015.

Contra el auto dictado resolviendo el recurso de revisión únicamente cabrá recurso de apelación y de casación en los supuestos previstos en los artículos 80 y 87 de esta Ley, respectivamente (artículo 102.bis.4 LJCA).

BIBLIOGRAFÍA BÁSICA: GONZÁLEZ PÉREZ, J., *Comentarios a la Ley de la Jurisdicción Contencioso-Administrativa (Ley 29/1998, de 13 de julio),* Thomson-Civitas, 2013; PALOMAR OLMEDA, A. (Dir.), *Tratado de la Jurisdicción Contencioso-Administrativa, Tomo II, Recursos, Ejecución de Sentencias y Disposiciones Comunes,* Thomson Reuters, 2012; SANTAMARÍA PASTOR, J. A., *La Ley Reguladora de la Jurisdicción Contencioso-Administrativa,* Iustel, 2010.

BIBLIOGRAFÍA COMPLEMENTARIA: IGLESIAS CANDLE, I. C., *El recurso de casación contencioso-administrativo,* Valencia, 2000; LOZANO CUTANDA, B., "La reforma del recurso de casación contencioso-administrativo por la Ley Orgánica 7/2015: análisis de sus novedades", *Diario La Ley,* nº 8599, Sección Documento *on-line*, 7 de Septiembre de 2015, Editorial La Ley; y *Diario La Ley*, nº 8609, Sección Tribuna, 21 de Septiembre de 2015, Ref. D-339, Editorial La Ley; RUIZ RISUEÑO, F., *El proceso contencioso-administrativo. Ley 29/1998, de 13 de julio, Reguladora de la Jurisdicción Contencioso-Administrativa,* Colex, 2012, pp. 349-439; SANTAMARÍA PASTOR, J. A., "Una primera aproximación al nuevo sistema casacional", en *Revista de Administración Pública,* núm., 198, septiembre-diciembre 2015, pp. 11-42; XIOL RÍOS, J. A. (*Comentarios a la Ley de Medidas Urgentes de Reforma Procesal III. La reforma del Proceso Contencioso-Administrativo,* Tirant lo Blanch, Valencia,

LECCIÓN 9
LA EJECUCIÓN DE SENTENCIAS

SARA MEDINA GONZÁLEZ

SUMARIO:
I. INTRODUCCIÓN.
II. LA EJECUCIÓN VOLUNTARIA:
  1. Comunicación de la sentencia.
  2. Plazo de ejecución.
  3. La ejecución de sentencias.
III. LA EJECUCIÓN FORZOSA:
  1. Requisitos.
  2. Legitimación.
  3. Sentencia condenatoria a una actividad de hacer.
  4. Sentencia condenatoria al pago de una cantidad líquida.
  5. Facultades coercitivas del órgano judicial.
V. LA INEJECUCIÓN DE SENTENCIAS:
  1. Imposibilidad material o legal.
  2. Expropiación de los derechos reconocidos en la sentencia.
V. EL INCIDENTE DE EJECUCIÓN DE SENTENCIAS.

I. INTRODUCCIÓN

El artículo 103.1 LJCA (siguiendo lo dispuesto en el artículo 117.3 CE y 2.1 LOPJ) señala que la potestad de hacer ejecutar las sentencias y demás resoluciones judiciales corresponde exclusivamente a los Juzgados y Tribunales de orden jurisdiccional, y su ejercicio compete al que haya conocido del asunto en primera instancia. Se trata, pues, de una manifestación de la función jurisdiccional que consiste en juzgar y hacer ejecutar lo juzgado (117.3 y 103.1 LJCA).

Esta función de los Jueces y Tribunales de hacer ejecutar la sentencia resulta necesaria para el efectivo cumplimiento de la misma. De nada serviría que se dictaran sentencias si los Jueces y Tribunales no contaran con los instrumentos legales necesarios para garantizar su cumplimiento.

De hecho, tal y como señala el Tribunal Constitucional en su Sentencia 67/1984, de 7 de junio, "la ejecución de las sentencias –en sí misma considerada– es una cuestión de capital importancia para la efectividad del Estado social y democrático de Derecho que proclama la Constitución –artículo 1º–, que se refleja –dentro del propio título preliminar– en la sujeción de los ciudadanos y los poderes públicos a la Constitución y al resto del ordenamiento jurídico, cuya efectividad –en caso de conflicto– se produce normalmente por medio de la actuación del Poder Judicial –artículos 117 y siguientes de la Constitución– que finaliza con la ejecución de sus sentencias y resoluciones firmes. Por ello, difícilmente puede hablarse de la existencia de un Estado de derecho cuando no se cumplen las sentencias y resoluciones judiciales firmes, y de aquí que el artículo 118 de la Constitución establezca que: «Es obligado cumplir las sentencias y demás resoluciones firmes de los Jueces y Tribunales, así como prestar la colaboración requerida por estos en el curso del proceso y en la ejecución del mismo».

Es más, la ejecución de las resoluciones ha venido siendo considerada como un derecho de las partes y una manifestación del derecho a la tutela judicial efectiva consagrada en el artículo 24.1 CE. Tal y como afirma el Tribunal Constitución de forma clara en sentencia 32/1982 de 7 de junio, "*El derecho a la tutela judicial efectiva (...) no agota su contenido en la exigencia de que el interesado tenga acceso a los Tribunales de justicia, pueda ante ellos manifestar y defender su pretensión jurídica en igualdad con las otras partes y goce de la libertad de aportar todas aquellas pruebas que procesalmente fueran oportunas y admisibles, ni se limita a garantizar la obtención de una resolución de fondo fundada en derecho, sea o no favorable a la pretensión formulada, si concurren todos los requisitos procesales para ello. Exige también que el fallo judicial se cumpla y que el recurrente sea repuesto en su derecho y compensado, si hubiere lugar a ello, por el daño sufrido; lo contrario sería convertir las decisiones judiciales y el reconocimiento de los derechos que ellas comportan en favor de alguna de las partes, en meras declaraciones de intenciones.* En este mismo sentido se pronuncia el Tribunal Constitucional, entre otras muchas, en sus Sentencias 167/187, 92/1988 y 107/1992.

Y como señala en su Sentencia 86/2006, de 27 de marzo, para asegurar de la plena efectividad de este derecho a la tutela judicial efectiva del que, como acabamos de ver, es manifestación directa la ejecución de sentencias y demás resoluciones judiciales, en tanto que garantía del cumplimiento de los mandatos que estas resoluciones judiciales contienen, este derecho tiene como presupuesto lógico y constitucional la intangibilidad de las resoluciones judiciales firmes y de las situaciones jurídicas por ellas declaradas. "De tal modo que el derecho a que la ejecución de lo juzgado se lleve a cabo en sus propios términos, es decir, con sujeción al principio de inmodificabilidad de lo juzgado, se traduce en un derecho que actúa como límite y fundamento que impide que los Jueces y Tribunales puedan revisar las sentencias y demás resoluciones al margen de los supuestos taxativamente previstos en la Ley". Esto es, el derecho fundamental recogido en el artículo 24.1 CE tiene "como presupuesto lógico y aun constitucional la intangibilidad de las resoluciones judiciales firmes y de las resoluciones por ellas declaradas" (SSTC 1/1997, de 13 de enero y 86/2005, de 18 de abril).

En este sentido, tanto la LJCA (artículo 103.2) como la LOPJ (artículo 18.2) recogen el principio de que las sentencias deben cumplirse en sus propios términos. Principio inspirado en lo dispuesto en los artículos 17.2 y 3, y artículo 118 de la Constitución. De forma que la Administración al ejecutar la resolución judicial, ha de realizar dicha ejecución según estrictos términos de la sentencia, que en ningún caso podrá ser modificada fuera de los cauces legales previstos a tal fin.

El Tribunal Constitucional (entre otras sentencias, SSTC 61/1984, 15/1986, 34/1986, 118/1986, 125/1987, 167/1987, 92/1988, 119/1988, 12/1989, 28/1989, 148/1989, 149/1989, 152/1990 y 1989/1990) considera que el derecho fundamental a la ejecución de sentencias comprende como parte integrante de su contenido el de la inmodificabilidad del fallo pues, *"los principios de seguridad jurídica y de legalidad en materia procesal de los artículos 9.3 y 117.3 de la Constitución* impiden que los Jueces y Tribunales puedan revisar el juicio efectuado en un caso concreto (incluso) si entienden con posterioridad que la decisión no se ajusta a la legalidad aplicable. Ha de admitirse, en consecuencia, que la inmodificabilidad de una Sentencia integra también el contenido del derecho a la tutela judicial efectiva, puesto que la protección judicial carecería de efectividad si se permitiera reabrir un proceso ya resuelto por Sentencia firme. De este modo, el derecho fundamental del justiciable a la tutela judicial efectiva actúa como límite y fundamento que impide que los Jueces y Tribunales puedan revisar las Sentencias y demás resoluciones firmes al margen de los supuestos taxativamente previstos por la Ley".

De este modo, como señala el Tribunal Supremo en su Sentencia de 25 de septiembre de 2007 (Rec. Núm. 1260/2005), "*mientras no sea dejada sin efecto a través de los procedimientos legalmente establecidos; o mientras no se declare la imposibilidad material o legal de ejecutarla, siguiendo para ello el procedimiento a que se refiere el artículo 105.2 de la Ley de la jurisdicción; o mientras no se produzca la decisión expropiatoria que contempla ese mismo artículo en su siguiente número, habrá de ejecutarse en sus propios términos la sentencia firme*".

En este mismo sentido, resulta muy clarificadora la doctrina expuesta por el Tribunal Supremo en su Auto de 12 de junio de 1990 (RJ 1990, 4919) en el que señalaba que "el derecho de toda persona a la tutela efectiva de los Tribunales, consagrado en el artículo 24 de la Constitución, integra no solo el derecho a la obtención de una sentencia firme, sino también a que sea llevado a efecto lo decretado en la indicada resolución, exigencia ejecutiva categóricamente afirmada en el artículo 118 de la Norma Fundamental española. De aquí que conforme preceptúa el artículo 109 de la Ley Jurisdiccional, en relación con el 103, el órgano de la Administración Pública, que infrinja su deber fundamental de ejecutar lo dispuesto en sentencia firme podrá incurrir en responsabilidad civil e incluso criminal, responsabilidad patrimonial exigible tanto en el supuesto de incumplimiento total como en los de cumplimiento defectuoso o con demora negligente en el mismo, de conformidad con lo previsto en el artículo 106.2 del Texto Constitucional y del artículo 140 de la Ley de Régimen Jurídico de la Administración[33]".

Como consecuencia de ello, la LJCA prevé expresamente la nulidad de pleno derecho de los actos y disposiciones contrarios a los pronunciamientos judiciales que se dicten con la finalidad de eludir su cumplimiento (103.4 y 103.5) siendo,

---

[33] Actual art. 33 de la Ley 40/2015, de 1 de octubre, de Régimen Jurídico del Sector Público.

en principio, el órgano jurisdiccional a quien corresponda la ejecución de la sentencia el competente para declarar a instancia de parte la nulidad. En cuanto a la tramitación, se seguirá lo previsto en los artículos 109.2 y 3 LJCA, según los cuales el Letrado de la Administración de Justicia[34] deberá dar traslado a las partes del escrito planteando la cuestión incidental para que, en plazo común que no excederá de veinte días, aleguen lo que estimen procedente. Evacuado el traslado o transcurrido el plazo a que se refiere el apartado anterior, el Juez o Tribunal dictará auto, en el plazo de diez días, decidiendo la cuestión planteada.

En este sentido, la Sentencia del Tribunal Supremo de 21 de julio de 2005 (RJ 2005, 8968) señala que "el artículo 103 de la Ley de la Jurisdicción, en sus apartados 4 y 5, permite que en el procedimiento de ejecución, resolviendo un mero incidente en él planteado, se declare la nulidad de actos o disposiciones administrativas distintas, claro es, de las que ya fueron enjuiciadas en la sentencia en ejecución. Pero para ello exige, no solo que el acto o disposición sea contrario a los pronunciamientos de dicha sentencia, sino, además, que se haya dictado con la finalidad de eludir su cumplimiento. El precepto contempla, pues, un singular supuesto de desviación de poder, en el que el fin perseguido por el acto o disposición no es aquel para el que se otorgó la potestad de dictarlo, sino el de eludir el cumplimiento de la sentencia. Esta misma doctrina es seguida por la Sentencia de este Tribunal de 1 de marzo de 2006.

Ahora bien, para que una sentencia pueda ejecutarse debe haber adquirido firmeza. De esta forma, lo regulado en al Capítulo IV del Título IV de la LJCA relativo a la ejecución de sentencias (artículo 103 a 113) se refiere única y exclusivamente a la ejecución de sentencias firmes. Tal y como pone de manifiesto el artículo 104.1 "luego que sea firme la sentencia". No obstante, la Ley de la Jurisdicción Contencioso-Administrativo recoge la posibilidad de la ejecución de sentencias que aún no han adquirido el carácter de firmes. Es la ejecución provisional que veremos con detalle al hablar de los recursos en el proceso contencioso-administrativo y que tiene lugar cuando la sentencia que se ejecuta de forma provisional está pendiente de un pronunciamiento judicial definitivo al haberse interpuesto contra ella recurso. En función del recurso interpuesto su regulación se contiene en el artículo 84 LJCA (en caso de que se hubiera interpuesto recurso de apelación), o en el artículo 91 LJCA (en caso de que el recurso fuera de casación).

La competencia para la ejecución de las sentencias y resoluciones firmes corresponde en exclusiva al órgano judicial que haya conocido en primera o única instancia como una manifestación típica de la potestad jurisdiccional. Y no corresponde al que hubiera decidido en vía de apelación o casación aún en el caso de que la sentencia de apelación o casación anulase en todo o en parte, o sustituyese la sentencia recurrida.

Cosa distinta es determinar quién ha de cumplir la sentencia y está obligado a llevarla a cabo, correspondiendo la facultad para su ejecución material a la Administración. En concreto, según el artículo 104.1: "...al órgano que hubiera realizado la actividad objeto del recurso...". Así, será la Administración la obligada a

[34] Los Secretarios Judiciales han pasado a denominarse Letrados de la Administración de Justicia tras la LO 7/2015, de 21 de julio, por la que se modifica la LO 6/1985, de 1 julio, del Poder Judicial.

llevar a efecto la sentencia, contando el órgano judicial con los medios necesarios para garantizar su cumplimiento. De este modo, tal y como pone de manifiesto el Tribunal Constitucional en sus sentencias 149/1989 y 22/2009, de 26 de enero "cuando para hacer ejecutar lo juzgado, el órgano judicial adopta una resolución que ha de ser cumplida por un ente público, este ha de llevarla a cabo con la necesaria diligencia, sin obstaculizar el cumplimiento de lo acordado, por imponerlo así el artículo 118 de la Constitución, y que cuando tal obstaculización se produzca, el Juez ha de adoptar las medidas necesarias para su ejecución sin que se produzcan dilaciones indebidas, pues el retraso injustificado en la adopción de las medidas indicadas afecta en el tiempo a la efectividad del derecho fundamental".

Hasta tal punto se considera fundamental el deber de cumplimiento y colaboración por parte de los poderes públicos, que cuando se incumple, el Tribunal Constitucional entiende que constituye un grave atentado al Estado de Derecho y que, por ello, el sistema jurídico tiende que estar organizado de tal forma que dicho incumplimiento –si se produjera– no pueda impedir en ningún caso la efectividad de las sentencias y resoluciones judiciales firmes.

La Ley distingue en su articulado entre el modo normal de ejecutar la sentencia, esto es, cuando esta se cumple de forma voluntaria dentro de los plazos establecidos al efecto; la ejecución forzosa, que tiene lugar cuando transcurren estos plazos establecidos para la ejecución voluntaria sin que se haya llevado a efecto la sentencia: y los supuestos de inejecución, cuando concurran causas de imposibilidad material o legal de ejecutar la sentencia, o cuando son expropiados los derechos reconocidos frente a la Administración pública en una sentencia firme. Procedemos, pues, a su estudio detallado.

II. EJECUCIÓN VOLUNTARIA

El artículo 104 LJCA regula el procedimiento ordinario de ejecución de sentencias que se da cuando la Administración cumple de forma voluntaria el fallo de la sentencia, de modo que esta se ejecuta con sujeción a los trámites y los plazos previstos en la Ley, sin necesidad de intervención judicial.

1. Comunicación de la sentencia

El procedimiento de ejecución de la sentencia firme comienza con la comunicación de esta por Letrado de la Administración de Justicia al órgano que hubiera realizado la actividad objeto de recurso. Esta comunicación deberá realizarse en el plazo de los diez días siguientes a la adquisición de firmeza por la sentencia ("Luego sea firme la sentencia..." Artículo 104.1 LJCA).

El fin de la comunicación es que el órgano que la reciba la lleve a efecto y practique lo que exige el cumplimiento de las declaraciones contenidas en el fallo.

El órgano administrativo encargado de la ejecución deberá acusar recibo de la comunicación de la sentencia e indicar qué órgano es el responsable del cumplimiento del fallo en el plazo de diez días desde su recepción (artículo 104.1 LJCA).

2. Plazo de ejecución

Cosa distinta a la comunicación de la sentencia, es el plazo de ejecución del fallo contenido en la misma, que será, bien el que se fije en dicha sentencia, o bien cuando la sentencia no se pronunciase sobre esta cuestión, de dos meses desde la comunicación de la sentencia (artículo 104.2 LJCA).

Hay que tener en cuenta que si transcurren los dos meses sin que la sentencia se hubiese ejecutado, cualquiera de las partes y personas afectadas podrá instar su ejecución forzosa.

No obstante lo anterior, con el objeto de lograr el cumplimiento de la sentencia, la Ley prevé que esta pueda fijar un plazo de cumplimiento inferior a dos meses "atendiendo a la naturaleza de lo reclamado y a la efectividad de la sentencia". Ahora bien, para que se pueda reducir el plazo de dos meses es necesario que el cumplimiento de la sentencia en dicho plazo hiciera ineficaz la pretensión o causara un grave perjuicio (artículo 104.3 LJCA).

3. La ejecución de sentencias

La ejecución de las sentencias depende del contenido de su fallo, distinguiendo así la Ley el modo de ejecución de las sentencias que condenan al pago de una cantidad líquida (artículo 106 LJCA), el de las sentencias que anulan actos o disposiciones (artículo 107 LJCA), y el de aquellas que condenan a realizar una determinada actividad (artículo 108 LJCA).

3.1. *Condena al pago de una cantidad líquida*

En el supuesto de que la Administración fuese condenada al pago de una cantidad líquida, el órgano encargado de su cumplimiento acordará el pago con cargo al crédito correspondiente de su presupuesto que tendrá siempre la consideración de ampliable (artículo 106.1 LJCA).

Si para realizar el pago de la cantidad a la que hubiese sido condenada la Administración fuera necesario realizar una modificación presupuestaria, esta deberá realizarse en el plazo de tres meses, contados desde el día siguiente al de la notificación de la resolución judicial (artículo 106.1 LJCA).

En todo caso, habrá que añadir a la cantidad a que hubiese sido condenada la Administración, el interés legal del dinero, que se calculará desde la fecha de notificación de la sentencia dictada en única o primera instancia (artículo 106.2 LJCA).

3.2. *Anulación de un acto o disposición general*

Si la sentencia firme a ejecutar anulase total o parcialmente el acto impugnado, el Letrado de la Administración de Justicia dispondrá, a instancia de parte, la inscripción del fallo en los registros públicos a que hubiere tenido acceso el acto anulado, así como su publicación en los periódicos oficiales o privados, si concurriere causa bastante para ello, a costa de la parte ejecutada (artículo 107.1 LJCA).

Si lo que declara la sentencia es la nulidad, total o parcial, de una disposición general o un acto administrativo que afecte a una pluralidad indeterminada de personas, el Letrado de la Administración de Justicia ordenará su publicación en diario oficial en el plazo de diez días a contar desde la firmeza de la sentencia (artículo 107.2 LJCA).

Con el objetivo de lograr una mejor comprensión de la ejecución de las sentencias que declaren la nulidad de un acto o disposición de carácter general, debemos recordar lo ya estudiado sobre los efectos de las sentencias anulatorias de actos o disposiciones. Y en este sentido, tener en cuenta lo que señala el artículo 73 LJCA respecto a los actos administrativos firmes dictados con anterioridad a la firmeza de la sentencia: "Las sentencias firmes que anulen un precepto de una disposición general no afectarán por sí mismas a la eficacia de las sentencias o actos administrativos firmes que lo hayan aplicado antes de que la anulación alcanzara efectos generales, salvo en el caso de que la anulación del precepto supusiera la exclusión o la reducción de las sanciones aún no ejecutadas completamente".

Respecto a los actos administrativos dictados con posterioridad a la publicación de la nulidad de la disposición de carácter general, debemos remitirnos a lo dispuesto en el artículo 72.2 LJCA: "La anulación de una disposición o acto producirá efectos para todas las personas afectadas. Las sentencias firmes que anulen una disposición general tendrán efectos generales desde el día en que sea publicado su fallo y preceptos anulados en el mismo periódico oficial en que lo hubiera sido la disposición anulada". Por tanto, si los actos se dictasen con posterioridad a la publicación de la nulidad de la disposición de carácter general, serían nulos de pleno derecho.

3.3. *Condena a realizar una determinada actividad o acto*

Cuando la sentencia condena a la Administración a realizar una determinada actividad o acto, esta se entenderá ejecutada cuando la Administración realice el acto o actividad que dispusiera el fallo (artículo 108.1 LJCA).

Sin embargo, cuando la propia Administración lleve a cabo una actuación material que contravenga los pronunciamientos del fallo de la sentencia, el Juez o Tribunal, a instancia de los interesados, procederá a reponer la situación al estado exigido por el fallo y determinará los daños y perjuicios que ocasionare el incumplimiento (artículo 108.2 LJCA).

En aquellos casos en los que el Juez o Tribunal, además de declarar contraria a la normativa la construcción de un inmueble, ordene motivadamente la demolición del mismo y la reposición a su estado originario de la realidad física alterada, exigirá, como condición previa a la demolición, y salvo que una situación de peligro inminente lo impidiera, la prestación de garantías suficientes para responder del pago de las indemnizaciones debidas a terceros de buena fe (art. 108.3 LJCA).

III. EJECUCIÓN FORZOSA

La Ley de la Jurisdicción Contencioso-Administrativa prevé la ejecución forzosa de las sentencias firmes para el caso de que la Administración no ejecutase y llevase a efecto la sentencia en el plazo establecido legalmente para ello, distinguiendo a tal fin distintos supuestos de ejecución forzosa.

1. Requisitos

Para que se pueda instar la ejecución forzosa por las partes o por los afectados por la sentencia, es requisito necesario que haya transcurrido el plazo de ejecución voluntaria, que será el plazo que fije la sentencia o bien, cuando la sentencia no se hubiese pronunciado sobre esta cuestión, el plazo de dos meses desde la comunicación de la sentencia (artículo 104.2 LJCA). No obstante lo anterior, como veremos, cuando la sentencia condene a las partes al pago de una cantidad líquida, la ejecución forzosa solo podrá instarse una vez transcurrido el plazo de tres meses previsto en el artículo 106.2 LJCA.

2. Legitimación

La legitimación activa para instar la ejecución forzosa de la sentencia corresponde no solo las partes procesales, sino también los terceros afectados por el fallo de la sentencia (artículo 104.2 LJCA).

Tal y como afirma el Tribunal Constitucional en su Sentencia 4/1984, de 18 de enero, sería contrario al derecho fundamental a la tutela judicial efectiva consagrado en el artículo 24, número 1 de la CE limitar la legitimación para intervenir en el proceso de ejecución de sentencias solo a las partes que han comparecido en el proceso principal, esto es, "las partes en el juicio" o "litigantes", ya que le Ley de la Jurisdicción al regular la ejecución de sentencias en el orden jurisdiccional contencioso-administrativo legitima no solo a estas partes litigantes en el proceso, que hayan intervenido como demandantes o demandadas, sino más ampliamente a las partes interesadas, siendo este concepto de parte interesada más amplio que el de parte en el juicio, tal y como ha tenido ocasión de poner de manifiesto el Tribunal Supremo en múltiples ocasiones (SSTS de 18 enero 1943, de 21 de noviembre de 1957, y de 10 de octubre de 1959). De esta forma, entiende el Tribunal Constitucional que el denegar la posibilidad a los interesados de comparecer como parte en un proceso en el que se ventilan cuestiones que afectan a su esfera jurídica de "derechos e intereses legítimos viola el derecho a obtener la tutela judicial efectiva del artículo 24.1 CE".

3. Sentencia condenatoria a una actividad de hacer

Cuando la sentencia firme condene a la Administración a realizar una determinada actividad o a realizar un acto determinado, y transcurren los plazos aplicables al caso concreto sin que la sentencia se haya ejecutado, la Ley (artículo 108.1 LJCA) permite al órgano judicial la adopción de alguna de las siguientes medidas:

- Ejecutar la sentencia a través de sus propios medios o requiriendo la colaboración de las autoridades y agentes de la Administración condenada o, en su defecto, de otras Administraciones públicas, con observancia de los procedimientos establecidos al efecto.
- Adoptar las medidas necesarias para que el fallo adquiera la eficacia que, en su caso, sería inherente al acto omitido, entre las que se incluye la ejecución subsidiaria con cargo a la Administración condenada.

Ahora bien, si la Administración al ejecutar la sentencia realizase alguna actividad contraria a los pronunciamientos del fallo, el órgano jurisdiccional, a instancia de los interesados, repondrá la situación al estado exigido por el fallo y determinará los daños y perjuicios que hubiera ocasionado el incumplimiento (artículo 108.2 LJCA).

4. Sentencia condenatoria al pago de cantidad líquida

Como veíamos anteriormente, en el caso de que la sentencia condene a las partes al pago de una cantidad líquida, la ejecución forzosa solo se podrá instar una vez transcurrido el plazo de tres meses desde la comunicación de la sentencia (artículo 106.3 LJCA).

En todo caso, hay que tener en cuenta que siempre que se condene al pago de una cantidad líquida, la cantidad que se fije en la sentencia devengará el interés legal del dinero, que se calculará desde la fecha de notificación de la sentencia dictada en única o primera instancia (artículo 106.2 LJCA). No obstante lo anterior, en el supuesto de que la Administración condenada no efectuase el pago en el plazo de tres meses, la autoridad judicial, oído el órgano encargado de hacerla efectiva, podrá incrementar en dos puntos el interés legal a devengar, siempre que apreciase falta de diligencia en el cumplimiento (106.3 LJCA). Este incremento, por tanto, no se efectúa de forma automática por el Juez o Tribunal sino que es necesario que este aprecie falta de diligencia en el cumplimiento de la sentencia.

La Ley prevé que si la Administración condenada al pago estimase que el cumplimiento de la sentencia habría de producir un trastorno grave a su Hacienda, lo pondrá en conocimiento del órgano jurisdiccional acompañado de una propuesta razonada de pago para que, una vez oídas las partes, se resuelva sobre el modo de ejecutar la sentencia en la forma que sea menos gravosa para aquella (106.4 LJCA).

Por último, en el caso de que la Administración ostente créditos contra el recurrente, cualquiera de las partes podrá solicitar que la cantidad a satisfacer se compense con ellos (artículo 106.6 LJCA).

5. Facultades coercitivas del órgano judicial

En el caso de que la sentencia no se ejecute dentro de los plazos legalmente previstos para el total cumplimiento del fallo, el órgano jurisdiccional adoptará, previa audiencia de las partes, las medidas necesarias para lograr la efectividad de lo mandado (artículo 112 LJCA).

Así, si se acredita la responsabilidad de las autoridades, funcionarios o agentes por el incumplimiento, la Ley prevé tanto la posibilidad de imponerles multas coercitivas de ciento cincuenta a mil quinientos euros (que podrán ser reiteradas hasta el completa ejecución del fallo judicial, sin perjuicio de las responsabilidades patrimoniales que pudiesen concurrir), como la posibilidad de exigir la correspondiente responsabilidad penal, para lo que habrá que deducir el oportuno testimonio de los particulares. En cualquier caso, será necesario que con carácter previo a la imposición de estas medidas, el Letrado de la Administración de Justicia notifique personalmente apercibimiento a los encargados de la ejecución incumplida para la formulación de alegaciones (artículo 112 LJCA).

IV. LA INEJECUCIÓN DE SENTENCIAS

La Ley jurisdiccional, partiendo el principio general de que las sentencias firmes han de ejecutarse en sus propios términos, señala en su artículo 105.1 que "no podrá suspenderse el cumplimiento ni declarase la inejecución total o parcial del fallo".

Sin embargo, este mismo artículo 105 en sus siguientes apartados prevé que la Administración pueda alegar la imposibilidad material o legal de ejecutar el fallo, o acordar la expropiación de los derechos e intereses legítimos reconocidos frente a ella, regulando así dos supuestos de inejecución de las sentencias.

1. Imposibilidad material o legal

El primero de estos supuestos, previsto en el artículo 105.2, contempla el hecho de que la sentencia no se pueda ejecutar por concurrir causas de imposibilidad material o legal que lo impidan. Esto es, la sentencia no se puede ejecutar porque resulta imposible su ejecución.

Por poner algún ejemplo, la Sentencia del Tribunal Supremo de 9 de febrero de 2009 (Recurso de Casación núm. 1622/2005), señala que en el caso que se analiza habría una imposibilidad material de ejecutar la sentencia ya que "las licencias concedidas y actuaciones urbanísticas realizadas al amparo de los actos anulados en la sentencia hacen materialmente imposible la restitución a los recurrentes de sus bienes originariamente expropiados" y también una imposibilidad legal, pues "los acuerdos de delimitación de la unidad y de adopción del sistema de expropiación que fueron anulados no por razón de su contenido sino por haber sido declarada previamente la nulidad de las determinaciones del Plan General, encuentran ahora respaldo habida cuenta que desde el año 1994 está vigente en Soria un nuevo Plan General de Ordenación Urbana que ha sido declarado conforme a derecho por sentencia firme".

Otro ejemplo que podemos citar lo encontramos en la Sentencia del Tribunal Supremo de 19 de noviembre de 2009 (Rec. 485/2008) se analiza, dada la compleja ejecución de los instrumentos urbanísticos anulados, la imposibilidad legal de ejecutar la sentencia por la que se anula el Acuerdo del Pleno del Ayuntamiento de Pilar de la Horadada por el que fueron aprobados definitivamente el Programa para el Desarrollo de la Actuación Integrada Unidad de Ejecución TH-1-A, sus Proyectos de Reparcelación y Urbanización así como la adjudicación del mismo en gestión una entidad mercantil, al haber excluido de la Unidad de Ejecución los terrenos del recurrente.

Y en el Auto del Tribunal Supremo de 14 de noviembre de 2000 (Rec. 676/1996) se estudia la imposibilidad de ejecutar la sentencia por la que se le reconoce a un Concejal, que fue privado de su cargo, el derecho a ser mantenido en el mismo, al darse la circunstancia de que en la fecha en la que adquiere firmeza la sentencia ya ha expirado su mandato y se ha elegido una nueva Corporación Municipal.

Ahora bien, tal y como pone de manifiesto el Tribunal Supremo en su sentencia de 10 de mayo de 2007 (Recurso de Casación núm. 3786/2004), hay que tener en cuenta el carácter evidentemente restrictivo que se impone en esta materia relativa a la inejecución de sentencias por causas de imposibilidad. Y ello porque "el artículo 118 de la Constitución establece la obligación de cumplir las sentencias firmes de los Tribunales y el artículo 103.2 de la Ley Jurisdiccional determina que las partes están obligadas a cumplir las sentencias en la forma y términos que estas consignen, cumplimiento que no podrá suspenderse ni declararse la inejecución total o parcial del fallo –artículo 105.1 LJCA–". La claridad de estos preceptos manifiesta que la ejecutabilidad de las sentencias, en los términos en los que se hacen constar en las mismas, es un principio capital y esencial de todo el sistema judicial, "por lo que las excepciones a esa íntegra ejecutabilidad –imposibilidad material o legal– contenidos en el artículo 105.2 de la misma LJCA, han de ser siempre interpretadas y aplicadas con los máximos criterios restrictivos en el reconocimiento de esa imposibilidad".

En este mismo sentido el Auto del Tribunal Supremo de 16 de julio de 1991 (RJ 1991, 6335) señaló que "el derecho a la ejecución de sentencia no puede concebirse únicamente como un derecho del particular interesado en la ejecución sino que es también un esencial interés público el que está implicado en ello, como fundamento del Estado del Derecho, que demanda que se cumplan las sentencias de los Tribunales y que se cumplan en sus propios términos y no en los que decidan las partes según sus conveniencias o arbitrios. Los artículos 117 y 118 de la Constitución, así como el 18.1 de la Ley Orgánica del Poder Judicial amparan esa potestad judicial de juzgar y hacer ejecutar lo juzgado; y ese derecho a la tutela judicial efectiva consagrado en el artículo 24 de la Constitución comprende el derecho a obtener la ejecución de toda sentencia, debiendo la jurisdicción adoptar todas las medidas pertinentes para el total cumplimiento del fallo tal como disponen los artículos 103 y 112 de la Ley de la Jurisdicción Contencioso-Administrativa. Lo único que puede impedir la ejecución de las sentencias en sus propios términos es la imposibilidad de cumplirlas según ellos (...); pero esta imposibilidad debe entenderse en el sentido más restrictivo y estricto y en términos de imposibilidad absoluta; esto es, absoluta imposibilidad física o clara imposibilidad jurídica de cumplir el fallo. Después de la Constitución, no cabe otra interpretación por ser un básico fundamento del Estado de Derecho instaurado por la misma el cumplimiento escrupuloso, íntegro y estrecho de las sentencias judiciales en sus propios términos; que no es otra cosa que seguridad jurídica".

En este caso, el órgano administrativo obligado al cumplimiento de la sentencia deberá poner en conocimiento de la autoridad judicial, a través del representante procesal de la Administración, la concurrencia de alguna causa que imposibilite la ejecución de la sentencia. Y esta comunicación deberá realizarse en el plazo voluntario de ejecución, esto es, en el plazo que se fije en la sentencia o, en caso de que la sentencia no se pronuncie sobre este extremo, en el plazo de dos meses a partir de la comunicación de la sentencia.

Una vez presentado el escrito por la parte legitimada alegando las causas por las que le resulta imposible ejecutar la sentencia, el órgano judicial deberá dar audiencia a las partes y a quienes considere interesados en la ejecución, para que aleguen lo que a su derecho convenga, y tomará la decisión que considere procedente, apreciando o no la concurrencia de dichas causas de imposibilidad.

En el caso de que considere la concurrencia, total o parcial, de alguna de estas causas, adoptará las medidas necesarias que aseguren la mayor efectividad de la ejecutoria y fijará, en su caso, la indemnización que proceda por el incumplimiento. La Ley solo habla de "la indemnización que proceda por la parte en que no pueda ser objeto de cumplimiento pleno" refiriéndose a un supuesto de imposibilidad parcial, sin hacer referencia a qué sucede cuando el incumplimiento es total. Esta omisión no significa que en caso de incumplimiento total no proceda indemnización alguna, pues carecería de sentido que procediera la indemnización en el supuesto de incumplimiento parcial, y que cuando el incumplimiento fuera pleno y, por tanto, mayores los perjuicios para los interesados en la ejecución, no procediese la indemnización.

2. Expropiación de los derechos reconocidos en la sentencia

Otro supuesto en el que la sentencia deja de ejecutarse y que da lugar a indemnización es el de expropiación de derechos o intereses legítimos frente a la Administración. La LOPJ en su artículo 18.2 señala que "*solo por causa de utilidad pública o interés social, declarada por el Gobierno, podrán expropiarse los derechos reconocidos frente a la Administración Pública en una sentencia firme, antes de su ejecución. En este caso, el Juez o Tribunal a quien corresponda la ejecución será el único competente para señalar por vía incidental la correspondiente indemnización*". Y la Ley de la Jurisdicción Contencioso-Administrativa especifica cuáles son estas causas de utilidad pública o interés social (artículo 105.3): el peligro cierto de alteración grave del libre ejercicio de los derechos y libertades de los ciudadanos; el temor fundado de guerra, o el quebranto de la integridad del territorio nacional.

Se trata, pues, de un número *clausus*. Estas son las únicas causas que pueden conllevar la expropiación de los derechos reconocidos frente a la Administración. No existe ninguna otra causa más. En este sentido se pronuncia el Tribunal Supremo en su Sentencia de 11 de octubre de 2011 (Rec. Casación 3574/2008).

La declaración de la concurrencia de alguna de las causas citadas se hará por el Gobierno de la Nación en cualquiera de los supuestos, siendo también competente el Consejo de Gobierno de la Comunidad Autónoma en el caso de que concurran dos condiciones: que la causa alegada sea el peligro cierto de alteración grave del libre ejercicio de los derechos y libertades de los ciudadanos; y que el acto, actividad o disposición impugnados provenga de los órganos de la Administración de dicha Comunidad o de las Entidades locales de su territorio, así como de las Entidades de Derecho público y Corporaciones dependientes de una y otras.

La declaración de concurrencia de alguna de dichas causas habrá de efectuarse dentro del plazo de los dos meses siguientes a la comunicación de la sentencia.

El Juez o Tribunal a quien competa la ejecución señalará, por el trámite de los incidentes, la correspondiente indemnización. Si la causa alegada fuera la de peligro cierto de alteración grave del libre ejercicio de los derechos y libertades de los ciudadanos, el órgano judicial apreciará, además, la concurrencia de dicho motivo.

V. EL INCIDENTE DE EJECUCIÓN DE SENTENCIAS

La Ley prevé la posibilidad de que se promueva un incidente para decidir, sin contrariar el contenido del fallo, todas aquellas cuestiones se planteen en la ejecución y especialmente las siguientes: el órgano administrativo que ha de responsabilizarse de realizar las actuaciones; el plazo máximo para su cumplimiento, en atención a las circunstancias que concurran; o los medios con que ha de llevarse a efecto y procedimiento a seguir (artículo 109.1 LJCA).

El incidente puede plantearse en cualquier momento del procedimiento, mientras no conste en autos la total ejecución de la sentencia, y puede tener por objeto la resolución de cualquier cuestión que pudiera surgir en la ejecución de la sentencia, sea del tipo que sea.

Ahora bien, en ningún caso podrán las partes intentar convertir un incidente, "previsto en el artículo 109 de la LJCA para lograr la completa y cabal ejecución de la parte dispositiva de una sentencia firme, en un procedimiento para conseguir la inejecución de la sentencia, de lo que el propio precepto advierte al impedir expresamente que se contraríe el contenido del fallo". Y esto porque "dicho incidente está contemplado por la Ley para resolver las cuestiones que se planteen en la ejecución de las sentencias en orden a eliminar trabas u obstáculos en dicha ejecución", y no para que mediante su tramitación se llegue a "un pronunciamiento contrario diametralmente al fallo". STS de 6 de septiembre de 2005 (Recurso de Casación núm. 1142/2003).

Y esto porque "el incidente de ejecución de sentencia carece de sustantividad como proceso autónomo respecto del procedimiento principal al que sirve y subsigue, haciendo ejecutar lo juzgado" (STS de 29 de febrero de 1996 –Recurso núm. 1600/1993–) de manera que el juez o tribunal deberá ajustarse a lo dispuesto en la sentencia, sin poder entrar a decidir cuestiones no resueltas en la misma.

Respecto a la legitimación para plantear el incidente de ejecución de sentencias, el artículo 109.1 LJCA permite que lo puedan plantear no solo la Administración Pública y las demás partes procesales, sino también a todas aquellas personas afectadas por el fallo.

En cuanto a su tramitación, el incidente se iniciará por escrito en el que se planteará la cuestión que deba ser resuelta por el órgano judicial encargado de la ejecución, del que se dará traslado a las partes por el Letrado de la Administración de Justicia para que, en el plazo de 20 días aleguen lo que estimen procedente (artículo 109.2 LJCA).

Evacuado el traslado o transcurrido el plazo de 20 días, el Juez o Tribunal dictará auto, en el plazo de diez días, en el que resolverá la cuestión planteada (109.3).

BIBLIOGRAFÍA BÁSICA: GONZÁLEZ PÉREZ, J., *Comentarios a la Ley de la Jurisdicción Contencioso-Administrativa (Ley 29/1998, de 13 de julio),* Thomson-Civitas, 2013; PALOMAR OLMEDA, A. (Dir.), *Tratado de la Jurisdicción Contencioso-Administrativa, Tomo II, Recursos, Ejecución de Sentencias y Disposiciones Comunes,* Thomson Reuters, 2012; SANTAMARÍA PASTOR, J. A., *La Ley Reguladora de la Jurisdicción Contencioso-Administrativa,* Iustel, 2010.

BIBLIOGRAFÍA COMPLEMENTARIA: DE MIGUEL PAJUELO, F., "La ejecución de las sentencias", en *Tratado de la Jurisdicción Contencioso-Administrativa. Tomo II. Palomar Olmedo, A (Dir.),* Thomson Reuters Aranzadi, 2012, pp. 795-838; GÓMEZ-FERRER RINCÓN, R., *La imposibilidad de ejecución de sentencias en el proceso contencioso-administrativo*, Thomson-Civitas, 2008; MARTÍN DELGADO, I., *Función jurisdiccional y ejecución de sentencias en lo contencioso-administrativo: hacia un sistema de ejecución objetivo normalizado,* Marcial Pons, Madrid, 2005.; MORILLO-VELARDE PÉREZ, J. I., "La ejecución de sentencias en el proceso contencioso administrativo: (Regulación en la Ley 29/1998, de 13 de julio), en *Revista del Poder Judicial,* nº 55, 1999, pp. 325-350.; REGUERO IBÁÑEZ, J. L., "Ejecución de sentencias en la Ley de la Jurisdicción contencioso-administrativa", en *Cuadernos de derecho local,* nº 8, 2005, pp. 33-49; RUIZ RISUEÑO, F., *El proceso contencioso-administrativo. Ley 29/1998, de 13 de julio, Reguladora de la Jurisdicción Contencioso-Administrativa,* Colex, 2012, pp. 291-347.

LECCIÓN 10

PROCEDIMIENTOS ESPECIALES

JESÚS ÁNGEL FUENTETAJA PASTOR

SUMARIO:

I. LOS PROCEDIMIENTOS ESPECIALES EN LA JURISDICCIÓN CONTENCIOSO-ADMINISTRATIVA

Bajo la rúbrica «procedimientos especiales», la Ley de la Jurisdicción contencioso-administrativa, en su Título V, ubica una serie de procesos heterogéneos por su objeto y por su finalidad, que van desde la protección de los derechos fundamentales de la persona a la garantía de la unidad de mercado, pasando por la cuestión de ilegalidad o por los casos de suspensión administrativa previa de acuerdos.

II. PROCEDIMIENTO PARA LA PROTECCIÓN DE LOS DERECHOS FUNDAMENTALES DE LA PERSONA

El procedimiento especial para la protección de los derechos fundamentales de la persona viene informado por su fundamento y finalidad constitucional, que lo caracterizan por sus notas de preferencia y sumariedad en la tramitación.

Además de la regulación general de este procedimiento, se recogen previsiones singulares para el derecho de reunión y para las autorizaciones judiciales que precisa la Administración a efectos de la protección de la propiedad intelectual.

1. El proceso para la protección de los derechos fundamentales de la persona

1.1. *Fundamento y finalidad*

El mandato constitucional del artículo 53.2 de la Constitución para permitir que cualquier ciudadano pueda recabar la tutela de las libertades y derechos reconocidos en los artículos 14 a 29 ante los Tribunales ordinarios, mediante un procedimiento basado en los principios de preferencia y sumariedad, encuentra su cumplimiento, en el ámbito jurisdiccional contencioso-administrativo, en el procedimiento especial para la protección de los derechos fundamentales de la persona, regulado en los artículos 114 a 122 bis de la LJ.

1.2. *Características*

1.2.1. *Especialidad*

El procedimiento para la protección de los derechos fundamentales de las persona constituye un procedimiento especial respecto al procedimiento contencioso-administrativo ordinario, especialidad que se manifiesta principalmente en previsiones singulares no solo de su tramitación sino también de su objeto.

No obstante, el procedimiento especial para la protección de los derechos fundamentales no excluye el procedimiento ordinario contencioso-administrativo para articular la tutela de aquellos derechos fundamentales, pudiendo incluso darse el caso de simultaneidad de ambos, pues su utilización queda a la libre elección del recurrente.

1.2.2. *Preferencia*

A todos los efectos, la LJ establece que la tramitación del procedimiento para la protección de los derechos fundamentales "tendrá carácter preferente" (artículo 114.3). Esto implica una prioridad interna del órgano jurisdiccional a la hora de tramitar estos procedimientos respecto a los que se sustancian conforme al procedimiento ordinario, con independencia, por tanto, de las fechas de interposición de los recursos y del orden administrativo asignado a los asuntos.

1.2.3. *Sumariedad*

El carácter sumario del procedimiento se manifiesta en la doble acepción de este término: urgencia o celeridad, de una parte, y limitación o reducción, de otra.

A) La sumariedad en cuanto que urgencia o celeridad de la tramitación del procedimiento es tenida muy en cuenta por la Ley (de hecho la Exposición de Motivos habla en realidad de procedimiento "preferente y urgente").

   a) De entrada, con unas previsiones de plazos mucho más cortos que respecto al procedimiento ordinario. Baste como ejemplo el plazo de interposición del recurso, que se cifra en diez días (art. 115.1 LJ), frente a los dos o seis meses, según los casos, del procedimiento ordinario.

   b) Para el cómputo de los plazos del recurso y de la tramitación del procedimiento, la Ley no sólo habilita *ex lege* el mes de agosto (art. 128.2 LJ) sino que permite que, por decisión judicial, se haga lo mismo con los días inhábiles (art. 128.3 LJ).

   c) Para acelerar la tramitación del procedimiento, la Ley elimina trámites (como el de vista y conclusiones) y permite su sustanciación incluso a falta de expediente administrativo.

B) La sumariedad del procedimiento, en cuanto que limitación o reducción, viene a significar que las pretensiones que se pueden hacer valer en el mismo deben tener "como finalidad la de restablecer o preservar los derechos o libertades por razón de los cuales el recurso hubiere sido formulado" (artículo 114.2 LJ). Es decir, el control de la actuación de la Administración se realiza contrastando exclusivamente su adecuación a los derechos y libertades fundamentales para cuya preservación se estableció este procedimiento especial. Lo cual, entre otras consecuencias, limita los motivos que se pueden alegar en el recurso, al tiempo que reduce los efectos de la cosa juzgada.

2. Objeto

El objeto del proceso viene condicionado por los derechos fundamentales para cuya protección se encuentra finalizado. De entrada, la actividad impugnable es cualquier actuación de las Administraciones Públicas que lesione un derecho fundamental, sin que se prevean especialidades respecto a las pretensiones que se pueden hacer valer. Serán, por tanto, las generales que ampara la Ley de la Jurisdicción contencioso-administrativa: declaración de no conformidad a Derecho de la actuación administrativa; anulación del acto o disposición; reconocimiento y restablecimiento de la situación jurídica reclamada; declaración de cese de la vía de hecho, etc.

Lo definitorio del objeto, por tanto, son los motivos que se esgrimen para fundamentar las pretensiones y que, como hemos visto, deben tener como "finalidad la de restablecer o preservar los derechos o libertades por razón de los cuales el recurso hubiere sido formulado" (artículo 114.2 LJ). Derechos y libertades que se concretan en los artículos 14 a 29 de la Constitución.

Lo que no se puede invocar en este proceso para fundamentar las pretensiones, en cambio, es lo que se ha dado en llamar «cuestiones de legalidad ordinaria», cuyo tratamiento la jurisprudencia remitió desde un primer momento al procedimiento ordinario. Sin embargo, la distinción entre legalidad ordinaria y derechos fundamentales en ocasiones no es fácil de dilucidar, pues no en vano muchos derechos que son el objeto propio de este proceso especial han sido desarrollados por leyes. De hecho, la propia Ley de la Jurisdicción contencioso-administrativa, en su Exposición de Motivos, pretendió haber relativizado la dicotomía legalidad ordinaria-derechos fundamentales:

> "La más relevante novedad es el tratamiento del objeto del recurso y, por tanto, de la sentencia de acuerdo con el fundamento común de los procesos contencioso-administrativos, esto es, contemplando la lesión de los derechos susceptibles de amparo desde la perspectiva de la conformidad de la actuación administrativa con el ordenamiento jurídico. La Ley pretende superar, por tanto, la rígida distinción entre legalidad ordinaria y derechos fundamentales, por entender que la protección del derecho fundamental o libertad pública no será factible, en muchos casos, si no se tiene en cuenta el desarrollo legal de los mismos".

Ahora bien, la ampliación de ámbito efectuada por la Ley Jurisdiccional permite matizar la doctrina anterior, pero no autoriza a prescindir totalmente de ella. Su finalidad no es otra que evitar que se restrinja en exceso el ámbito del objeto procesal, excluyendo aquellos casos en los que el control sobre la vulneración de los derechos fundamentales exige analizar previamente la legalidad ordinaria. Pero no puede entenderse como un reconocimiento de la posibilidad de extender aquel hasta aquellos supuestos en los que las alegaciones se funden exclusivamente en problemas de legalidad ordinaria aunque remotamente se invoque la vulneración de un derecho fundamental. Ello supondría desnaturalizar el sentido y alcance de esta específica vía procesal, caracterizada por la brevedad de los plazos y por la tramitación preferente (STS 6 de noviembre de 2013).

Por tanto, siendo la finalidad del proceso determinar si la actuación administrativa ha vulnerado de alguna manera un derecho fundamental, ello no impide a los Jueces y Tribunales, en el marco de este proceso, llevar a cabo análisis complementarios de la legalidad ordinaria en tanto en cuanto aquellos derechos suelen ser de configuración legal y permitir así dilucidar si se han producido vulneraciones del derecho fundamental en cuestión. Así, no basta invocar el artículo 23.2 de la Constitución, relativo al derecho de acceso en condiciones de igualdad a la función pública, para recurrir un nombramiento de un funcionario porque se ha producido alguna irregularidad formal en el procedimiento de selección.

3. Iniciación del procedimiento

3.1. *Vía administrativa previa*

Una de las características más destacadas de la Ley 62/1978, de 26 de diciembre, de Protección Jurisdiccional de los Derechos Fundamentales de la Persona –primera en dar desarrollo al mandato constitucional de establecer un proceso judicial especial para la protección de los derechos fundamentales– fue la explícita eliminación del requisito del agotamiento de la vía administrativa previa: "Para la interposición de estos recursos no será necesaria la reposición ni la utilización de cualquier otro recurso previo administrativo". Ahora la LJ de 1998 no es tan directa, pero hay que entender que se mantiene esta previsión pues solo hace mención a la interposición potestativa del recurso administrativo (artículo 115.1).

3.2. Plazo

El plazo para interponer el recurso será de diez días, cuyo cómputo varía según los casos:

- En el caso de actos administrativos, desde el día siguiente al de su notificación.
- En el caso de disposiciones generales, desde el día siguiente al de su publicación.
- En el caso de vía de hecho, desde el día siguiente al del requerimiento para su cese o, de no haberse formulado tal requerimiento, transcurridos veinte días desde el inicio de la actuación administrativa en vía de hecho.
- En el caso de silencio administrativo, desde el día siguiente al del transcurso del plazo fijado para su resolución.
- En el caso de inactividad administrativa, transcurridos veinte días desde la reclamación
- En el caso de haberse interpuesto potestativamente un recurso administrativo, transcurridos veinte días desde la presentación del recurso.

3.3. *Escrito de interposición*

El escrito de interposición trasciende su mero anuncio, pues en él se expresará ya con precisión y claridad el derecho o derechos cuya tutela se pretende y, de manera concisa, los argumentos sustanciales que den fundamento al recurso, los cuales serán desarrollados más adelante en el escrito de demanda.

4. Tramitación del procedimiento

4.1. *El expediente administrativo*

4.1.1. *Requerimiento y remisión*

Presentado el recurso, a más tardar al día siguiente el Letrado de la Administración de Justicia requerirá con carácter urgente al órgano administrativo correspondiente para que en el plazo máximo de cinco días a contar desde la recepción del requerimiento remita el expediente acompañado de los informes y datos que estime procedentes. Al remitir el expediente, la Administración podrá solicitar razonadamente la inadmisión del recurso.

En cualquier caso, la falta de envío del expediente administrativo dentro del plazo previsto no suspenderá el curso de los autos.

4.1.2. *Interesados*

La actuación de la Administración no se limita a remitir el expediente, sino que el órgano administrativo deberá comunicarlo a todos los que aparezcan como interesados en el mismo, acompañando copia del escrito de interposición y emplazándoles para que puedan comparecer como demandados ante el Juzgado o Sala en el plazo de cinco días. El Letrado de la Administración de Justicia les pondrá de manifiesto el expediente durante cuarenta y ocho horas, para que presenten alegaciones y, en su caso y de forma razonada, soliciten la inadmisión del recurso.

4.2. *Admisión*

Particular importancia presenta el trámite de admisión del recurso, donde tanto el Letrado de la Administración de Justicia como el Tribunal deben velar por la adecuación del proceso especial al objeto del recurso. En caso de no plantearse problemas de admisibilidad, aquel dictará decreto mandando seguir las actuaciones. Pero si el Letrado de la Administración de Justicia considera que no procede la admisión, entonces pasará a conocer del trámite el Tribunal. Convocadas las partes y el Ministerio Fiscal a una comparecencia informándoles del motivo de inadmisión, comparecencia que habrá de tener lugar antes de transcurrir cinco días, el órgano jurisdiccional, en el día siguiente, dictará auto mandando proseguir las actuaciones por este trámite o acordando su inadmisión por inadecuación del procedimiento (artículo 117 LJ).

Como se señalaba, el trámite de admisión presenta una particular importancia pues a través del mismo se debe evitar de entrada una indebida o fraudulenta utilización del procedimiento especial para la protección jurisdiccional de los derechos fundamentales (STS 19 septiembre 2011). De ahí se derivan exigencias formales para el recurrente (contenido del escrito de interposición) y funcionales para el órgano jurisdiccional (alcance del control de admisión).

Tal y como ha señalado la jurisprudencia (STS 15 de octubre de 2010), "ya en el escrito de interposición del recurso contencioso-administrativo, y a los efectos de una primera constatación de la viabilidad del cauce procesal especial utilizado, se han de definir los elementos que permitan comprobar que la pretensión procesal es ejercitada en relación a actos que se considera infringen el derecho fundamental cuya tutela se postula a través del proceso. Y esa exigencia formal habrá de considerarse cumplida cuando la fundamentación de la pretensión incluya estos elementos: la indicación del derecho fundamental (de uno o varios) cuya tutela se reclama; la identificación del acto que se considere causante de la infracción de aquel derecho; y, aunque sea mínimamente, una exposición de las razones y circunstancias por las que se entiende que el concreto acto que se impugna tiene virtualidad para lesionar de manera directa uno o varios derechos fundamentales.

Por lo que hace a este último elemento, debe añadirse que habrá de considerarse que concurre debidamente cuando el escrito de interposición incluya lo siguiente:

- Una interpretación sobre el alcance de los concretos derechos fundamentales invocados que, en principio, no resulte claramente desacertada o abiertamente contraria a la doctrina jurisprudencial existente sobre ellos.
- Una descripción fáctica sobre las concretas circunstancias y datos de hecho que la parte recurrente haya tomado en consideración para considerar que se ha producido individualmente para ella la violación de esos singulares derechos fundamentales cuya protección reclama.

Y debe señalarse, por último, que el examen que a estos efectos ha de realizar el tribunal habrá de limitarse a constatar si la fundamentación de la pretensión incluye esos elementos que antes han sido apuntados, pero no deberá prejuzgar su corrección jurídica ni su certeza, salvo cuando la interpretación jurídica avanzada en el escrito de interposición sea abiertamente contraria a lo que sea ya una línea jurisprudencial consolidada o, también, cuando los hechos aducidos sean absurdos o claramente inverosímiles".

4.3. *Demanda y desarrollo del proceso*

Decidida la admisión y ya con acceso al expediente, el recurrente dispondrá de ocho días improrrogables para formalizar la demanda y acompañar los documentos (artículo 118 LJ).

A continuación, se dará traslado de la demanda al Ministerio Fiscal y a las partes demandadas para que, a la vista del expediente, presenten sus alegaciones en el plazo común e improrrogable de ocho días y acompañen los documentos que estimen oportunos (artículo 119 LJ). Posteriormente, el órgano jurisdiccional decidirá en el siguiente día sobre el recibimiento a prueba, período que no será en ningún caso superior a veinte días comunes para su proposición y práctica (artículo 120 LJ).

5. Terminación del proceso

Por último, el órgano jurisdiccional dictará sentencia en el plazo de cinco días.

La sentencia estimará el recurso cuando la disposición, la actuación o el acto incurran en cualquier infracción del ordenamiento jurídico, incluso la desviación de poder, pero solo si como consecuencia de la misma vulneran un derecho de los susceptibles de amparo (artículo 121 LJ).

Finalmente, la LJ prevé que contra las sentencias de los Juzgados de lo Contencioso-administrativo procederá siempre la apelación en un solo efecto.

6. Procedimiento para la protección del derecho de reunión

La Ley Orgánica 9/1983, de 15 de julio, reguladora del derecho de reunión, somete a comunicación previa a la autoridad gubernativa la celebración de reuniones en lugares de tránsito público y de manifestaciones. Dicha autoridad, en caso de considerar que existen razones fundadas de que puedan producirse alteraciones del orden público, con peligro para personas o bienes, podrá bien prohibir la reunión o manifestación, bien proponer la modificación de la fecha, lugar, duración o itinerario de la reunión o manifestación.

Contra tales decisiones, los promotores de la reunión o manifestación podrán recurrir dentro de las cuarenta y ocho horas siguientes a la notificación de la prohibición o modificación. Interpuesto el recurso, la reclamación del expediente no corre por cuenta del Letrado de la Administración de Justicia sino de los propios recurrentes, los cuales darán traslado de la copia debidamente registrada del escrito del recurso a la autoridad gubernativa, con el objeto de que esta remita inmediatamente el expediente al órgano jurisdiccional competente.

A continuación, el Letrado de la Administración de Justicia, en el plazo improrrogable de cuatro días y poniendo de manifiesto el expediente si se hubiera recibido, convocará al representante legal de la Administración, al Ministerio Fiscal y a los recurrentes o a la persona que estos designen como representante a una audiencia en la que el Tribunal, de manera contradictoria, oirá a todos los personados y adoptará una decisión, no susceptible de recurso, que únicamente podrá mantener o revocar la prohibición o las modificaciones propuestas.

7. Procedimiento para la obtención por la Administración de autorización judicial en el marco de la Sociedad de la Información

La Ley 34/2002, de 11 de julio, de Servicios de la Sociedad de la Información y del Comercio Electrónico exige la intervención judicial para determinadas actuaciones administrativas.

A) Las posibles restricciones a la prestación de servicios de la sociedad de la información cuando, por ejemplo, atenten contra el orden público, la salud pública o de las personas, la dignidad de las personas, el principio de no discriminación, la protección de la juventud o de la infancia y la salvaguarda de los derechos de propiedad, se ven sometidas a una intervención judicial con el objeto de proteger los derechos a la intimidad personal y familiar, a la protección de los datos personales, a la libertad de expresión o a la libertad de información, cuando estos pudieran resultar afectados. Explícitamente se señala que en todos los casos en los que la Constitución y las leyes reguladoras de los respectivos derechos y libertades así lo prevean de forma excluyente, solo la autoridad judicial competente podrá adoptar las restricciones a la prestación de servicios de la sociedad de la información, en tanto garante del derecho a la libertad de expresión, del derecho de producción y creación literaria, artística, científica y técnica, la libertad de cátedra y el derecho de información.

A tal fin, los órganos administrativos competentes para la adopción de tales medidas, con el objeto de identificar al responsable del servicio de la sociedad de la información que está realizando la conducta presuntamente vulneradora, podrán requerir a los prestadores de servicios de la sociedad de la información la cesión de los datos que permitan tal identificación a fin de que pueda comparecer en el procedimiento. Tal requerimiento exigirá la previa autorización judicial, la cual se tramitará conforme al proceso especial y singular regulado en el artículo 122 bis de la LJ. Una vez obtenida la autorización, los prestadores estarán obligados a facilitar los datos necesarios para llevar a cabo la identificación.

El procedimiento para obtener la mencionada autorización judicial se iniciará con la solicitud de los órganos competentes en la que se expondrán las razones que justifican la petición, acompañada de los documentos que sean procedentes a estos efectos. El Juzgado, en el plazo de 24 horas siguientes a la petición y, previa audiencia del Ministerio Fiscal, dictará resolución autorizando la solicitud efectuada siempre que no resulten afectados el derecho al honor, a la intimidad personal y familiar y a la propia imagen, así como el secreto de las comunicaciones.

B) El segundo supuesto que prevé la Ley 34/2002 de intervención judicial a través del proceso especial regulado por la Ley de la Jurisdicción Contencioso-administrativa hace referencia a la ejecución de las medidas para que se interrumpa la prestación de servicios de la sociedad de la información o para que se retiren contenidos que vulneren la propiedad intelectual, adoptadas por la Sección Segunda de la Comisión de Propiedad Intelectual.

El artículo 158 del Real Decreto Legislativo 1/1996, de 12 de abril, por el que se aprueba el texto refundido de la Ley de Propiedad Intelectual, crea en el Ministerio de Cultura la Comisión de Propiedad Intelectual, como órgano colegiado de ámbito nacional, para el ejercicio de las funciones de mediación y arbitraje, y de salvaguarda de los derechos de propiedad intelectual que le atribuye la presente Ley. Dicha salvaguarda se atribuye explícitamente a su Sección Segunda que, bajo la presidencia del Subsecretario del Ministerio de Cultura, se compondrá de un vocal del Ministerio de Cultura, un vocal del Ministerio de Industria, Turismo y Comercio, un vocal del Ministerio de Economía y Hacienda y un vocal del Ministerio de la Presidencia. La Sección ejerce su función al amparo de la Ley de Servicios de sociedad de la información pero es la Ley de Propiedad intelectual la que le atribuye importantes potestades, cuya ejecutoriedad, no obstante, se somete en última instancia a la intervención de la Jurisdicción contencioso-administrativa.

En efecto, la Sección podrá adoptar las medidas para que se interrumpa la prestación de un servicio de la sociedad de la información que vulnere derechos de propiedad intelectual o para retirar los contenidos que vulneren los citados derechos siempre que el prestador, directa o indirectamente, actúe con ánimo de lucro o haya causado o sea susceptible de causar un daño patrimonial. Antes de proceder a la adopción de estas medidas, el prestador de servicios de la sociedad de la información deberá ser requerido a fin de que en un plazo no superior a las 48 horas pueda proceder a la retirada voluntaria de los contenidos declarados infractores o, en su caso, realice las alegaciones y proponga las pruebas que estime oportunas sobre la autorización de uso o la aplicabilidad de un límite al derecho de Propiedad Intelectual. Transcurrido el plazo anterior, en su caso, se practicará prueba en dos días y se dará traslado a los interesados para conclusiones en plazo máximo de cinco días. La Comisión en el plazo máximo de tres días dictará resolución. La retirada voluntaria de los contenidos pondrá fin al procedimiento. Pero la ejecución de la medida adoptada por la Sección Segunda de la Comisión, ante el incumplimiento del requerimiento, exigirá de la previa autorización judicial, de acuerdo con el procedimiento regulado en el apartado segundo del artículo 122 bis de la Ley reguladora de la Jurisdicción Contencioso-Administrativa.

Acordada la medida por la Comisión, solicitará del Juzgado competente la autorización para su ejecución, referida a la posible afectación a los derechos y libertades garantizados en el artículo 20 de la Constitución (libertad de prensa). En el plazo improrrogable de dos días siguientes a la recepción de la notificación de la resolución de la Comisión y poniendo de manifiesto el expediente, el Juzgado convocará al representante legal de la Administración, al Ministerio Fiscal y a los titulares de los derechos y libertades afectados o a la persona que estos designen como representante a una audiencia, en la que, de manera contradictoria, el Juzgado oirá a todos los personados y resolverá en el plazo improrrogable de dos días mediante auto. La decisión que se adopte únicamente podrá autorizar o denegar la ejecución de la medida.

III. CUESTIÓN DE ILEGALIDAD

La cuestión de ilegalidad fue introducida por la Ley de la Jurisdicción contencioso-administrativa para evitar las situaciones de desigualdad e inseguridad jurídica derivadas del carácter difuso del control indirecto de Reglamentos, lo que trató de lograrse –como señala expresamente su Exposición de Motivos- mediante la solución de "unificar la decisión judicial sobre la legalidad de las disposiciones generales en un solo órgano, el que en cada caso es competente para conocer del recurso directo contra ellas, dotando siempre a esa decisión de efectos «*erga omnes*». De ahí que, cuando sea ese mismo órgano el que conoce de un recurso indirecto, la Ley disponga que declarará la validez o nulidad de la disposición general. Para cuando el órgano competente en un recurso de este tipo sea otro distinto del que pueda conocer del recurso directo contra la disposición de que se trate, la Ley introduce la cuestión de ilegalidad".

El artículo 27.1 de la LJ regula los aspectos sustantivos de la cuestión de ilegalidad: "*Cuando un Juez o Tribunal de lo Contencioso-administrativo hubiere dictado sentencia firme estimatoria por considerar ilegal el contenido de la disposición general aplicada, deberá plantear la cuestión de ilegalidad ante el Tribunal competente para conocer del recurso directo contra la disposición*". Sin embargo, la regulación establece dos excepciones cuando, primero, dicho Juez o Tribunal sería también competente para conocer del recurso directo (apartado 2 del art. 27) y, segundo, cuando aquella sentencia firme fue dictada por el Tribunal Supremo (apartado 3 del art. 27).

En efecto, conforme al sistema establecido por el artículo 27 de la LJ, cuando un Juez o Tribunal, en un recurso indirecto, dicte sentencia estimatoria, por considerar ilegal el contenido de la disposición general aplicada que ampara el acto impugnado, y siempre que aquella sea firme, dicho Juez o Tribunal tiene la obligación de plantear la cuestión de ilegalidad, ante el Tribunal competente para conocer del recurso directo contra aquella. Ahora bien, "lo anteriormente indicado tiene aplicación en los casos de dualidad competencial, es decir, cuando el Juez o Tribunal de que habla el apartado 1 no sea competente para conocer del recurso directo, lo que se pone de relieve con la previsión "salvo lo dispuesto en los dos apartados siguientes", en los cuales se recoge la regla de que sí existe identidad competencial –apartado 2 del artículo 27– y, en todo caso, cuando intervenga el Tribunal Supremo –apartado 3–, el recurso indirecto es el procedimiento adecuado para hacer una declaración de carácter general sobre la legalidad de la norma reglamentaria" (STS de 20 de septiembre de 2007).

Los aspectos procedimentales de la cuestión de ilegalidad están regulados por la Ley de la Jurisdicción Contencioso-Administrativa en el Título dedicado a los procedimientos especiales (artículos 123-126 LJ), aunque completa su régimen jurídico con una remisión a determinadas normas aplicables a los recursos directos contra disposiciones generales (artículo 126.2 LJ).

En realidad, la regulación sustantiva se erige en presupuesto procesal de la cuestión de ilegalidad, pues esta solo se puede suscitar en los casos en que mediante sentencia firme se haya estimado un recurso contencioso administrativo porque la disposición general aplicada era ilegal. No basta, por tanto, que en el recurso contencioso administrativo se haya cuestionado la legalidad de la norma reglamentaria o disposición de carácter general aplicada en el acto administrativo que se impugnaba, como uno de los motivos de nulidad del acto administrativo impugnado, sino que es inexcusable que esa invalidez de la norma de cobertura sea la *ratio decidendi* de la sentencia y constituya la causa que arrastre y determine la nulidad del acto (STS de 11 de octubre de 2013).

Otro requisito procesal necesario es el de que la cuestión de ilegalidad se plantee sobre disposiciones generales, no sobre actos administrativos (por ejemplo, en el caso de las relaciones de puestos de trabajo que, conforme a la STS de 5 de febrero de 2014, ya no son consideradas en ningún caso disposiciones generales con carácter universal, aunque alguna sentencia, en el marco precisamente de una cuestión de ilegalidad, ya inadmitió esta por versar sobre una relación de puestos de trabajo: STS de 10 de julio de 2013).

1. Planteamiento y objeto de la cuestión

Según el régimen jurídico allí establecido, el Juez o Tribunal planteará, mediante auto, la cuestión de ilegalidad dentro de los cinco días siguientes a que conste en las actuaciones la firmeza de la sentencia. La cuestión no es, por tanto, un derecho de las partes en el proceso originario sino un deber de oficio del Juez o Tribunal que consideró ilegal una disposición general al aplicarla al caso en cuestión (STS de 25 de septiembre de 2012).

En lo que respecta al plazo de cinco días de que dispone el Juez o Tribunal para plantear la cuestión, la jurisprudencia ha debido aclarar tanto el momento exacto de cómputo del mismo como las consecuencias de un planteamiento extemporáneo por el Juez o Tribunal:

- En primer lugar, el plazo de cinco días de que dispone el Juez o Tribunal para plantear la cuestión empieza a correr, no desde el momento en que se dictó la sentencia firme o en que se produce la firmeza por el transcurso del plazo sin recurrir o que, habiendo preparado el recurso haya sido después declarado desierto por no sostenerse el recurso de casación, sino desde que se hace constar en autos la firmeza de la sentencia estimatoria del recurso indirecto (STS de 18 de enero de 2006).
- En segundo lugar, la falta de observancia de dicho plazo, en su caso, podrá dar lugar a responsabilidad disciplinaria en el Magistrado o Juez que lo haya dejado vencer por falta de la diligencia exigible, pero, en ningún caso, puede considerarse una circunstancia que afecte a la validez de la resolución judicial que plantea la cuestión de ilegalidad una vez transcurrido el plazo ni puede condicionar su admisibilidad por el Tribunal competente para fallarla. No estamos ante un plazo preclusivo para el interés de las partes en el proceso sino ante un plazo indicativo del deber que pesa sobre el Juez o Tribunal de promover la cuestión de ilegalidad en los casos legalmente previstos y que no desaparece por el hecho de que se hayan sobrepasado esos cinco días de plazo (STS de 5 de noviembre de 2012).

La cuestión de ilegalidad habrá de ceñirse exclusivamente a aquel o aquellos preceptos reglamentarios cuya declaración de ilegalidad haya servido de base para la estimación de la demanda. No obstante, el Tribunal podrá ampliar el objeto de la cuestión si entendiere necesario extender el enjuiciamiento a otros preceptos de la misma disposición por razones de conexión o consecuencia con los preceptos recurridos (artículo 33.3 en relación con el 126.2 LJ).

2. Admisión

Contra el auto de planteamiento no se dará recurso alguno. No obstante, podrá el Tribunal rechazar, en trámite de admisión, mediante auto y sin necesidad de audiencia de las partes, la cuestión de ilegalidad cuando faltaren las condiciones procesales (artículo 125.2 LJ).

La ausencia de las "condiciones procesales", a que se refiere el artículo 125.2, que impide que la cuestión de ilegalidad rebase el trámite de admisión, comprende todas las que formal o materialmente condicionan el correcto planteamiento de la misma, incluso aquellas cuya concurrencia es necesaria para que pueda dictarse una sentencia de fondo, estimatoria o desestimatoria de la cuestión planteada (STS de 25 de abril de 2013). Por otra parte, esta misma sentencia señala, a mayor abundamiento, que no parece que deba superar el trámite de admisión una cuestión de ilegalidad cuando con anterioridad se ha procedido a la desestimación de un recurso directo contra la disposición general cuestionada.

3. Partes en el procedimiento

El auto de planteamiento emplazará a las partes para que, en el plazo de quince días, puedan comparecer y formular alegaciones ante el Tribunal competente para fallar la cuestión. Transcurrido este plazo, no se admitirá la personación.

Planteada la cuestión, el Letrado de la Administración de Justicia remitirá urgentemente, junto con la certificación del auto de planteamiento, copia testimoniada de los autos principales y del expediente administrativo. Acordará igualmente la publicación del auto de planteamiento de la cuestión en el mismo periódico oficial en que lo hubiera sido la disposición cuestionada.

Terminado el plazo de personación y alegaciones, el Letrado de la Administración de Justicia declarará concluso el procedimiento. Hay que tener en cuenta que, al tener como objeto le legalidad de una disposición general, el procedimiento se sustancia con un carácter preferente que solo cede al de protección de los derechos fundamentales (artículo 66 en relación con el 126.2 de la LJ), aunque también señala la Ley, con carácter especial, que cuando la cuestión de ilegalidad sea de especial trascendencia para el desarrollo de otros procedimientos, será objeto de tramitación y resolución preferente (artículo 126.4 LJ).

4. Sentencia

La sentencia se dictará en los diez días siguientes a la declaración por el Letrado de la Administración de Justicia de la conclusión del procedimiento, si bien dicho plazo quedará interrumpido si el Tribunal acordara reclamar el expediente de elaboración de la disposición cuestionada o practicar alguna prueba de oficio, en cuyo caso se volverá a oír a las partes.

La sentencia estimará o desestimará parcial o totalmente la cuestión, salvo que faltare algún requisito procesal insubsanable, caso en que la declarará inadmisible. Evidentemente, en caso de estimación, lo que no podrá el órgano jurisdiccional en su sentencia es determinar la forma en que habrán de quedar redactados los preceptos considerados ilegales de la disposición general (artículo 71.2 en relación con el 126.2 LJ).

La anulación de la disposición general producirá efectos para todas las personas afectadas. La sentencia firme que anule la disposición general tendrá efectos generales desde el día en que sea publicado su fallo y preceptos anulados en el mismo boletín oficial en que lo hubiera sido la disposición anulada (artículo 72.2 en relación con el 126.2 LJ), aunque en también se publicarán también las sentencias firmes que desestimen la cuestión de ilegalidad (artículo 126.2, párrafo segundo, de la LJ).

Por remisión a la regulación general de las sentencias en el orden jurisdiccional contencioso-administrativo (artículo 73 en relación con el 126.2 LJ), las sentencias firmes que anulen un precepto de una disposición general no afectarán por sí mismas a la eficacia de las sentencias o actos administrativos firmes que lo hayan aplicado antes de que la anulación alcanzara efectos generales, salvo en el caso de que la anulación del precepto supusiera la exclusión o la reducción de las sanciones aún no ejecutadas completamente. En todo caso, el artículo 126.5 de la LJ advierte que la sentencia que resuelva la cuestión de ilegalidad no afectará a la situación jurídica concreta derivada de la sentencia dictada por el Juez o Tribunal que planteó aquella.

Tal y como señala la STS de 4 de julio de 2006, "el sentido de esta norma se explica fácilmente si se toma en consideración que la cuestión de ilegalidad no es un mecanismo para la revisión de sentencias, ni tiene por objeto la resolución de un litigio concreto, sino que, análogamente a lo que sucede con el recurso de casación en interés de la Ley regulado en los artículos 100 y 101 LJCA, el procedimiento de la cuestión de ilegalidad tiene como único objetivo la depuración del ordenamiento jurídico y supone la habilitación de un cauce para que el órgano jurisdiccional que tiene la competencia para ello pueda eliminar del ordenamiento aquellas disposiciones reglamentarias que resulten contrarias a derecho, pero sin afectar a las situaciones jurídicas individualizadas reconocidas en la sentencia recaída en el proceso en el que suscitó la procedencia de plantear la cuestión".

IV. PROCEDIMIENTO EN LOS CASOS DE SUSPENSIÓN ADMINISTRATIVA PREVIA DE ACUERDOS

La potestad de suspender los actos administrativos en vía administrativa se regula con carácter general en la Ley 39/2015 del Procedimiento Administrativo Común, en el marco de los procedimientos de revisión de oficio o de recurso. Sin embargo, el Ordenamiento ha previsto casos excepcionales para que, por la gravedad de la ilegalidad del acto, la Administración pueda suspender la eficacia de tales actos administrativos, pero con la condición inexcusable de tener que acudir inmediatamente a los Jueces y Tribunales de la Jurisdicción contencioso-administrativa para que controle si efectivamente el acto en cuestión adolece de los graves vicios que justifican su suspensión por la Administración fuera de los procedimientos normales.

En estos casos, es la Legislación sustantiva o sectorial la que establece no solo la potestad excepcional de suspender los actos administrativos en cuestión sino también las circunstancias o condiciones que deben concurrir para que la Administración pueda hacer uso de tal potestad excepcional. Posteriormente, la Ley de la Jurisdicción contencioso-administrativa (artículo 127) regula la tramitación, en sede judicial, del procedimiento especial que se debe sustanciar ante ella.

1. Supuestos

La Ley de la Jurisdicción contencioso-administrativa no recoge los supuestos de suspensión administrativa previa de acuerdos que son tramitados conforme al artículo 127, pues, como hemos señalado, tales supuestos vienen establecidos por la Legislación sustantiva. Al respecto, podemos distinguir dos casos:

a) Aquellos casos en que la Ley atribuye a una Administración la potestad para suspender los actos de otra Administración. En un Estado caracterizado por la autonomía de sus distintos niveles territoriales, se entiende que tales supuestos sean excepcionales.

> El más claro es el establecido en el artículo 67 de la Ley 7/1985, Reguladora de las Bases del Régimen Local: "*Si una Entidad local adoptara actos o acuerdos que atenten gravemente al interés general de España, el Delegado del Gobierno, previo requerimiento para su anulación al Presidente de la Corporación efectuado dentro de los diez días siguientes al de la recepción de aquellos, podrá suspenderlos y adoptar las medidas pertinentes para la protección de dicho interés. El plazo concedido al Presidente de la Corporación en el requerimiento de anulación no podrá ser superior a cinco días. El del ejercicio de la facultad de suspensión será de diez días, contados a partir del siguiente al de la finalización del plazo del requerimiento o al de la respuesta del Presidente de la Corporación, si fuese anterior. Acordada la suspensión de un acto o acuerdo, el Delegado del Gobierno deberá impugnarlo en el plazo de diez días desde la suspensión ante la Jurisdicción Contencioso-administrativa*".

b) Pero también es posible que la Ley atribuya la potestad excepcional de suspensión a la misma Administración autora del acto. No se trata de suspensiones acordadas conforme a los procedimientos ordinarios regulados en la Ley 39/2015 (en sede de recurso o de revisión de oficio), sino conforme a un procedimiento y unas condiciones completamente singulares previstas en la Ley. Esta posibilidad es relativamente frecuente en la Legislación de disciplina urbanística, donde se atribuye a las Entidades locales la potestad de suspender licencias que ellas mismas habían otorgado, cuando posteriormente consideren que tales licencias infringen de forma grave y manifiesta la normativa urbanística, sin tener que acudir en tales casos a los procedimientos de lesividad o de revisión, que se demorarían en el tiempo.

Pero el objeto del procedimiento no es la suspensión (es decir, el acto de suspensión) sino el acto o acuerdo suspendido, si bien aquella es presupuesto procesal del procedimiento y determina la legitimación activa: quien suspende el acto, debe impugnarlo ante la Jurisdicción contencioso-administrativa no mediante el recurso y procedimiento ordinarios sino siguiente el régimen particular del procedimiento especial recogido en el artículo 127 de la LJ.

2. Iniciación del procedimiento

Según el artículo 127.2 LJ, "*En el plazo de los diez días siguientes a la fecha en que se hubiera dictado el acto de suspensión o en el que la Ley establezca, deberá interponerse el recurso contencioso-administrativo mediante escrito fun-*

dado, o darse traslado directo del acuerdo suspendido al órgano jurisdiccional, según proceda, acompañando en todo caso copia del citado acto de suspensión".

La Ley distingue dos modalidades de iniciación, sin identificar los supuestos en que se debe utilizar cada una de ellas:

- Interposición del recurso contencioso-administrativo mediante escrito fundado.
- Traslado directo del acuerdo suspendido al órgano jurisdiccional.

En ambos casos, ya sea el escrito de interposición, ya el acto de traslado del acuerdo suspendido, es preciso acompañar también copia del acto de suspensión. Y en cuanto al plazo, ambos deberán presentarse "*en el plazo de los diez días siguientes a la fecha en que se hubiera dictado el acto de suspensión*".

3. Desarrollo del procedimiento

La tramitación del procedimiento se caracteriza por la celeridad de las actuaciones, evidente por los cortos y perentorios plazos previstos (normalmente diez días). La Administración autora del acto suspendido no solo deberá remitir el expediente administrativo sino también notificar a los interesados en el mantenimiento o anulación del acto la existencia del procedimiento, a efectos de su posible comparecencia. Tras las alegaciones de la Administración y de los eventuales comparecientes, pudiendo sustituir el Tribunal la vista oral por la realización escrita de aquellas, el órgano jurisdiccional dictará sentencia.

4. Terminación del procedimiento

Celebrada la vista o deducidas las alegaciones, el órgano jurisdiccional dictará sentencia "*por la que se anule o confirme el acto o acuerdo objeto del recurso, disponiendo lo que proceda en cuanto a la suspensión*" (artículo 127.6). Del tenor literal queda claro que el objeto del recurso era el acto suspendido, pues la sentencia declarará bien su anulación, bien desestimará el recurso y confirmará su legalidad.

El inciso final ("*disponiendo lo que proceda en cuanto a la suspensión*") hace referencia al desencadenante del procedimiento (la suspensión del acto) pero sin aclarar las consecuencias del mismo sobre el acto de suspensión y que no pueden ser otras que las que se deriven de la propia suerte que corra el acto objeto del procedimiento: si este es anulado, la suspensión deviene innecesaria pues la sentencia ya priva de efectos al acto; si, en cambio, la sentencia desestima el recurso y considera legal el acto, la suspensión será levantada, pues no concurrirían los presupuestos materiales que la Ley establecía para que excepcionalmente la Administración suspendiera el acto a través de la potestad excepcional que aquella le otorgaba.

V. PROCEDIMIENTO PARA LA GARANTÍA DE LA UNIDAD DE MERCADO

La disposición final primera de la Ley 20/2013, de 9 de diciembre, de garantía de la unidad de mercado, ha introducido un Capítulo IV en el Título V de la Ley de la Jurisdicción Contencioso-Administrativa, regulando un nuevo procedimiento especial: el procedimiento para la garantía de la unidad de mercado. Se trata de un instrumento procesal al servicio de la unidad de mercado perseguida por aquella Ley y que se suma a la regulación sustantiva que la misma lleva a cabo, así como a otros mecanismos administrativos que también prevé, como la reclamación administrativa que pueden presentar los operadores económicos ante el Consejo de la Unidad de Mercado o la Comisión Nacional de los Mercados y la Competencia.

1. Partes

Es precisamente este organismo el que, a través de la mencionada reclamación o de oficio, está por Ley legitimado para interponer el recurso contencioso-administrativo conforme a este procedimiento especial para la garantía de la unidad de mercado, cuando considere que una disposición, acto, actuación, inactividad o vía de hecho procedente de cualquier Administración pública sea contraria a la libertad de establecimiento o de circulación en los términos previstos en la Ley 19/2013, de Garantía de la Unidad de Mercado.

Cualquier operador económico que tuviere interés directo en la anulación del acto, actuación o disposición impugnada y no la hubiera recurrido de forma independiente podrá solicitar su intervención, como parte recurrente. Este interviniente será considerado parte en el proceso a todos los efectos y podrá defender las pretensiones formuladas o las que el propio interviniente formule, si tuviere oportunidad procesal para ello. Así, podrá utilizar los recursos que procedan contra las resoluciones que estime perjudiciales para su interés, aunque las consienta la Comisión Nacional de los Mercados y la Competencia o las demás partes personadas.

2. Plazo

El plazo para interponer el recurso contencioso-administrativo para la garantía de la unidad de mercado será de dos meses, plazo que se computará conforme a lo previsto en las normas generales según la actividad administrativa objeto de recurso (acto, norma, inactividad, vía de hecho). Solo se especifica que cuando el recurso se interponga a solicitud de un operador económico el plazo de dos meses se computará desde la presentación de la solicitud ante la Comisión Nacional de los Mercados y la Competencia (artículo 127 bis).

3. Tramitación y medidas cautelares

La tramitación del procedimiento se considera preferente y se pretende que sea lo más rápida posible, no solo por la brevedad de los plazos (por ejemplo, cinco días para que el órgano administrativo remita el expediente; diez días para formalizar la demanda; diez días para que las partes contesten a la demanda) sino también por la importante previsión de que la falta de envío del expediente administrativo en plazo no suspende el curso de los autos.

Destaca el singular régimen de las medidas cautelares (artículo 127 quáter), que la Comisión Nacional de los Mercados y la Competencia podrá solicitar en su escrito de interposición: ya sea la suspensión de la disposición, acto o resolución impugnados, ya cualquier otra medida cautelar que asegure la efectividad de la sentencia. Y es que, solicitada la suspensión de la disposición, acto o resolución impugnados, la misma se producirá de forma automática, una vez admitido el recurso y sin exigencia de afianzamiento de los posibles perjuicios de cualquiera naturaleza que pudieran derivarse. A la Administración cuya actuación se haya recurrido solo le queda solicitar el levantamiento de la suspensión en el plazo de tres meses desde su adopción, siempre que acredite que de su mantenimiento pudiera seguirse una perturbación grave de los intereses generales o de tercero que el tribunal ponderará en forma circunstanciada.

4. Sentencia

Finalizadas las actuaciones, el órgano jurisdiccional dictará sentencia en el plazo de cinco días. La sentencia estimará el recurso cuando la disposición, la actuación o el acto incurrieran en cualquier infracción del ordenamiento jurídico que afecte a la libertad de establecimiento o de circulación, incluida la desviación de poder. La sentencia que estime el recurso implicará la corrección de la conducta infractora, así como el resarcimiento de los daños y perjuicios, incluido el lucro cesante, que dicha conducta haya causado.

La celeridad del procedimiento deviene casi apresuramiento cuando se trate de asuntos en los que no quepa ulterior recurso, pues aquí el órgano jurisdiccional podrá convocar a las partes a una comparecencia con la finalidad de dictar su sentencia de viva voz, exponiendo verbalmente los razonamientos en que sustente su decisión, resolviendo sobre los motivos que fundamenten el recurso y la oposición y pronunciando su fallo. Ni siquiera la no comparecencia de todas o alguna de las partes impedirá el dictado de la sentencia de viva voz. En estos casos se procederá a la grabación de la comparecencia y el Letrado de la Administración de Justicia expedirá certificación que recoja todos los pronunciamientos del fallo, con expresa indicación de su firmeza y de la actuación administrativa a que se refiera. Dicha certificación será expedida en el plazo máximo de cinco días notificándose a las partes y se registrará e incorporará al Libro de Sentencias del órgano judicial. El soporte videográfico de la comparecencia quedará unido al procedimiento.

Por último, destaca la previsión de que se aplique a las sentencias dictadas en el seno de este procedimiento la solicitud de extensión de efectos por quienes se encuentren en idéntica situación y lo soliciten en el plazo de un año desde que se dictó aquella.

VI. PROCEDIMIENTO PARA LA DECLARACIÓN JUDICIAL DE EXTINCIÓN DE PARTIDOS POLÍTICOS.

La Ley Orgánica 3/2015 ha introducido en la Ley Orgánica 6/2002, de 27 de junio, de partidos políticos, la posibilidad de declarar judicialmente la extinción de un partido político que se considera inactivo por encontrarse en alguna de las siguientes situaciones:

a) No haber adaptado sus estatutos a las leyes que resulten de aplicación en los plazos que éstas prevean en cada caso.

b) No haber convocado el órgano competente para la renovación de los órganos de gobierno y representación transcurrido el doble del plazo previsto en la Ley de Partidos (es decir, 8 años sin renovación).

c) No haber presentado sus cuentas anuales durante 3 ejercicios consecutivos o cuatro alternos, sin perjuicio de las responsabilidades que pudieran derivarse de la falta de presentación de las cuentas.

La declaración judicial correspondiente se hará a instancias del Registro de Partidos, ubicado en el Ministerio del Interior. Dicho Registro deberá, con carácter previo, apercibir al partido político que incurra en alguna de las situaciones descritas para que, en el plazo de 6 meses, proceda a justificar bien que ha realizado la adaptación de sus estatutos a la ley, bien que ha renovado sus órganos de gobierno y representación, bien que ha presentado las cuentas anuales de todos los ejercicios que tenga pendientes, o en su caso, todo lo anterior.

Obsérvese que una cosa son estos supuestos de extinción y otra las causas de disolución de partidos por realizar las actividades ilegales previstas también la Ley de Partidos (incurrir en supuestos tipificados como asociación ilícita en el Código Penal; vulnerar de forma continuada, reiterada y grave la exigencia de una estructura interna y un funcionamiento democráticos; vulnerar de forma reiterada y grave los principios democráticos o perseguir el deterioro o destrucción del régimen de libertades o imposibilitar o eliminar el sistema democrático, mediante conductas que apoyan o fomentan el terrorismo).

La disposición final 2.2 de la Ley Orgánica 3/2015 ha introducido en la Ley de la Jurisdicción contencioso-administrativa un procedimiento especial para articular procesalmente este supuesto de declaración judicial de extinción de partidos políticos y que tan sólo presenta las siguientes especialidades:

a) Especificación en la demanda de la causa que fundamenta la petición de declaración judicial de extinción.

b) El plazo de dos meses para la presentación de la demanda se contará a partir del día siguiente al vencimiento del plazo de apercibimiento hecho por el Registro de Partidos para que el partido afectado explique si se da la situación que ampararía la extinción.

c) Cuando la sentencia declare la extinción del partido, será notificada al Registro de Partidos, para que éste proceda a la cancelación de la inscripción, pues la extinción sólo surtirá efectos desde la anotación de la declaración judicial.

d) Intervención del Ministerio Fiscal como parte en el proceso.

BIBLIOGRAFÍA BÁSICA: GONZÁLEZ PÉREZ, J., *Comentarios a la Ley de la Jurisdicción Contencioso-Administrativa (Ley 29/1998, de 13 de julio)*, 7ª ed., Civitas/Thomson Reuters, 2013; SANTAMARÍA PASTOR, J. A., *La Ley Reguladora de la Jurisdicción Contencioso-Administrativa. Comentario*, Iustel, 2010; PALOMAR OLMEDA, A., (Dir.), *Tratado de la Jurisdicción Contencioso-Administrativa. Tomo I. Parte General. Los Procedimientos Contencioso-Administrativos* (Dir. A. Palomar Olmeda), 2ª ed., Thomson Reuters Aranzadi, 2012.

BIBLIOGRAFÍA COMPLEMENTARIA: BUENO ARMIJO, A.: "·El procedimiento especial para la protección de los derechos fundamentales de la persona" en *Estudio de la Ley de la Jurisdicción Contencioso-Administrativa* (Dir. A. Ezquerra y J. Oliván), Tirant lo Blanch, 2004, pp. 583-647; CARLÓN, M., *La cuestión de ilegalidad en el contencioso-administrativo contra reglamentos*, Civitas, Madrid 2005; PASCUA MATEO, F.: "El procedimiento para la protección de los derechos fundamentales. Evolución y disfunciones bajo la Ley 29/1998" en *RAP*, nº 185, mayo-agosto 2011, pp. 113-162; SANTAMARÍA PASTOR, J. A.: "El contencioso de la unidad de mercado" en *El nuevo marco jurídico de la unidad de mercado* (Dir. M.J. Alonso Mas), La Ley, 2014, pp. 935-980.

LECCIÓN 11

LAS MEDIDAS CAUTELARES EN EL PROCESO CONTENCIOSO-ADMINISTRATIVO

MARIANO BACIGALUPO SAGGESE

SUMARIO:

I. INTRODUCCIÓN: LA CONSTRUCCIÓN DE UN SISTEMA PLURAL DE ACCIONES PROCESALES CAPAZ DE PROPORCIONAR UNA TUTELA JUDICIAL EFECTIVA FRENTE A CUALESQUIERA COMPORTAMIENTOS ILÍCITOS DE LA ADMINISTRACIÓN, Y LA CORRELATIVA AMPLIACIÓN DEL ÁMBITO DE LA TUTELA CAUTELAR EN EL CONTENCIOSO ADMINISTRATIVO

La LJCA regula las medidas cautelares en el Capítulo II de su último Título (el VI), concretamente en sus artículos 129 a 136. Tal y como ya explicamos en la introducción al capítulo relativo al objeto del recurso contencioso-administrativo, la superación de una concepción meramente revisora de la jurisdicción contencioso-administrativa no obliga solo a diversificar el sistema de acciones procesales o modalidades del recurso contencioso-administrativo atendiendo a la variedad de las pretensiones ejercitables en el proceso principal; tal superación obliga también, en paralelo, a diversificar las pretensiones ejercitables en sede cautelar. Como señala la Exposición de Motivos (apartado VI.5) de la LJCA, "teniendo en cuenta (...) la mayor amplitud que hoy tiene el objeto del recurso contencioso-administrativo, la suspensión de la disposición o acto recurrido no puede constituir ya la única medida cautelar posible". Y es que del mismo modo que las sentencias anulatorias no proporcionan una tutela judicial efectiva cuando el recurso contencioso-administrativo se dirige contra actos denegatorios, la inactividad administrativa o actuaciones materiales limitadoras de derechos de los particulares (en los dos últimos supuestos ni siquiera resultan viables, pues no hay acto alguno susceptible de ser anulado), tampoco proporciona una tutela cautelar eficaz en estos casos la tradicional medida cautelar (¡negativa!) prevista en nuestro ordenamiento: la suspensión de la ejecución del acto o disposición objeto del recurso. En efecto, así como en los supuestos antes aludidos se obtiene, en su caso, la tutela judicial efectiva a través de sentencias condenatorias (de hacer o no hacer), la forma de obtener en ellos una tutela cautelar eficaz pasa también, irremediablemente, por la adopción de medidas cautelares distintas de la suspensión del acto impugnado (esto es, medidas de contenido positivo), ya sean innovativas o anticipatorias (si el recurso se dirige contra actos denegatorios o una omisión administrativa), ya sean conservativas (si el recurso se dirige contra meras actuaciones materiales limitadoras de derechos de los particulares).

Pues bien, la LJCA ha avanzado decididamente en el diseño no solo de un nuevo sistema plural de acciones procesales, capaz de proporcionar una tutela judicial efectiva frente a cualesquiera comportamientos ilícitos –formales o materiales, singulares o normativos, activos u omisivos– de la Administración, sino también en el de un sistema de tutela cautelar adecuado a aquel, esto es, que no se agota en una lista tasada de medidas cautelares posibles, sino que acoge el principio de *numerus apertus* o, lo que es lo mismo, de admisibilidad genérica de "cuantas medidas aseguren la efectividad de la sentencia" (artículo 129.1). En este sentido, la Ley prevé cuatro acciones o modalidades diferentes de recurso (y, correlativamente, "la posibilidad de adoptar cualquier medida cautelar, incluso las de carácter positivo"[35]), que cubren todo el espectro de la actividad e inactividad administrativas, a saber: en primer lugar, el tradicional recurso contra actos administrativos, ya sean estos expresos o presuntos (artículos 25.1 y 31); en segundo lugar, el que, de manera directa o indirecta, versa sobre la legalidad de una disposición de rango inferior a la ley (artículos 25.1, 26, 27 y 31); en tercer lugar, el recurso contra la inactividad administrativa (artículos 25.2 29 y 32.1); y, en cuarto y último lugar, el que se interpone contra actuaciones materiales constitutivas de vía de hecho, esto es, actuaciones materiales que, careciendo de la necesaria cobertura jurídica, limitan o menoscaban derechos o intereses legítimos de los ciudadanos (artículos 25.2, 30 y 32.2).

Veamos, así pues, qué tipo de pretensión (o de pretensiones) cabe ejercitar en cada una de estas modalidades del recurso contencioso-administrativo y cuál sería, en consecuencia, el contenido de una sentencia estimatoria. Así sabremos también –dada la relación de instrumentalidad y homogeneidad existente entre la medida cautelar, por un lado, y la pretensión y la sentencia de fondo, por otro (artículo 129.1: "Los interesados podrán solicitar en cualquier estado del proceso la adopción de cuantas medidas aseguren la efectividad de la sentencia")– qué pretensiones pueden deducirse (según cuál sea la acción ejercitada en el proceso principal) en vía cautelar y, en definitiva, cuál sería en cada caso el contenido posible de las medidas a adoptar en dicha sede.

II. CONTENIDO POSIBLE Y CRITERIOS PARA LA ADOPCIÓN DE LAS MEDIDAS CAUTELARES EN LOS RECURSOS CONTRA ACTOS ADMINISTRATIVOS

1. Contenido posible de las medidas cautelares

Como habrá ocasión de comprobar de inmediato, las medidas cautelares en los recursos contra actos administrativos tienen distinto contenido (suspensivo, en unos casos, y positivo, en otros) según que el acto impugnado sea un acto de gravamen dictado en un procedimiento iniciado de oficio o un acto denegatorio (dictado en un procedimiento iniciado a solicitud de persona interesada). Y es que

[35] Exposición de Motivos de la LJCA (apartado VI.5).

mientras en el primer supuesto el recurrente se limita a ejercitar una pretensión anulatoria, en el segundo pretende, además de la anulación del acto denegatorio, que se condene a la Administración demandada a llevar a cabo la actuación requerida. De ahí que el art. 130.1 de la LJCA, relativo a la tutela cautelar en los recursos contra actos administrativos y disposiciones generales, no limite dicha tutela –a diferencia del art. 122 de la antigua LJCA de 1956– a la suspensión de la ejecución del acto o disposición objeto del recurso; por el contrario, el citado precepto habla genéricamente de la "medida cautelar" que proceda, sin prejuzgar cuál sea en cada caso su contenido, suspensivo o positivo ("Previa valoración circunstanciada de todos los intereses en conflicto, la medida cautelar podrá acordarse únicamente cuando la ejecución del acto o la aplicación de la disposición pudieran hacer perder su finalidad legítima al recurso"). De este modo, se admite que también en los recursos contra actos administrativos cabe adoptar –en particular, como veremos más adelante, cuando el recurso se dirige contra un acto denegatorio– medidas cautelares positivas (y no solo suspensivas).

1.1. *Contenido posible de las medidas cautelares en los recursos contra actos de gravamen dictados en procedimientos iniciados de oficio*

1.1.1. *Pretensión de fondo y contenido de una eventual sentencia estimatoria [artículos 31.1 y 71.1.a)]*

Cuando el recurso se dirige contra un acto de gravamen dictado en un procedimiento iniciado de oficio, el recurrente ejercita la pretensión prevista en el artículo 31.1. Según el precepto citado, "el demandante podrá pretender la declaración de no ser conformes a Derecho y, en su caso, la anulación de los actos y disposiciones susceptibles de impugnación (...)". Consecuentemente, si la sentencia estimase el recurso "declarará no ser conforme a Derecho y, en su caso, anulará total o parcialmente... (el) acto recurrido (...)" [artículo 71.1.*a)*].

Como se deduce de la alusión a la extensión posible de la anulación (total o parcial), esta solo alcanza, en principio, hasta donde llegue la disconformidad a Derecho del acto impugnado; es decir, este solo será anulado en la medida de su ilegalidad, si bien, como es obvio, solo procederá una anulación parcial del acto impugnado cuando este pueda subsistir, legal y razonablemente, sin la parte del mismo que ha resultado anulada (por ejemplo, reducción del *quantum* de una sanción pecuniaria en atención al principio de proporcionalidad). En caso contrario, procederá indefectiblemente la anulación total del acto impugnado, aunque no todo él sea disconforme a Derecho. Lo mismo cabe decir de la anulación de un acto discrecional parcialmente contrario a Derecho, salvo que conste que la Administración lo habría dictado igualmente con el contenido minorado, resultante de una anulación parcial. Si no existiese tal constancia, una anulación parcial del acto podría implicar la determinación por el juez contencioso-administrativo del contenido discrecional del mismo, algo que, como veremos, la Ley prohíbe expresamente en su art. 71.2.

1.1.2. *La medida cautelar suspensiva en los recursos contra actos de gravamen dictados en procedimientos iniciados de oficio*

Dado que la acción ejercitada en el proceso principal es en estos casos estrictamente anulatoria, la medida cautelar no puede ser sino suspensiva de la eficacia del acto impugnado. Como es sabido, es esta la vía (tradicional) a través de la cual se dispensa tutela cautelar cuando el recurrente ejercita una pretensión anulatoria.

Por cierto que también aquí solo procederá una suspensión parcial del acto impugnado cuando este pueda subsistir, legal y razonablemente, sin la parte del mismo cuya suspensión se pretende. Asimismo, solo podrá pretenderse la suspensión parcial (y no total) de un acto discrecional cuando conste que la Administración lo habría dictado igualmente con el contenido minorado, resultante de la suspensión parcial. De otro modo, tal suspensión podría implicar la determinación por el juez cautelar del contenido discrecional del acto impugnado.

12. *Contenido posible de las medidas cautelares en los recursos contra actos denegatorios*

1.2.1. *Pretensión de fondo y contenido de una eventual sentencia estimatoria [artículos 31 y 71.1.b) y c)]*

Como ya ha sido apuntado, cuando el recurso se dirige contra un acto denegatorio (expreso o presunto), el recurrente pretende, además de la anulación del mismo (art. 31.1) y siempre que la actuación requerida tenga carácter reglado (*vid.* art. 71.2 *in fine*)[36], que se condene a la Administración demandada a llevarla a cabo. Tal pretensión halla cobertura en el artículo 31.2, según el cual el demandante "también podrá pretender el reconocimiento de una situación jurídica individualizada y la adopción de las medidas adecuadas para el pleno restablecimiento de la misma (...)". Pues bien, la condena a la Administración demandada a llevar a cabo la actuación que esta denegó lesionando derechos o intereses legítimos del recurrente constituye la medida adecuada para el pleno restablecimiento de estos últimos. La sentencia estimatoria consistirá, entonces, en el reconocimiento de dicha situación jurídica y en la adopción de cuantas medidas sean necesarias para el pleno restablecimiento de la misma [artículo 71.1.*b)*]. Como se acaba de señalar, la medida necesaria a tal efecto no es otra que la condena a llevar a cabo la actuación a cuya realización la Administración demandada viene obligada. Así lo prevé expresamente el artículo 71.1.*c)*: "Si la medida consistiera en la emisión de un acto o en la práctica de una actuación jurídicamente obli-

[36] Si la actuación denegada (en forma contraria a Derecho) es discrecional y la potestad de llevarla a cabo no se halla en el caso concreto reducida a una potestad reglada ("reducida a cero" o, lo que es lo mismo, a una única solución posible, consistente precisamente en que la actuación se realice), la sentencia estimatoria del recurso solo podrá ser, en lo esencial, anulatoria del acto denegatorio.

gatoria, la sentencia podrá establecer plazo para que se cumpla el fallo" (fallo condenatorio, se entiende).

Si la actuación (expresa o presuntamente) denegada consiste en la emisión de un acto favorable (reglado), la sentencia estimatoria del recurso condenará a su adopción, pudiendo fijar al efecto un plazo determinado [artículo 71.1.*c)*]. La previsión, contenida en el citado apartado *c)* del artículo 71.1, de que "la emisión de un acto" puede ser una medida necesaria para el pleno restablecimiento de una situación jurídica individualizada (pudiendo, en consecuencia, integrar el contenido del correspondiente fallo condenatorio), es la prueba inequívoca de que cuando el recurso se dirige contra la denegación de un acto favorable (reglado) el demandante puede pretender, además de la anulación de esta, la condena a que se dicte el acto requerido o solicitado.

Si, por el contrario, la actuación denegada consiste en una prestación material (debida) o en la ejecución de un acto firme, la modalidad de recurso procedente no es el recurso contra actos, sino el recurso contra la inactividad a que se refiere el art. 29 de la LJCA. Ciertamente, cabría pensar que, habiendo denegado la Administración expresamente la actuación requerida, no nos hallamos en este caso ante un genuino supuesto de inactividad. Sin embargo, no debemos olvidar que la denegación expresa solo elimina la inactividad formal, pero no así la inactividad material, que permanece cuando la actuación denegada (injustificadamente) es, precisamente, de carácter material. En este sentido, la Exposición de Motivos de la Ley (apartado V *in fine*) recalca que, si bien el recurso contra la inactividad exige la previa reclamación en sede administrativa, "eso no convierte a estos recursos en procesos contra la desestimación, en su caso por silencio, de tales reclamaciones (...). Ni, como se ha dicho, estas nuevas acciones se atienen al tradicional carácter revisor del recurso contencioso-administrativo, ni puede considerarse que la falta de estimación, total o parcial, de la reclamación o el requerimiento constituyan auténticos actos administrativos, expresos o presuntos. Lo que se persigue es sencillamente dar a la Administración la oportunidad de resolver el conflicto y de evitar la intervención judicial. En caso contrario –concluye la Exposición de Motivos–, lo que se impugna sin más trámites es, directamente, la inactividad (...) correspondiente (...)".

Por el contrario, si la actuación (expresa o presuntamente) denegada consiste en que la Administración adopte una disposición de carácter general (por ejemplo, el reglamento de ejecución de una ley que requiere desarrollo reglamentario), la modalidad de recurso procedente no puede ser sino el recurso contra actos (como es obvio, el recurso –directo o indirecto– contra reglamentos solo sirve para impugnarlos, no para forzar a la Administración a ejercer su potestad normativa; por otro lado, la inactividad reglamentaria no puede ser objeto del recurso contra la inactividad administrativa a que se refiere el art. 29 de la Ley, que solo alcanza a la omisión de actuaciones materiales y a la inejecución de actos firmes[37]). Pudiéndose tratar tan solo, pues, de un recurso dirigido contra un acto denegatorio, el recurrente pretenderá, además de la anulación del mismo

---

[37] Como precisa la Exposición de Motivos de la LJCA en su apartado V, el recurso contra la inactividad "se dirige a obtener de la Administración, mediante la correspondiente sentencia de condena, una prestación material debida o la adopción de un acto expreso en procedimientos iniciados de oficio, allí donde no juega el mecanismo del silencio administrativo".

(art. 31.1), que, previo el reconocimiento de la situación jurídica individualizada por él invocada, se condene a la Administración demandada a ejercer su potestad reglamentaria, en tanto que medida necesaria para restablecerla (artículo 31.2). Ahora bien, ni que decir tiene que difícilmente podrá prosperar tal pretensión, siendo la potestad reglamentaria una potestad discrecional, no solo por lo que al *quomodo* –el cómo–, sino también por lo que al *an* de su ejercicio (si se ejerce o no) se refiere (la situación acaso sea distinta cuando la ley establece un plazo para dictar el reglamento). En este sentido, el artículo 71, además de recordar en su apartado segundo que "los órganos jurisdiccionales no podrán determinar la forma en que han de quedar redactados los preceptos de una disposición general" (lo impide la discrecionalidad en cuanto a cómo haya de ejercerse la potestad reglamentaria), no prevé entre los contenidos posibles de los fallos condenatorios la adopción de una disposición general. En efecto, el artículo 71.1.*c)* solo hace referencia a "la emisión de un acto" y a "la práctica de una actuación jurídicamente obligatoria" como contenidos posibles de las sentencias condenatorias. Ciertamente, cabría pensar que cuando la ley establece un plazo para dictar el reglamento, su adopción constituye una "actuación jurídicamente obligatoria". Sin embargo, todo hace pensar que con la citada fórmula solo se alude a actuaciones *materiales* jurídicamente obligatorias (de hecho, parece evidente que es esta la fórmula con la que la Ley Jurisdiccional pretende precisar el contenido de las sentencias estimatorias de recursos contra la inactividad administrativa, cuyo objeto –cabe insistir– no es la inactividad reglamentaria). Téngase en cuenta, por lo demás, que, de no ser así (es decir, de no interpretarse dicha fórmula en el sentido –estricto– recién apuntado), no haría falta distinguir como un supuesto diferente aquel relativo a "la emisión de un acto", puesto que también la emisión de un acto reglado constituye, *lato sensu*, una actuación jurídicamente obligatoria. Así pues, no cabe interpretar, a nuestro modo de ver, que el artículo 71.1.*c)* de la Ley Jurisdiccional contempla la hipótesis de que la condena a ejercer la potestad reglamentaria (o, lo que es lo mismo, a adoptar una disposición de carácter general) sea un contenido posible de las sentencias condenatorias.

1.2.2. *Alcance y límites de las medidas cautelares positivas en los recursos contra actos denegatorios: ¿es posible anticipar en vía cautelar el contenido de una eventual sentencia estimatoria? ¿Cabe la adopción de medidas cautelares anticipatorias frente a la denegación de actuaciones discrecionales?*

Dado que en los recursos contra actos denegatorios el recurrente no se limita a ejercitar una acción anulatoria (como se dijo, el demandante pretende, además de la anulación del acto negativo, que se condene a la Administración demandada a llevar a cabo la actuación requerida), la tutela cautelar ha de ser en estos casos positiva (y no meramente suspensiva). Téngase en cuenta que la mera suspensión del acto denegatorio no conseguiría, en cualquier caso, proporcionar la protección cautelar que en estos supuestos suele requerirse, a saber: la condena provisional a la Administración demandada a realizar la conducta solicitada, en tanto se sustancia el proceso principal. En los recursos contra actos denegatorios es esta la única medida cautelar capaz de asegurar la efectividad de una eventual sentencia condenatoria (art. 129.1: "Los interesados podrán solicitar (...) la adopción de *cuantas medidas aseguren la efectividad de la sentencia*").

Ahora bien, ¿cuál es el contenido posible de tales medidas? Concretamente, ¿puede consistir la medida positiva en que se condene cautelarmente a la Administración demandada a llevar a cabo –aunque, eso sí, con carácter estrictamente provisional (esto es, a reserva de lo que en definitiva pueda resolver la sentencia de fondo)– la actividad (emanación de un acto administrativo, realización de una prestación material a favor del recurrente, etc.) que le fue denegada a este? Más aún, ¿es ello incluso posible cuando la actuación requerida o solicitada revista carácter discrecional? ¿Se opone a ello el principio que prohíbe anticipar la sentencia de fondo en el incidente de medidas cautelares?

Como es sabido, esta regla impide, con carácter general, que se pueda condenar provisionalmente a la Administración, en tanto se sustancia el proceso principal, a llevar a cabo la actividad cuya denegación dio lugar al litigio de fondo. Ello rige especialmente, se afirma, cuando la naturaleza del acto administrativo cuya adopción se reclama mediante el recurso principal no permite o se opone a su otorgamiento con carácter provisional. Así ocurre cuando en el proceso de fondo se ventila la pretensión de que se condene a la Administración a dictar una licencia de edificación, dado que su otorgamiento provisional conduciría indefectiblemente a que, mientras se sustancia el proceso principal, acabase consumada la edificación cuya legalidad se discute, precisamente, en el juicio de fondo. Excepcionalmente, se admite, sin embargo, la posibilidad de condenar provisionalmente a la adopción del acto administrativo objeto de la pretensión de condena ejercitada por el recurrente en el proceso principal –sin que ello suponga una anticipación de su resultado, en principio prohibida–, cuando la naturaleza de dicho acto permite o, al menos, no se opone a su otorgamiento provisional, como sucedería siempre que el acto solicitado pudiera ser otorgado bajo condición resolutoria o reserva de revocación, salvo naturalmente que incluso un otorgamiento provisional revestido de tales cautelas no pueda impedir que en el ínterin se consuma o agote irreversiblemente la actividad autorizada cuya adecuación o no a la legalidad se ventila justamente en el proceso principal, como ocurriría en el caso ya aludido de una licencia de edificación.

No obstante, se admiten excepciones a la regla que prohíbe anticipar a través de una medida cautelar positiva el resultado del proceso principal cuando las mismas vienen exigidas por el derecho fundamental a una tutela judicial efectiva (art. 24 CE). Este derecho fundamental justifica que se anticipe en vía cautelar el resultado del proceso principal siempre que el mismo pierda necesariamente su objeto, por el transcurso del tiempo, antes de que pueda recaer en el mismo una resolución definitiva, es decir, en todos aquellos casos en que la resolución de fondo llegaría necesariamente tarde o, lo que es lo mismo, en los que, en realidad, no cabe otra tutela judicial que la cautelar, por ser la de fondo necesariamente ineficaz.

Pues bien, en los artículos 129 y siguientes de la Ley Jurisdiccional poco se dice acerca de cuál sea el contenido posible de las medidas cautelares positivas. En efecto, el artículo 129.1 se limita a autorizar la adopción de "cuantas medidas aseguren la efectividad de la sentencia". En esta línea –que, al menos *a priori*, se antoja resueltamente aperturista–, la Ley no impide expresamente que el recurrente pueda pretender en sede cautelar la obtención de derechos o facultades cuyo otorgamiento hubiere sido denegado por el acto impugnado. La única indicación más precisa la hallamos en la Exposición de Motivos de la Ley (apartado VI.5), donde se afirma que "no existen (...) especiales restricciones" para la adopción de medidas cautelares positivas, correspondiendo al Juez o Tribunal "determinar las que, según las circunstancias, fuesen necesarias". La Ley atribuye, así pues, un amplio margen de apreciación al juez en cuanto a la determinación del contenido de las medidas cautelares que en cada caso proceda adoptar.

Pero dicho margen de apreciación tiene límites. Es importante notar que la Ley no contiene una prohibición expresa y genérica de que mediante medidas cautelares positivas pueda anticiparse el contenido de una eventual sentencia estimatoria. Ahora bien, ello no significa que este principio no rija en absoluto, dado que se trata de una regla inherente a la propia esencia de unas medidas cuya principal característica es, precisamente, su provisionalidad. En efecto, una medida provisional no es tal si sus efectos (anticipatorios de los de una eventual sentencia estimatoria) son irreversibles, esto es, no resultan corregibles en el supuesto de que la sentencia sea finalmente desestimatoria de la pretensión de fondo. No rige, así, en nuestro sistema de tutela cautelar contencioso-administrativa una prohibición general y absoluta de anticipar en vía cautelar el contenido de una eventual sentencia estimatoria, sino solo la prohibición de anticiparlo de *forma irreversible*. De ahí que deban considerarse admisibles las medidas cautelares positivas de carácter anticipatorio (mediante las que se condena al otorgamiento provisional del acto o prestación denegados) cuando la naturaleza del acto o prestación requeridos permita o, al menos, no se oponga a su otorgamiento con carácter estrictamente provisional, como ocurre en general, como se ha señalado anteriormente, cuando el acto cuya adopción se reclama puede ser otorgado bajo condición resolutoria o reserva de revocación y los efectos de su ejecución sean materialmente reversibles. Asimismo, constituye un imperativo constitucional del artículo 24.1 CE la adopción de medidas cautelares anticipatorias, aun cuando sus efectos sean irreversibles, siempre que el proceso principal o de fondo pierda necesariamente su objeto, por el transcurso del tiempo, antes de que pueda recaer en el mismo la sentencia definitiva, es decir, en todos aquellos casos en que, como se dijo, no quepa otra tutela judicial (¡efectiva!) que la cautelar, por ser la de fondo necesariamente tardía y, por ende, ineficaz. Es este, por cierto, el mismo razonamiento en que la Sala de lo Contencioso-Administrativo de Sevilla basó –con el expreso aval del Tribunal Constitucional- el otorgamiento de medidas cautelares positivas (anticipatorias del pronunciamiento sobre el fondo) contra las Órdenes de la Junta de Andalucía fijando los servicios mínimos para la huelga general del 14 de diciembre de 1988, publicadas tan solo seis días antes de la huelga[38].

Finalmente, queda por determinar si cabe adoptar medidas cautelares anticipatorias frente a la denegación de actuaciones discrecionales. Téngase en cuenta que, aun salvado el obstáculo de la prohibición de anticipar irreversiblemente el contenido de una eventual sentencia estimatoria, la relación de instrumentalidad y homogeneidad existente entre la medida cautelar, por un lado, y la pretensión

[38] Según la STC 148/1993, "no se trataba (...) de anticipar el contenido del juicio principal (...), sino de corregir al menos las decisiones que no menoscaban los intereses de la comunidad por constituir una manifiesta extralimitación o abuso en la fijación de los servicios mínimos, *a fin de no impedir de modo innecesario e irreversible el ejercicio del derecho de huelga*".

y la sentencia de fondo, por otro, impide en todo caso que el juez cautelar pueda conceder a través de una medida cautelar positiva algo que el recurrente no podría obtener siquiera mediante un (eventual) fallo estimatorio de su pretensión de fondo. Pues bien, las sentencias estimatorias de recursos contra actos denegatorios de actuaciones discrecionales suelen tener un alcance meramente anulatorio del acto impugnado; como veremos de inmediato, dichas sentencias solo excepcionalmente tienen carácter condenatorio o sustitutorio, es decir, un contenido susceptible de ser asegurado en sede cautelar mediante una medida provisional positiva. En efecto, el art. 71.2 de la Ley Jurisdiccional dispone expresamente, al señalar el alcance y los límites de las sentencias estimatorias de recursos contra actos dictados en el ejercicio de potestades discrecionales (en lo que, por cierto, no constituye sino un recordatorio elemental de la indudable e incuestionada naturaleza de *control en derecho* que tiene la revisión judicial de la actuación administrativa), que los jueces y tribunales "no podrán determinar el contenido discrecional de los actos anulados". Es evidente que si los órganos jurisdiccionales no pueden determinar el contenido discrecional del acto impugnado en la sentencia de fondo, tampoco pueden determinarlo en vía cautelar a través de una medida provisional anticipatoria.

Conviene, no obstante, hacer algunas precisiones en relación con el precepto recién citado. Siempre que se produzca, en virtud de las particulares circunstancias concurrentes en el caso concreto, una "reducción a cero" de la discrecionalidad inicialmente atribuida a la Administración (*Ermessensreduzierung auf Null*, en la terminología de la doctrina alemana, de donde es originaria esta expresión), la potestad se habrá convertido –al haber tan solo una única solución que se ajusta a Derecho en el caso concreto– en una de carácter reglado, con lo que habrá desparecido el "contenido discrecional", en principio insustituible, del acto anulado. En este sentido, la propia Exposición de Motivos de la Ley aclara, en su apartado VI.1 *in fine*, que "esta regla no pretende coartar en absoluto la potestad de los órganos judiciales para extender su control de los actos discrecionales hasta donde lo exija el sometimiento de la Administración al derecho". Pues bien, la "reducción a cero" de la discrecionalidad conlleva siempre, como lógica consecuencia en el plano procesal, la posibilidad –y aun la obligación (desde el punto de vista del mandato constitucional de una tutela judicial efectiva)– de que el juez o tribunal emita un pronunciamiento condenatorio o sustitutorio (y no solo anulatorio), es decir, de que no se limite a anular la decisión recurrida, si esta es distinta de la única conforme a Derecho, sino condene a la Administración a adoptar precisamente esta.

2. Criterios para la adopción de las medidas cautelares en los recursos contra actos administrativos

2.1. *Peligro de frustración de la finalidad del recurso y ponderación de los intereses en conflicto*

La Ley Jurisdiccional regula los criterios para la adopción de las medidas cautelares en los recursos contra actos administrativos (y disposiciones generales) en su artículo 130. En el apartado primero de dicho artículo se establece que "previa valoración circunstanciada de todos los intereses en conflicto, la medida cautelar podrá acordarse únicamente cuando la ejecución del acto o la aplicación de la disposición pudieran hacer perder su finalidad legítima al recurso". En su apartado segundo dispone, a su vez, que "La medida cautelar podrá denegarse cuando de esta pudiera seguirse perturbación grave de los intereses generales o de tercero que el Juez o Tribunal ponderará en forma circunstanciada".

De una primera lectura del art. 130 de la Ley de la Jurisdicción se desprende que son dos los criterios de cuya apreciación conjunta (o acumulativa) depende la adopción de la medida cautelar: por un lado, el peligro o riesgo de frustración de la finalidad legítima del recurso (o, lo que es lo mismo, el peligro de frustración de los efectos de una eventual sentencia estimatoria de la pretensión de fondo) y, por otro, la ponderación de los intereses en conflicto, cuya función primordial parece ser, además de la de modular en su globalidad el juicio sobre la procedencia de adoptar una medida cautelar (art. 130.1), la de impedir que mediante la misma se cause una perturbación grave a los intereses generales o de tercero (art. 130.2).

Según la jurisprudencia de la Sala Tercera del Tribunal Supremo, "*el criterio elegido en dicho artículo para decidir sobre la suspensión cautelar del acto impugnado, es que su ejecución pueda hacer perder su finalidad legítima al recurso, exigencia de aseguramiento del proceso que viene a representar lo que en la doctrina se ha denominado* periculum in mora*; esto es, que de ejecutarse el acto se crearían situaciones jurídicas irreversibles haciendo ineficaz la sentencia que se dicte e imposibilitando el cumplimiento de la misma en sus propios términos, con mera del principio de identidad, en el caso de estimarse el recurso (...). La apreciación de este requisito, según se desprende de lo establecido en el párrafo inicial del citado artículo 130, ha de efectuarse mediante una adecuada ponderación de los intereses en conflicto, de tal forma que cuando la suspensión cautelar sea la única vía para la efectividad de la futura sentencia estimatoria que pueda dictarse, los intereses públicos a considerar en ese juicio de ponderación deberán ser muy relevantes, y la necesidad de la inmediata ejecución del acto recurrido para atender tales intereses deberá constar de manera inequívoca*" (Auto del Pleno de la Sala 3.ª del Tribunal Supremo de 28 de abril de 2006, *caso Gas Natural/Endesa*).

Pues bien, la formulación –en los términos del art. 130 de la LJCA– de los criterios para el otorgamiento de la tutela cautelar en los recursos contra actos administrativos plantea, cuando menos, las siguientes dudas:

En primer lugar, sorprende la inexactitud en la que incurre la Exposición de Motivos de la Ley al afirmar (en su apartado VI.5) que el criterio "común" para la adopción de *cualesquiera* medidas cautelares es el (recién) indicado en su art. 130.1 (esto es, peligro de frustración de la finalidad del recurso y ponderación de los intereses en conflicto). Como veremos con mayor detenimiento más adelante, ello no es cierto, pues la Ley opta por un criterio parcialmente distinto o, al menos, más preciso –a saber: una variante negativa del *fumus boni iuris* (tan negativa, por cierto, que más bien parece tratarse de un *fumus non mali iuris*)–cuando le toca regular los criterios para la adopción de las medidas cautelares en los recursos contra la inactividad y la vía de hecho administrativas (art. 136.1: "En los supuestos de los artículos 29 y 30, *la medida cautelar se adoptará salvo que se aprecie con evidencia que no se dan situaciones previstas en dichos artículos* o la medida ocasione una perturbación grave de los intereses generales o de tercero (...)". Es decir, el otorgamiento de la tutela cautelar no se condiciona en estos casos a la existencia de una "apariencia de buen derecho" (esto es, la apariencia de que el recurrente ostenta, en efecto, un derecho subjetivo a la actividad omitida o el derecho que razonadamente alega lesionado por la actuación material impugnada), sino –tan solo– a que no exista una "evidencia de ausencia de derecho" (o, lo que es lo mismo, a que el recurso no carezca manifiestamente de fundamento). La pregunta que suscita la (parcialmente) diversa regulación de los criterios que deben servir de guía la adopción de las medidas cautelares en los artículos 130.1 y 136.1 de la Ley Jurisdiccional es, así pues, ineludible: ¿qué razón justifica tal asimetría, esto es, que el *fumus boni iuris* (en este caso, incluso, el *fumus non mali iuris*) si sea el criterio decisivo para la adopción de las medidas cautelares en los recursos contra la inactividad y la vía de hecho administrativas y, sin embargo, no lo sea (al menos expresamente) en los recursos contra actos administrativos y disposiciones generales?

En segundo lugar, y si bien se inserta en la tradición de la tutela cautelar en el nuestro Derecho, llama la atención que se configure como condición del otorgamiento de la protección cautelar lo que, más que un (certero o preciso) criterio de decisión en sentido estricto (como lo es, por ejemplo, el *fumus boni iuris*, al que con frecuencia se acude en el Derecho comparado, por ejemplo en la jurisdicción comunitaria o en el contencioso-administrativo alemán), no es sino la finalidad *genérica* de toda medida cautelar: evitar el peligro de frustración de los efectos de una eventual sentencia estimatoria de la pretensión de fondo.

En tercer lugar, resulta llamativo que el peligro de frustración de la finalidad legítima del recurso deba proceder, en todo caso, de "la ejecución del acto o la aplicación de la disposición" objeto de impugnación ("la medida cautelar podrá acordarse únicamente *cuando la ejecución del acto o la aplicación de la disposición pudieran hacer perder su finalidad legítima al recurso*"). Téngase en cuenta que cuando el recurso se dirige contra un acto denegatorio, el peligro de frustración de los efectos de una eventual sentencia estimatoria de la pretensión de fondo no procede, *sensu stricto*, de la ejecución inmediata del acto denegatorio, sino del hecho de que una demora en el otorgamiento del acto o de la prestación requerida por el recurrente puede convertir en inútil una eventual sentencia condenatoria. Ello pone de relieve, una vez más, cómo el legislador, al redactar el precepto que regula los criterios para la adopción de las medidas cautelares en los recursos contra actos administrativos (artículo 130), estaba pensando sobre todo en la suspensión de la ejecución de actos de gravamen (y no en medidas cautelares positivas) como medida cautelar típica en estos casos.

En cuarto lugar, desconcierta el tono taxativo, rotundo y excluyente en que se formula el criterio para la adopción de las medidas cautelares: "(...) la medida cautelar podrá acordarse únicamente cuando la ejecución del acto o la aplicación de la disposición pudieran hacer perder su finalidad legítima al recurso". ¿Cuál es aquí el significado jurídico del adverbio "únicamente"? ¿Significa acaso que lo pretendido por el legislador es excluir categóricamente la toma en consideración de otros criterios, más precisos y específicos (además de habituales, tanto en el

Derecho comparado como en nuestra propia práctica procesal), como lo es, por ejemplo, el ya aludido del *fumus boni iuris*?

Finalmente, resulta discutible la supeditación de la procedencia de la tutela cautelar a la salvaguardia del interés general (si bien es cierto que, según el artículo 130.2 de la LJCA, no basta cualquier perturbación del interés general, sino solo una perturbación *grave* del mismo, para poder excluir la procedencia de una medida cautelar).

En nuestra opinión, la –en cierto modo, pues, desafortunada– formulación de los criterios para la adopción de las medidas cautelares en los recursos contra actos administrativos y disposiciones generales (artículo 130) no impide la toma en consideración del *fumus boni iuris* como un criterio básico, principal o preferente para el otorgamiento de la tutela cautelar –del mismo modo que, como vimos, sucede en los recursos contra la inactividad y la vía de hecho administrativas (art.136.1)–. Al haberse configurado como condición del otorgamiento de la protección cautelar la finalidad genérica de toda medida provisional (evitar el peligro de frustración de los efectos de una eventual sentencia estimatoria), deben considerarse admisibles cualesquiera criterios que sirvan a aquella. Pues bien, ninguno de los dos criterios señalados en el citado artículo 130 de la Ley Jurisdiccional (el recién aludido y la ponderación de los intereses en conflicto) resulta incompatible con aquel. Bien al contrario, es el del *fumus boni iuris* un criterio que, como veremos de inmediato, sirve a la finalidad de evitar la frustración de los efectos de una eventual sentencia estimatoria.

Tampoco el criterio de la ponderación de los intereses en conflicto, al que se refiere el artículo 130 de la Ley Jurisdiccional en sus dos apartados, se opone de raíz al del *fumus boni iuris*. Así lo demuestra el caso alemán. En Alemania, aunque la decisión jurisdiccional de ordenar o restablecer el efecto suspensivo del recurso (téngase en cuenta que en Alemania el recurso impugnatorio de actos administrativos tiene, por regla general, efecto suspensivo automático) es considerada aún hoy mayoritariamente una decisión discrecional del juez cautelar, que este habría de adoptar sobre la base de una ponderación de los intereses en conflicto, el centro de gravedad de la decisión sobre la procedencia o no de otorgar la protección cautelar solicitada –ya sea esta suspensiva o positiva– se ha desplazado hacia un examen anticipado, sumario y provisional, de las perspectivas de éxito del recurso de fondo ("*summarische Prüfung der Erfolgsaussichten des Rechtsbehelfs in der Hauptsache*"). Ello se explica porque del mismo modo que no se puede admitir la existencia de un interés público preponderante en que se mantenga la ejecutividad inmediata de una acto administrativo aparentemente contrario a Derecho, tampoco se puede admitir la existencia de un interés preponderante del recurrente en que se ordene el efecto suspensivo de su recurso cuando este ya a primera vista carece de fundamento, esto es, tenga toda la apariencia de no poder prosperar.

A nuestro juicio, pues, la interpretación más correcta del artículo 130 de la Ley Jurisdiccional es aquella que admite que las perspectivas de éxito de la pretensión de fondo conforman uno de los elementos alrededor del cual debe girar la ponderación de los intereses en conflicto, y ello en la medida –cabe insistir– en que, como se ha dicho, no se puede admitir la existencia de un interés público preponderante en la ejecución inmediata de un acto administrativo que con toda probabilidad se revelará contrario a Derecho, del mismo modo que tampoco puede admitirse la existencia de un interés preponderante del demandante en que se acuerde la suspensión cautelar de la ejecución del acto impugnado cuando su recurso ya a primera vista carezca de fundamento, esto es, tenga toda la apariencia de no poder prosperar (es precisamente en estos casos en que la adopción de la medida cautelar supondría una «perturbación grave de los intereses generales o de tercero», a que se refiere el artículo 130.2 de la Ley). En definitiva, tampoco la ponderación de los intereses en conflicto puede prescindir de un examen provisional y sumario de las perspectivas de éxito de la pretensión de fondo.

La jurisprudencia de la Sala Tercera del Tribunal Supremo mantiene, sin embargo, un criterio más restrictivo en este punto. Según esta, "la doctrina sobre la apariencia de buen derecho puede ser un factor que coadyuve a la adopción de la medida cautelar, pero que, en cualquier caso, su aplicación ha de hacerse con prudencia para no prejuzgar, al resolver el incidente sobre medidas cautelares, la cuestión de fondo" (Auto del Pleno del Tribunal Supremo de 28 de abril de 2006, *caso Gas Natural/Endesa*). En este sentido, es criterio jurisprudencial que la aplicación de la doctrina de la apariencia de buen derecho, como fundamento para la adopción de medidas cautelares, solo cabe en determinados supuestos, tales como, señaladamente, los de actos dictados en cumplimiento o ejecución de una disposición general declarada nula, de existencia de una sentencia que anula el acto en una instancia anterior aunque no sea firme; o de existencia de un criterio reiterado de la jurisprudencia frente al que la Administración opone una resistencia contumaz, pues solo entonces cabría apreciar con la seguridad exigible la ostensibilidad o evidencia de la apariencia que se invoca. En los demás casos –se afirma por la jurisprudencia–, la invocación de la apariencia de buen derecho reviste una utilidad u operatividad práctica más modesta, llamada de "segundo grado", orientada a iluminar y sostener el juicio valorativo sobre los intereses en conflicto, en la medida en que la apreciación del *periculum in mora* se puede hacer con mayor fundamento cuando cabe apreciar –aunque solo sea de forma indiciaria y provisional– que la acción ejercitada no parece infundada ni endeble.

En recientes sentencias (SSTS 5080/2015 y 5081/2015, de 14 de diciembre), la Sala Tercera del Tribunal Supremo ha confirmado esta aproximación a la doctrina del *fumus boni iuris*. En efecto, el Alto Tribunal señala que la LJCA"suprime todo apoyo normativo al criterio de *fumus bonis iuris*, cuya aplicación queda confiada a esta jurisprudencia. Se elimina, en efecto, del Proyecto de LJCA el precepto que disponía que «la adopción de las medidas cautelares podrá acordarse cuando existan dudas razonables sobre la legalidad de la actividad administrativa a que se refieran» (art. 124.2 Proyecto de LJCA). En su lugar, la LJCA dispone que «previa valoración circunstanciada de todos los intereses en conflicto, la medida cautelar podrá acordarse únicamente cuando la ejecución del acto o la aplicación de la disposición pudieran hacer perder su finalidad legítima al recurso» (art. 130.1 LJCA). El sentido restrictivo de esta omisión respecto al criterio de *fumus bonis iuris* resulta subrayado por la palabra «únicamente» y confirmado por el art. 132.2 LJCA (también introducido en el trámite parlamentario), en el cual se dispone que «no podrán modificarse o revocarse las medidas cautelares en razón de los distintos avances que se vayan haciendo durante el proceso respecto al análisis de las cuestiones formales o de fondo que configuran el debate; y, tampoco, en razón de la modificación de los criterios de valoración que el Juez o Tribunal aplicó a los hechos al decidir el incidente cautelar». Esto equivale a decir que si durante el transcurso del proceso se produce o incrementa la apariencia de buen derecho del demandante el tribunal no podrá fundar en esta modificación la adopción de una medida cautelar antes denegada. Pues bien, en la actualidad, la jurisprudencia del Tribunal Supremo admite el criterio de apariencia de buen derecho, entre otros, en supuestos de nulidad de pleno derecho, siempre que sea manifiesta; de actos dictados en cumplimiento o ejecución de una disposición general declarada nula; de existencia de una sentencia que anula el acto en una anterior instancia aunque no sea firme; de existencia de un criterio reiterado de la jurisprudencia frente al que la Administración opone una resistencia contumaz o, de modo muy excepcional, de prosperabilidad ostensible de la demanda".

2.2. *¿Carácter discrecional o reglado (debido) de la tutela cautelar?*

Con todo, cabe la duda de si la adopción de las medidas cautelares en los recursos contra actos administrativos y disposiciones generales tienen –aun cuando concurran los criterios a que se refiere el artículo130 de la Ley– carácter discrecional o, por el contrario, reglado (debido). La duda surge sencillamente porque, no obstante proclamar la Exposición de Motivos (en su apartadoVI.5) el «fundamento común de todas las medidas cautelares» y el carácter común de su regulación («cualquiera que sea su naturaleza»), el art. 130.1 establece que «la medida cautelar *podrá acordarse*», mientras el art. 136.1, relativo a la tutela cautelar en los recursos contra la inactividad y la vía de hecho administrativas, dispone que «la medida cautelar *se adoptará*». La pregunta que se impone es clara: ¿debe inferirse de la circunstancia de que la Ley solo en este último caso utilice la forma verbal imperativa (propia de las potestades regladas) que en los recursos contra actos administrativos y disposiciones generales el legislador ha pretendido –conscientemente- configurar la tutela cautelar como una potestad meramente discrecional? Y si así fuera ¿qué razón justificaría que dicha tutela sea debida en los recursos contra la inactividad y la vía de hecho administrativas y, sin embargo, tan solo potestativa en los recursos contra actos administrativos y disposiciones generales? ¿No decía la Exposición de Motivos que las medidas cautelares comparten una regulación común a todas ellas, "cualquiera que sea su naturaleza"?

La propia formulación de las preguntas no deja lugar a dudas, a nuestro juicio, acerca de que resultaría absurdo admitir que la tutela cautelar tiene distinta naturaleza (discrecional en un caso, y reglada en otro), según que se la impetre frente a un acto administrativo o un precepto de una disposición general o bien frente a una omisión o actuación material administrativa. Se impone, pues, una interpretación del artículo 130.1 de la Ley Jurisdiccional, a la luz de su propia Exposición de Motivos (interpretación genética), del artículo 136.1 (interpretación sistemática) y, sobre todo, del artículo 24.1 CE (interpretación conforme a la Constitución), en el sentido de que, según nos indica un conocido criterio hermenéutico de origen alemán, el "podrá" que aparece en el artículo 130.1 de la Ley no es un "podrá" atributivo de discrecionalidad *(Ermessens-Kann)*, sino, bien al contrario, un "podrá" (meramente) atributivo de competencia (*Kompetenz-Kann),* que, lógicamente, nada dice acerca del carácter potestativo o debido de su ejercicio.

La interpretación conforme al derecho fundamental a la tutela judicial efectiva (artículo 24.1 CE) –de cuyo contenido forma parte el derecho a la tutela cautelar– no permite otra conclusión que la recién señalada (cualquier conclusión distinta abocaría directamente al artículo 130.1 de la Ley a un juicio negativo de constitucionalidad). En efecto, ya en su pionero Auto de 20 de diciembre de 1990, la Sala Tercera del Tribunal Supremo afirmó que «el derecho a la tutela cautelar (...), visto por su envés, significa el *deber* que tienen tanto la Administración como los Tribunales de acordar la medida cautelar que sea necesaria para asegurar la plena efectividad del acto terminal (resolución administrativa o, en su caso, judicial)».

III. CONTENIDO POSIBLE Y CRITERIOS PARA LA ADOPCIÓN DE LAS MEDIDAS CAUTELARES EN LOS RECURSOS CONTRA DISPOSICIONES DE CARÁCTER GENERAL

1. En los recursos directos

1.1. *Contenido posible de las medidas cautelares*

1.1.1. *Pretensión de fondo y contenido de una eventual sentencia estimatoria [artículos 31.1 y 71.1.a)]*

Cuando el recurso se dirige directamente contra una disposición de carácter general (artículos 25.1 y 26.1), el recurrente ejercitará la pretensión prevista en el artículo 31.1 de la LJCA. Según el precepto citado, «el demandante podrá pretender la declaración de no ser conformes a Derecho y, en su caso, la anulación de los actos y *disposiciones* susceptibles de impugnación (...)». Consecuentemente, si la sentencia estimase el recurso, «declarará no ser conforme a Derecho y, en su caso, anulará total o parcialmente la disposición (...) recurrida (...)» [artículo 71.1.*a)* LJCA]. Como es obvio, la sentencia estimatoria no podrá determinar la forma en que han de quedar redactados el o los preceptos anulados de la disposición general objeto de impugnación (artículo 71.2). En estos casos la función del juez contencioso-administrativo es tan solo la de un *normador negativo.* La hipótesis de una "reducción a cero" de la discrecionalidad normativa del Ejecutivo (que hiciera viable un pronunciamiento condenatorio o sustitutorio en esta materia) carece de fundamento.

Queda a salvo, eso sí, la posibilidad de que las sentencias estimatorias de los recursos directos contra reglamentos no se limiten a anular los preceptos impugnados, sino que ordenen al órgano autor de la disposición impugnada que, al proceder a dar nueva redacción a aquellos, ejerza su discrecionalidad (normativa) dentro de los límites jurídicos a que esta se encuentra sometida y, más concretamente, dentro de las pautas jurídicas indicadas en la sentencia. Como es obvio, tal posibilidad presupone que la decisión de ejercer o no la potestad reglamentaria no es, a su vez, discrecional (por ejemplo, por establecer la ley un plazo para dictar el reglamento recurrido). De otro modo, la orden judicial de proceder a dar nueva redacción a los preceptos anulados invadiría, como es claro, la discrecionalidad del Ejecutivo, quien, en virtud de la misma, bien podría optar por no sustituir dichos preceptos.

1.1.2. *La suspensión de la vigencia de los preceptos impugnados como única medida cautelar posible en los recursos directos contra disposiciones de carácter general*

Siendo, así pues, la acción ejercitada en el proceso principal de naturaleza anulatoria, la medida cautelar solo puede ser suspensiva de la vigencia de los preceptos impugnados. Así se desprende ya del propio artículo 129.2 de la Ley Jurisdiccional, relativo al momento procesal en que ha de solicitarse la medida cautelar en los recursos directos contra disposiciones generales, y que no prevé otra medida cautelar salvo la suspensiva («Si se impugnare una disposición general, y *se solicitare la suspensión de la vigencia de los preceptos impugnados,* la petición deberá efectuarse en el escrito de interposición o en el de la demandada»). En todo caso, la dificultad (por no decir virtual imposibilidad) de adoptar medidas cautelares positivas (en particular, de carácter anticipatorio) en los recursos directos contra disposiciones generales no es sino una consecuencia directa de la relación de instrumentalidad y homogeneidad existente entre la medida cautelar, por un lado, y la sentencia de fondo, por otro. En efecto, si los órganos jurisdiccionales no pueden determinar en la sentencia de fondo la forma en que han de quedar redactados el o los preceptos anulados de la disposición general impugnada (artículo71.2), es evidente que tampoco pueden innovar el contenido de los mismos en vía cautelar a través de una medida cautelar anticipatoria.

1.2. *Criterios para la suspensión cautelar de la vigencia de los preceptos impugnados. Remisión*

Como ya hubo ocasión de señalar, la Ley Jurisdiccional (art.130) regula en forma común los criterios para la adopción de las medidas cautelares en los recursos contra actos administrativos y disposiciones generales («Previa valoración circunstanciada de todos los intereses en conflicto, la medida cautelar podrá acordarse únicamente cuando la ejecución del acto o la aplicación de la disposición pudieran hacer perder su finalidad legítima al recurso»). Los criterios para la suspensión de la vigencia de los preceptos impugnados son, así pues, los mismos que sirven de guía a la adopción de las medidas cautelares en los recursos contra actos administrativos, es decir, según nos consta ya: peligro de frustración de la finalidad legítima del recurso y ponderación de los intereses en conflicto. También aquí debería regir entonces, a nuestro juicio, la interpretación (no coincidente con la de la jurisprudencia, de cuyo criterio –mucho más restrictivo en este punto– ya se ha dado cuenta) a la que ya me referí en su momento, a saber: que ambos criterios remiten, en realidad, al principio del *fumus boni iuris,* y ello porque, por un lado, es este el criterio que (quizás como ningún otro) sirve precisamente a la finalidad de evitar la frustración de los efectos de una eventual sentencia estimatoria y, por otro, porque, a la hora de ponderar los intereses en conflicto, no se puede admitir la existencia de un interés público preponderante en la aplicación inmediata de un precepto reglamentario que con toda probabilidad se revelará contrario a Derecho, del mismo modo que tampoco puede admitirse la existencia de un interés preponderante del demandante en que se acuerde la suspensión de la vigencia de aquel cuando su recurso ya a primera vista carezca de fundamento, esto es, tenga toda la apariencia de no poder prosperar.

2. Contenido posible y criterios para la adopción de las medidas cautelares en los recursos indirectos contra disposiciones de carácter general

2.1. *Contenido posible de las medidas cautelares*

2.1.1. *Contenido y efectos de una eventual sentencia estimatoria. La cuestión de ilegalidad (artículos 26, 27 y 123 a 126)*

Cuando el recurso se dirija contra un acto de aplicación de una disposición general, pero se funde en la invalidez de esta (recurso indirecto, artículo26), la sentencia que lo estimase se limitará a anular el acto de aplicación, salvo que el órgano jurisdiccional que esté conociendo del recurso (indirecto) sea el Tribunal Supremo o, en todo caso, competente también para conocer del recurso directo contra la disposición general aplicada, en cuyo caso declarará igualmente la nulidad de la misma con arreglo a lo dispuesto en del art. 71.1.*a)* LJCA y dentro de los límites a que se refiere este precepto en su apartado segundo (art. 27.2 y 3).

De no concurrir ninguno de los dos supuestos indicados, el Juez o Tribunal que hubiere dictado sentencia firme estimatoria del recurso indirecto (esto es, meramente anulatoria del acto de aplicación impugnado), por considerar ilegal el contenido de la disposición general aplicada, deberá plantear la cuestión de ilegalidad ante el Tribunal competente para conocer del recurso directo contra la disposición (art. 27.1). Si este estimase la cuestión, declarará no ser conformes a Derecho y anulará total o parcialmente, con arreglo al art. 71.1.*a)*, aquel o aquellos preceptos de la disposición general objeto de la cuestión cuya declaración de ilegalidad haya servido de base para estimar el recurso indirecto, es decir, para anular el acto de aplicación impugnado en el proceso *a quo* (art. 126.2).

Lo que se pretende lograr de este modo es –en palabras de la Exposición de Motivos de la Ley (apartado V)–que toda impugnación de una disposición general –ya sea directa o indirecta– acabe conduciendo siempre, sin perjuicio de su enjuiciamiento por el Juez o Tribunal competente para decidir sobre la legalidad del acto de aplicación del reglamento cuya invalidez se aduce, "*a una decisión judicial clara y única, de efectos generales, con el fin de evitar innecesarios vacíos normativos y situaciones de inseguridad o interinidad en torno a la validez y vigencia de las normas*".

2.1.2. *Contenido posible de las medidas cautelares contra el acto de aplicación de la disposición general (indirectamente) impugnada*

Si el acto de aplicación de la disposición general (indirectamente) impugnada es un acto de gravamen dictado en un procedimiento iniciado de oficio, la medida cautelar que, en su caso, proceda adoptar será –en la medida en que la acción ejercitada en el proceso principal es de naturaleza anulatoria– suspensiva de la eficacia de aquel. La suspensión de la eficacia del acto de aplicación impugnado equivale a una suspensión *indirecta* (en el caso concreto) de la vigencia del precepto reglamentario en que se basa aquel.

Por el contrario, si el acto de aplicación de la disposición general (indirectamente) impugnada es un acto denegatorio (dictado en un procedimiento iniciado a solicitud de persona interesada), cabe la duda acerca de si, como correspondería con arreglo a las reglas generales, sería posible adoptar medidas cautelares positivas (en particular, anticipatorias) contra el mismo, por las que se condene cautelarmente a la Administración demandada a otorgar provisionalmente el acto o la prestación requeridos o solicitados por el recurrente. Téngase en cuenta que si el acto denegatorio viene exigido por lo dispuesto en una disposición general, la adopción de una medida cautelar anticipatoria contra el mismo equivaldría, en realidad, a la adopción de una medida cautelar positiva *indirecta* contra la disposición general en que se basa el acto denegatorio impugnado. Como hemos visto, no se admiten, sin embargo, tales medidas cautelares, por cuanto los órganos jurisdiccionales no pueden innovar, ni en la sentencia de fondo ni por medio de una medida cautelar anticipatoria, el contenido de los preceptos impugnados (art. 71.2). Queda la duda, así pues, de si la función de mero *normador negativo* que corresponde al juez contencioso-administrativo en los recursos –tanto directos como indirectos– contra reglamentos resulta compatible con la adopción de medidas cautelares anticipatorias contra actos denegatorios dictados en fiel aplicación de una disposición general.

2.2. *Criterios para la adopción de las medias cautelares. Remisión*

Los criterios por los que se rige la adopción de medidas cautelares contra el acto de aplicación de la disposición general (indirectamente) impugnada son los mismos que, con carácter general, sirven de guía a la adopción de medidas cautelares en los recursos contra actos administrativos y disposiciones generales (artículo 130: peligro de frustración de la finalidad legítima del recurso y ponderación de los intereses en conflicto). En los recursos indirectos contra reglamentos la única peculiaridad deriva de la circunstancia de que toda medida cautelar contra el acto de aplicación de la disposición general (indirectamente) impugnada implica siempre a la vez, como se acaba de indicar, una medida cautelar *indirecta* contra esta última, por lo que el examen del *fumus boni iuris* debe referirse directamente al precepto reglamentario en que se basa el acto de aplicación impugnado.

IV. CONTENIDO POSIBLE Y CRITERIOS PARA LA ADOPCIÓN DE LAS MEDIDAS CAUTELARES EN LOS RECURSOS CONTRA LA INACTIVIDAD ADMINISTRATIVA

1. Contenido posible de las medidas cautelares

El art. 29 de la Ley Jurisdiccional prevé dos modalidades de recurso contra la inactividad administrativa: por un lado, el recurso contra la omisión de prestaciones materiales debidas (artículo29.1) y, por otro, el recurso contra la inejecución de actos firmes (art. 29.2).

1.1. *Contenido posible de las medidas cautelares en los recursos contra la omisión de prestaciones materiales debidas*

1.1.1. *Pretensión de fondo y contenido de una eventual sentencia estimatoria [artículos 29.1, 32.1 y 71.1.c)]*

La estimación de un recurso contra la omisión de prestaciones materiales debidas requiere que «la Administración, en virtud de una disposición general que no precise de actos de aplicación o en virtud de un acto, contrato o convenio administrativo, esté obligada a realizar una prestación concreta a favor de una o varias personas determinadas» (art. 29.1), personas entre las que, como es obvio, se ha de encontrar el recurrente. Este puede, si en el plazo de tres meses desde que reclamase de la Administración el cumplimiento de dicha obligación esta no hubiera dado cumplimiento a lo por él solicitado o no hubiera llegado a un acuerdo con él, deducir recurso contencioso-administrativo contra la inactividad de la Administración y, a través de este recurso, «pretender del órgano jurisdiccional que condene a la Administración al cumplimiento de sus obligaciones en los concretos términos en que están establecidas» (art. 32.1). Por consiguiente, la sentencia estimatoria del recurso condenará a la realización de la prestación material requerida, pudiendo fijar al efecto un plazo determinado. Como señala expresamente el artículo 71.1.*c)* de la Ley Jurisdiccional, el objeto del fallo condenatorio consiste en estos supuesto en «la práctica de una actuación jurídicamente obligatoria».

Según recalcan los inequívocos términos utilizados en los tres preceptos recién citados («condenar la Administración al cumplimiento de sus obligaciones en los concretos términos en que están establecidas», «actuación jurídicamente obligatoria», etc.), la estimación de un recurso contra la omisión de prestaciones materiales presupone que la prestación omitida es debida, es decir, reviste un carácter rigurosamente reglado (al menos, como consecuencia de una "reducción a cero", en el caso concreto, de la discrecionalidad inicialmente atribuida a la Administración). Como enfatiza la Exposición de Motivos de la nueva Ley (en su apartado V), este recurso «no permite a los órganos judiciales sustituir a la Administración en aspectos de su actividad no prefigurados por el Derecho, incluida la discrecionalidad en el *quando* de una decisión o de una actuación material, ni les faculta para traducir en mandatos precisos las genéricas e indeterminadas habilitaciones u obligaciones legales de creación de servicios o realización de actividades, pues en tal caso estarían invadiendo las funciones propias de aquella. De ahí –concluye la Exposición de Motivos– que la Ley se refiera siempre a prestaciones concretas y actos que tengan un plazo legal para su adopción y de ahí que la eventual sentencia de condena haya de ordenar estrictamente el cumplimiento de las obligaciones administrativas en los concretos términos en que estén establecidas».

1.1.2. *Alcance y límites de las medidas cautelares positivas en los recursos contra la omisión de prestaciones materiales debidas*

Si bien el artículo 136.1 de la Ley Jurisdiccional, relativo a la tutela cautelar en los recursos contra la inactividad (y la vía de hecho) administrativa, no precisa cuál es el contenido posible de las medidas cautelares que, en su caso, proceda adoptar frente a aquella, es evidente que estas no pueden ser sino positivas. En primer lugar, porque, tratándose de un genuino recurso por omisión, no se impugna a su través acto alguno (ni siquiera presunto) susceptible de ser suspendido[39]. Y, en segundo lugar, porque, en cualquier caso, jamás una medida suspensiva conseguiría proporcionar la protección cautelar que en estos supuestos resulta necesaria para, como dice el artículo129.1 de la Ley, asegurar "la efectividad de la sentencia" de fondo, a saber: la condena provisional a la Administración demandada a realizar u otorgar la prestación material omitida, en tanto se sustancia el proceso principal. La misma Exposición de Motivos de la Ley Jurisdiccional (en su apartado VI.5) subraya que «teniendo en cuenta (...) la mayor amplitud que hoy tiene el objeto del recurso contencioso-administrativo, la suspensión de la disposición o acto recurrido no puede constituir ya la única medida cautelar posible». Así pues, el contenido posible de las medidas cautelares positivas en los recursos contra la omisión de prestaciones materiales debidas coincide, en lo esencial, con el ya tratado de las medidas cautelares (asimismo positivas) en los recursos contra actos denegatorios.

Como ya se dijo, no rige en nuestro sistema de tutela cautelar contencioso-administrativa una prohibición genérica o absoluta de anticipar en vía cautelar el contenido de una eventual sentencia estimatoria del recurso, sino solo la prohibición –que, como veremos enseguida, admite además excepciones– de anticiparlo

[39] En este sentido, la Exposición de Motivos de la LJCA (apartado V *in fine*) recalca que, si bien el recurso contra la inactividad exige la previa reclamación en sede administrativa, «eso no convierte a estos recursos en procesos contra la desestimación, en su caso por silencio, de tales reclamaciones (...).Ni, como se ha dicho, estas nuevas acciones se atienen al tradicional carácter revisor del recurso contencioso-administrativo, ni puede considerarse que la falta de estimación, total o parcial, de la reclamación o el requerimiento constituyan auténticos actos administrativos, expresos o presuntos. Lo que se persigue es sencillamente dar a la Administración la oportunidad de resolver el conflicto y de evitar la intervención judicial. En caso contrario –concluye la Exposición de Motivos-, lo que se impugna sin más trámites es, directamente, la inactividad (...) correspondiente (...)».

de forma irreversible. De ahí que también en los recursos contra la inactividad administrativa deban considerarse admisibles las medidas cautelares anticipatorias cuando la naturaleza de la prestación material omitida permita o, al menos, no se oponga a su realización u otorgamiento con carácter meramente provisional, por ser aquella reversible en el supuesto de que la sentencia de fondo resulte finalmente desestimatoria del recurso. En todo caso, el derecho fundamental a la tutela judicial efectiva (art. 24.1 CE) obliga, como ya hubo ocasión de subrayar, a excepcionar la prohibición de anticipar de forma irreversible el contenido de una eventual sentencia estimatoria del recurso siempre que el proceso principal pierda necesariamente su objeto, por el transcurso del tiempo, antes de que pueda recaer en el mismo la sentencia final, es decir, en todos aquellos casos en que no quepa otra tutela judicial (¡efectiva!) que la cautelar, por ser la de fondo necesariamente tardía y, por eso mismo, ineficaz. Así, piénsese señaladamente en supuestos de omisión de prestaciones que se requieren con especial urgencia; por ejemplo, la omisión de una asistencia sanitaria para paliar una enfermedad o afección que requiere un tratamiento urgente, o la omisión de determinadas prestaciones sociales básicas.

Cuando la actividad omitida por la Administración sea el pago de una deuda líquida derivada de una disposición general que no precise de actos de aplicación o de un acto, contrato o convenio administrativo (también el pago de una deuda a su acreedor supone «una prestación concreta a favor de una o varias personas determinadas», según rezan los términos en que se formula el presupuesto de hecho del recurso por inactividad en el art. 29.1), la medida cautelar anticipatoria consistirá, lógicamente, en la provisión anticipada de todo o parte de su importe. Una medida tal no anticipa el contenido de una eventual sentencia estimatoria del recurso en forma irreversible, pues, como es natural, el pago anticipado sería susceptible de devolución en el supuesto de que la sentencia de fondo resultase finalmente desestimatoria del recurso (a cuyo efecto, como veremos, la concesión de la medida cautelar podría condicionarse a la constitución de una garantía, artículo133 LJCA). En la actualidad el art. 217 del Texto Refundido de la Ley de Contratos del Sector Público (aprobado por el Real Decreto Legislativo 3/2011, de 14 de noviembre) prevé una medida cautelar de estas características[40].

Por otro lado, y salvo que la discrecionalidad inicialmente atribuida a la Administración se halle "reducida a cero", no cabe la adopción de medidas cautelares anticipatorias frente a la omisión de prestaciones materiales de naturaleza discrecional. Si, como subraya la Exposición de Motivos de la LJCA (en su apartado V*)*, el recurso contra la inactividad «no permite a los órganos judiciales sustituir a la Administración en aspectos de su actividad no prefigurados por el

[40] "Transcurrido el plazo a que se refiere el artículo 216.4 de esta Ley, los contratistas podrán reclamar por escrito a la Administración contratante el cumplimiento de la obligación de pago y, en su caso, de los intereses de demora. Si, transcurrido el plazo de un mes, la Administración no hubiera contestado, se entenderá reconocido el vencimiento del plazo de pago y los interesados podrán formular recurso contencioso-administrativo contra la inactividad de la Administración, pudiendo solicitar como medida cautelar el pago inmediato de la deuda. El órgano judicial adoptará la medida cautelar, salvo que la Administración acredite que no concurren las circunstancias que justifican el pago o que la cuantía reclamada no corresponde a la que es exigible, en cuyo caso la medida cautelar se limitará a esta última. La sentencia condenará en costas a la Administración demandada en el caso de estimación total de la pretensión de cobro".

Derecho, incluida la discrecionalidad en el *quando* de una decisión o de una actuación material, ni les faculta para traducir en mandatos precisos las genéricas e indeterminadas habilitaciones u obligaciones legales de creación de servicios o realización de actividades», es evidente que tampoco les está permitido hacerlo en vía cautelar a través de una medida anticipatoria.

1.2. *Contenido posible de las medidas cautelares en los recursos contra la inejecución de actos firmes*

1.2.1. *Pretensión de fondo y contenido de una eventual sentencia estimatoria [artículos 29.2, 32.1 y 71.1.c)]*

La segunda modalidad del recurso contra la inactividad administrativa tiene por objeto la inejecución de actos firmes (por ejemplo, el impago del justiprecio establecido por mutuo acuerdo o por acuerdo del jurado de expropiación) y, a diferencia de la anterior modalidad del recurso, se tramita por el procedimiento abreviado regulado en el artículo78 de la Ley Jurisdiccional (art. 29.2). Esta modalidad específica del recurso contra la inactividad fue introducida, durante la tramitación parlamentaria del Proyecto de Ley, a instancias de quienes entendían que no tendría sentido seguir todos los trámites del proceso administrativo declarativo hasta la sentencia cuando, por existir ya un título ejecutivo con fuerza obligatoria, lo que se pretende de la Administración no es la sentencia de condena, sino la ejecución. El recurso finalmente diseñado por la Ley responde a un modelo intermedio: proceso declarativo, sí, pero abreviado.

Así pues, y al igual que en la modalidad ordinaria del recurso contra la inactividad, el recurrente ejercita una genuina pretensión de condena (la misma que se ejercita en los casos del art. 29.1), y no tanto una mera pretensión ejecutoria (« el demandante podrá pretender del órgano jurisdiccional que condene a la Administración al cumplimiento de sus obligaciones en los concretos términos en que están establecidas», art. 32.1). De este modo, el contenido de la sentencia estimatoria del recurso se rige, asimismo, por el art. 71.1.*c)* LJCA. El objeto del fallo condenatorio puede consistir, por consiguiente, tanto en «la emisión de un acto» como en «la práctica de una actuación jurídicamente obligatoria», según que la ejecución del acto firme requiera la adopción de un ulterior acto administrativo o, sencillamente, una actividad material de ejecución.

1.2.2. *Alcance y límites de las medidas cautelares positivas en los recursos contra la inejecución de actos firmes*

La única medida cautelar útil en los recursos contra la inejecución de actos firmes es aquella que anticipa el contenido de una eventual sentencia estimatoria, es decir, aquella que impone a la Administración demandada la ejecución provisional del acto firme invocado por el recurrente. Si, por ejemplo, el acto firme inejecutado reconoce una deuda a favor de aquel (piénsese, una vez más, en el justiprecio establecido por acuerdo del jurado de expropiación), la medida cautelar anticipatoria –consistente, insisto, en la ejecución provisional del acto– exigirá la provisión anticipada de la deuda en él reconocida. En general, la ejecución provisional será posible siempre que la misma no suponga una anticipación *irreversible* de los efectos de una eventual sentencia estimatoria, esto es, siempre que no implique, por necesidad, una ejecución definitiva del acto. En este último caso (esto es, si no cabe una mera ejecución provisional del mismo, por tener esta efectos necesariamente irreversibles), la medida cautelar anticipatoria solo podría acordarse si, como se ha señalado, el proceso principal (aun siendo el abreviado a que se refiere el artículo 78 de la Ley) perdiera necesariamente su objeto, por el transcurso del tiempo, antes de que pudiera recaer en el mismo la sentencia de fondo.

2. Criterios para la adopción de las medidas cautelares en los recursos contra la inactividad administrativa

2.1 Fumus boni iuris *y ponderación de los intereses en conflicto*

No obstante proclamar la Exposición de Motivos de la LJCA (en su apartado VI.5) el «fundamento común de todas las medidas cautelares» y el carácter común de su regulación («cualquiera que sea su naturaleza»), la nueva Ley opta, como se dijo, por un criterio parcialmente distinto al establecido en el art. 130 (relativo a la tutela cautelar en los recursos contra actos administrativos y disposiciones generales) cuando llega el momento de regular los criterios para la adopción de las medidas cautelares en los recursos contra la inactividad (y la vía de hecho) administrativa. En efecto, el art. 136.1, aunque alude también a la necesidad de ponderar los intereses en conflicto a fin de evitar que mediante la medida cautelar pueda ocasionarse «una perturbación grave de los intereses generales o de tercero», no configura como criterio básico, principal o preferente para el otorgamiento de la tutela cautelar en los casos de inactividad administrativa el peligro de frustración de la finalidad legítima del recurso (como sí lo hace, en cambio, según vimos, el antes citado art. 130.1 cuando se trata de recursos contra actos o reglamentos), sino que introduce un criterio bastante más preciso que este último, a saber: una variante negativa del *fumus boni iuris* (tan negativa que, como ya tuvimos ocasión de señalar, más bien parece tratarse de un *fumus non mali iuris),* que facilita notablemente la estimación de su presencia en los casos concretos. «En los supuestos de los art. 29 y 30 –dice el art. 136.1 LJCA–, *la medida cautelar se adoptará salvo que se aprecie con evidencia que no se dan las situaciones previstas en dichos artículos* (…)». Es decir, el otorgamiento de la tutela cautelar no se condiciona en los recursos contra la inactividad administrativa a la existencia de una "apariencia de buen derecho" (esto es, la apariencia de que el recurrente ostenta, en efecto, un derecho subjetivo a la prestación material omitida o a la ejecución de un acto firme que le favorece), sino –tan solo– a que no exista una "evidencia de ausencia de tal derecho" (o, lo que es lo mismo, a que el recurso no carezca manifiestamente de fundamento).

Como venimos sosteniendo, no tiene, sin embargo, por qué existir una divergencia sustancial entre los criterios para el otorgamiento de la tutela cautelar frente a actos administrativos y disposiciones generales (art. 130) y aquellos otros que sirven de guía a la adopción de las medidas cautelares en los recursos contra la inactividad y la vía de hecho administrativas (art. 136.1), si se interpreta el primero de los preceptos citados en el sentido de que tanto el criterio de la existencia de un peligro de frustración de la finalidad legítima del recurso como el de la ponderación de los intereses en conflicto no hacen, en realidad, sino remitir al principio del *fumus boni iuris,* y ello debido, por un lado, a que es este un criterio que sirve derechamente a la finalidad de evitar la frustración de los efectos de una eventual sentencia estimatoria y, por otro , a que, a la hora de ponderar los intereses en conflicto, no se puede admitir la existencia de un interés público preponderante en la ejecución inmediata de un acto o en la aplicación inmediata de un precepto reglamentario que con toda probabilidad se revelará contrario a Derecho, del mismo modo que tampoco puede admitirse la existencia de un interés preponderante del demandante en que se acuerde la suspensión de la eficacia del acto recurrido o de la vigencia del precepto impugnado si su recurso ya a primera vista carece de fundamento, esto es, tiene toda la apariencia de no poder prosperar.

2.2. Carácter reglado (debido) de la tutela cautelar

A diferencia de lo que, como vimos, ocurre con la tutela cautelar en los recursos contra actos administrativos y disposiciones generales, no cabe la menor duda de que dicha tutela sí tiene carácter reglado cuando procede dispensarla frente a la inactividad administrativa. Como ya ha sido señalado, la duda surge en el caso de los recursos contra actos y reglamentos porque, no obstante proclamar la Exposición de Motivos de la Ley (en su apartadoVI.5) el «fundamento común de todas las medidas cautelares» y el carácter común de su regulación («cualquiera que sea su naturaleza»), el art. 130.1 utiliza para estos casos una forma verbal potestativa propia de las potestades discrecionales («la medida cautelar *podrá acordarse…*»). En cambio, el art. 136.1 –relativo, como ya sabemos, a la tutela cautelar en los recursos contra la inactividad y la vía de hecho administrativas– dispone que «la medida cautelar *se adoptará*». Pues bien, el uso de la forma verbal imperativa no deja lugar a duda alguna acerca del carácter debido de la adopción de las medidas cautelares siempre que concurran sus dos requisitos de fondo, a saber: el *fumus boni iuris,* principalmente, y el equilibrio de los intereses en conflicto (art. 136.1). Como hubo ocasión de subrayar, ello nada tiene de particular, puesto que así lo exige (¡y no solo en los supuestos de inactividad o vía de hecho!) el derecho fundamental a la tutela judicial efectiva (art. 24.1 CE).

V. CONTENIDO POSIBLE Y CRITERIOS PARA LA ADOPCIÓN DE LAS MEDIDAS CAUTELARES EN LOS RECURSOS CONTRA ACTUACIONES MATERIALES QUE CONSTITUYAN VÍA DE HECHO

1. Contenido posible de las medidas cautelares

1.1. *Pretensión de fondo y contenido de una eventual sentencia estimatoria [artículos 30, 32.2 y 71.1.a) y b)]*

El recurso contra actuaciones materiales que constituyan vía de hecho, una de las novedades destacables de la LJCA de 1998, tiene por objeto –en palabras de su Exposición de Motivos (apartado V)–aquellas «actuaciones materiales de la Administración que carecen de la necesaria cobertura jurídica y lesionan derechos e intereses legítimos de cualquier clase». En este tipo de recurso el demandante ejercita hasta tres pretensiones: en primer lugar, una pretensión declarativa de la disconformidad a Derecho de la actuación material impugnada; en segundo lugar, una pretensión de condena (en este caso, una pretensión de cesación de dicha actuación): y, en tercer lugar, una pretensión de restablecimiento del *statu quo ante* ilegalmente alterado por la actuación material objeto del recurso (técnicamente, es esta, asimismo, una pretensión de condena o *prestacional*). En efecto, según el art. 32.2 de la Ley, el demandante puede pretender que la actuación material impugnada «se declare contraria a Derecho, que se ordene el cese de dicha actuación y que se adopten, en su caso, las demás medidas previstas en el art. 31.2» (medidas adecuadas para el pleno restablecimiento de una situación jurídica individualizada). En consecuencia, la sentencia estimatoria del recurso «declarará no ser conforme a Derecho y (…) dispondrá que cese o se modifique la actuación impugnada» [art. 71.1.*a)*], además de adoptar, en su caso, «cuantas medidas sean necesarias para el pleno restablecimiento» de la situación jurídica alterada por la actuación material declarada contraria al Derecho [artículo 71.1.*b)*].

1.2. La dimensión tanto conservativa como anticipatoria de las medidas cautelares positivas en los recursos contra las actuaciones materiales constitutivas de vía de hecho

Dado que en los recursos contra actuaciones materiales limitadoras de derechos el objeto de la pretensión principal que se ejercita en el juicio de fondo radica en que se condene a la Administración demandada a conservar o no alterar el *statu quo ante* (esto es, a cesar en la actuación material impugnada que lo menoscaba), la tutela cautelar se otorga en estos casos –y puesto que aquí no puede operar (en ausencia de acto administrativo) la medida cautelar suspensiva- a través, fundamentalmente, de una medida cautelar positiva, pero –a diferencia de las que se adoptan frente a actos denegatorios o la inactividad administrativa– de carácter meramente *conservativo* (y no anticipatorio), a saber: la condena cautelar a la Administración demandada a cesar inmediatamente en la actuación material recurrida. Se trata, así pues, de una medida cautelar cuyo carácter eminentemente interdictal destaca la Exposición de Motivos de la Ley Jurisdiccional (en su apartado V*)*, al afirmar que «la acción tiene una naturaleza declarativa y de condena y a la vez, en cierto modo, interdictal, *a cuyo efecto no puede dejar de relacionarse con la regulación de las medidas cautelares*».

Siendo esta la más importante, no es, sin embargo, la única medida cautelar que cabe adoptar en los recursos contra las actuaciones materiales constitutivas de vía de hecho. No solo la acción de cesación es susceptible de aseguramiento cautelar. También lo es la pretensión de restablecimiento del *statu quo ante* alterado o modificado por la actuación material impugnada. Dicha protección se dispensa asimismo mediante una medida cautelar positiva, pero esta vez, como es obvio, de carácter anticipatorio, que consiste en la condena cautelar a la Administración demandada a restablecer provisionalmente la situación inicial modificada por la actuación material recurrida. La viabilidad de dicha medida cautelar (desde el punto de vista del principio que prohíbe anticipar de forma irreversible el contenido de una eventual sentencia estimatoria) no ofrece mayores problemas, dado que el mismo hecho de que el recurrente ejercite una pretensión de restablecimiento del *statu quo ante* indica el carácter reversible de las medidas que se adopten al efecto. Dicho de otro modo, si el *statu quo ante* alterado por la actuación material impugnada es susceptible de ser restablecido, también lo es (en el caso de que, habiéndose adoptado la correspondiente medida cautelar, la sentencia de fondo resulte desestimatoria del recurso) el *statu quo posterior* creado por la actuación material recurrida.

2. Criterios para la adopción de las medidas cautelares

Los criterios para el otorgamiento de la tutela cautelar frente a las actuaciones materiales que constituyan vía de hecho son los mismos que rigen en los recursos contra la inactividad administrativa, a saber: *fumus boni iuris* y ponderación de los intereses en conflicto (artículo136.1). Como se dijo, este precepto introduce una variante negativa del primero de dichos criterios (tan negativa que, como he señalado en repetidas ocasiones, prácticamente raya en un mero requisito de *fumus non mali iuris),* que facilita extraordinariamente la estimación de su presencia en los casos concretos [«En los supuestos de los artículos29 y 30 –dice el artículo 136.1–, *la medida cautelar se adoptará salvo que se aprecie con evidencia que no se dan las situaciones previstas en dichos artículos* (…)»]. Es decir, el otorgamiento de la tutela cautelar no se condiciona en los recursos contra las actuaciones materiales constitutivas de vía de hecho a la existencia de una "apariencia de buen derecho" (esto es, la apariencia de que el recurrente ostenta, en efecto, el derecho que razonadamente alega lesionado por la actuación material impugnada), sino –tan solo– a que no exista una "evidencia de ausencia de tal derecho" (o, lo que es lo mismo, a que el recurso no carezca manifiestamente de fundamento). También en la generosidad del criterio de otorgamiento de la tutela cautelar (y no solo en su contenido típicamente *negatorio,* al que nos hemos referido antes) se manifiesta, así pues, el carácter en cierto modo *interdictal* del recurso contra las actuaciones materiales constitutivas de vía de hecho.

Por lo que respecta al criterio modular de la ponderación de los intereses en conflicto, cabe descartar que, no obstante no carecer el recurso de todo fundamento, pueda oponerse al otorgamiento de la tutela cautelar (al menos de la meramente *conservativa,* consistente en la condena cautelar a la Administración demanda a cesar provisionalmente en la actuación material impugnada) el argumento de que la misma puede ocasionar una «perturbación grave de los intereses generales o de tercero». Como ya se ha subrayado repetidas veces, no es posible admitir la existencia de un interés público preponderante en que no se interrumpa (siquiera provisionalmente) una actuación material limitadora de derechos que muy posiblemente se revelará contraria al ordenamiento jurídico. La valoración acaso pueda ser distinta (por ejemplo, cuando el recurso se dirija contra la realización de una gran obra pública) si, además de la medida cautelar conservativa, el recurrente solicita asimismo la adopción de la medida cautelar anticipatoria, esto es, la condena cautelar al restablecimiento provisional del *statu quo ante*. La razón es bien sencilla: mientras que el efecto lesivo que para las finanzas públicas supone ya la mera interrupción de los trabajos de realización de una obra pública parece soportable y exigible (insisto: siempre que el recurso no carezca manifiestamente de fundamento), quizás no lo sea (o, al menos, en la misma medida) el efecto financiero, mucho más lesivo aún, que se derivaría del restablecimiento provisional del *statu quo ante* a reserva de lo que en definitiva pueda resolver la sentencia de fondo.

Finalmente, se ha de recordar el carácter reglado (debido) del otorgamiento de la tutela cautelar siempre que concurran sus requisitos de fondo. Como se dijo, dicho carácter se deriva (en los supuestos de inactividad o vía de hecho administrativa) no solo del uso de la forma verbal imperativa en el artículo136.1 de la Ley («la medida cautelar *se adoptará*»), sino directamente del derecho fundamental a la tutela judicial efectiva (artículo 24.1 CE).

VI. EL PROCEDIMIENTO DE TUTELA CAUTELAR

1. Aspectos generales

1.1. *Momento procesal en que cabe solicitar la adopción de una medida cautelar*

El art. 129.1 de la LJCA establece, con carácter general, que las medidas cautelares podrán ser solicitadas "en cualquier estado del proceso". Sin embargo, la Ley introduce una excepción en el caso del recurso directo contra reglamentos. Según el art. 129.2 de la LJCA, "(s)i se impugnare una disposición general, y se solicitare la suspensión de la vigencia de los preceptos impugnados, la petición deberá efectuarse en el escrito de interposición o en el de demanda". Por lo tanto, la suspensión de la vigencia de los preceptos impugnados (a través de un recurso directo contra un reglamento) es la única medida cautelar cuya adopción solo puede ser solicitada en un momento procesal determinado, concretamente al inicio del proceso de instancia.

1.2. *La tramitación del incidente cautelar*

De acuerdo con lo dispuesto en el artículo 131 de la LJCA, el incidente cautelar se sustancia en pieza separada y con audiencia de la parte contraria. Esta audiencia se produce en un único trámite, que ordenará el letrado de la Administración de Justicia por un plazo que no excederá de diez día. Para evitar cualquier dilación innecesaria, la Ley dispone que si la Administración demandada no hubiere aún comparecido, la audiencia se entenderá con el órgano autor de la actividad impugnada (o cuya actividad se reclame).

El incidente cautelar será resuelto por auto dentro de los cinco días siguientes a la práctica del trámite de audiencia de la parte contraria.

2. Medidas cautelares provisionalísimas

El artículo 135 de la LJCA[41] prevé la posibilidad de que el juez cautelar adopte *inaudita parte debitoris* medidas *provisionalísimas* en tanto se sustancia el incidente cautelar, a fin de asegurar la efectividad de la resolución que pudiera recaer en el mismo. La medida provisionalísima consiste, por tanto, en hacer lugar con carácter inmediato a una solicitud de medidas cautelares –antes incluso de que se haya podido sustanciar el incidente cautelar propiamente dicho (esto es, sin haber oído a la parte contraria)– cuando así lo exija la efectividad del derecho a la tutela cautelar, incluido en el derecho fundamental a la tutela judicial efectiva (art. 24.1 CE). En este sentido, el art. 135 permite la adopción de la medida cautelar sin oír a la parte contraria en el plazo de dos días cuando concurran en el caso "circunstancias de especial urgencia". Ha de entenderse que concurren tales circunstancias siempre que exista el riesgo de que se puedan frustrar los efectos de una eventual resolución estimatoria de la pretensión cautelar ejercitada si no se adopta la medida con carácter inmediato.

Dada su naturaleza provisionalísima, no cabe recurso alguno contra el auto por el que se adopta *a limine* la medida cautelar, toda vez que es en esta misma resolución en la que el órgano judicial dará audiencia a la parte contraria para que en el plazo de tres días alegue lo que estime procedente o bien convocará a las partes a una comparecencia que habrá de celebrarse dentro de los tres días siguientes a la adopción de la medida. Recibidas las alegaciones o transcurrido el plazo en su caso o bien celebrada la comparecencia, el juez o tribunal dictará auto sobre el levantamiento, mantenimiento o modificación de la medida adoptada. Dicho de otro modo: acordada una medida provisionalísima, el trámite de audiencia de la parte contraria, que consiste, en esencia, en el incidente cautelar, se transforma en un trámite de audiencia o en una comparecencia sobre el levantamiento, mantenimiento o modificación de aquella. El auto que, evacuado el trámite de audiencia o celebrada dicha comparecencia, dicte el juez o tribunal –levantando, manteniendo o modificando la medida previamente adoptada de forma provisionalísima– es ya recurrible, como todo auto recaído en una pieza separada de tutela cautelar, conforme a las reglas generales.

---

[41] "1. Cuando los interesados alegaran la concurrencia de circunstancias de especial urgencia en el caso, el juez o tribunal sin oír a la parte contraria, en el plazo de dos días podrá mediante auto:

a) Apreciar las circunstancias de especial urgencia y adoptar o denegar la medida, conforme al artículo 130. Contra este auto no se dará recurso alguno. En la misma resolución el órgano judicial dará audiencia a la parte contraria para que en el plazo de tres días alegue lo que estime procedente o bien convocará a las partes a una comparecencia que habrá de celebrarse dentro de los tres días siguientes a la adopción de la medida. Recibidas las alegaciones o transcurrido el plazo en su caso o bien celebrada la comparecencia, el juez o tribunal dictará auto sobre el levantamiento, mantenimiento o modificación de la medida adoptada, el cual será recurrible conforme a las reglas generales.

En cuanto se refiere a la grabación de la comparecencia y a su documentación, serán aplicables las disposiciones contenidas en el artículo 63.

b) No apreciar las circunstancias de especial urgencia y ordenar la tramitación del incidente cautelar conforme al artículo 131, durante la cual los interesados no podrán solicitar nuevamente medida alguna al amparo del presente artículo.

2. En los supuestos que tengan relación con actuaciones de la Administración en materia de extranjería, asilo político y condición de refugiado que impliquen retorno y el afectado sea un menor de edad, el órgano jurisdiccional oirá al Ministerio Fiscal con carácter previo a dictar el auto al que hace referencia el apartado primero de este artículo".

De no apreciar el órgano judicial las circunstancias de especial urgencia alegadas por la parte que solicita la adopción de la medida cautelar de forma provisionalísima, el juez o tribunal ordenará la tramitación del incidente cautelar conforme a las reglas ordinarias previstas en el art. 131, durante la cual los interesados no podrán solicitar nuevamente medida alguna de carácter provisionalísimo al amparo del art. 135.

En los supuestos que tengan relación con actuaciones de la Administración en materia de extranjería, asilo político y condición de refugiado que impliquen retorno y el afectado sea un menor de edad, el órgano jurisdiccional oirá al Ministerio Fiscal con carácter previo a dictar el auto por el que se adopta la medida cautelar provisionalísima o bien se ordena la tramitación del incidente cautelar conforme a las reglas ordinarias previstas en el art. 131 (art. 135.2).

3. Medidas cautelares previas a la interposición del recurso

La LJCA prevé también la posibilidad de solicitar la adopción de medidas cautelares incluso con carácter previo a la interposición del recurso en los supuestos de inactividad o de vía de hecho (art. 136.2[42]). Tales solicitudes se tramitarán según las reglas propias de las medidas provisionalísimas, a que se ha hecho referencia en el apartado anterior, por lo que, de estimarse, la medida cautelar se adopta sin oír a la parte contraria. En tal caso, el interesado habrá de pedir su ratificación al interponer el recurso, lo que habrá de hacerse inexcusablemente en el plazo de diez días a contar desde la notificación de la adopción de las medidas cautelares. En los tres días siguientes, el letrado de la Administración de Justicia convocará la comparecencia sobre el levantamiento, mantenimiento o modificación de esta. De no interponerse el recurso, quedarán automáticamente sin efecto las medidas acordadas, debiendo el solicitante indemnizar de los daños y perjuicios que la medida cautelar haya producido.

VII. VIGENCIA, MODIFICACIÓN Y REVOCACIÓN DE LAS MEDIDAS CAUTELARES

1. Vigencia de las medidas cautelares

Según dispone el art. 132.1 de la LJCA, "(l)as medidas cautelares estarán en vigor hasta que recaiga sentencia firme que ponga fin al procedimiento en el que se hayan acordado, o hasta que este finalice por cualquiera de las causas previstas en esta Ley". Por tanto, la vigencia de las medidas cautelares no solo no cesa cuando la sentencia estimatoria del recurso es recurrida por la parte demandada,

[42] "2. En los supuestos del apartado anterior, las medidas también podrán solicitarse antes de la interposición del recurso, tramitándose conforme a lo dispuesto en el artículo precedente. En tal caso el interesado habrá de pedir su ratificación al interponer el recurso, lo que habrá de hacerse inexcusablemente en el plazo de diez días a contar desde la notificación de la adopción de las medidas cautelares. En los tres días siguientes, el Secretario judicial convocará la comparecencia a la que hace referencia el artículo anterior.

De no interponerse el recurso, quedarán automáticamente sin efecto las medidas acordadas, debiendo el solicitante indemnizar de los daños y perjuicios que la medida cautelar haya producido".

sino que tampoco lo hace –cuando la pretensión ejercitada en el proceso principal ha resultado finalmente desestimada en la sentencia de fondo– hasta que, al menos, haya expirado el plazo para recurrirla (si es que es susceptible de recurso). Si, existiendo tal posibilidad, la sentencia (desestimatoria) es recurrida en tiempo y forma, las medidas cautelares continuarán en vigor, a su vez, mientras no recaiga sentencia firme en el proceso *ad quem*. Todo ello sin perjuicio, eso sí, de la posibilidad de que las medidas cautelares resulten modificadas o revocadas, en los términos y condiciones a que nos referimos a continuación.

2. Modificación y revocación de las medidas cautelares

Al margen de la correspondiente vía de recurso –de apelación [art. 80.1.*a)*] o de casación [art. 87.1.*b)*]– los autos por los que se adoptan medidas cautelares también son modificables o aun revocables (bien por el propio órgano judicial que los adoptó, mientras no haya recaído sentencia en el proceso principal, bien por el Tribunal *ad quem*, si la sentencia recaída en el proceso *a quo* ha sido recurrida) "si cambiaran las circunstancias en virtud de las cuales se hubieran adoptado" (art. 132.1 *in fine*).

Sin embargo, la Ley aclara que no constituye un cambio de circunstancias que autorice a modificar o revocar una medida cautelar la mera revisión de la apreciación inicial acerca de la concurrencia de los requisitos para su adopción. En efecto, el art. 132.2 dispone en este sentido que "(n)o podrán modificarse o revocarse las medidas cautelares en razón de los distintos avances que se vayan haciendo durante el proceso respecto al análisis de las cuestiones formales o de fondo que configuran el debate, y, tampoco, en razón de la modificación de los criterios de valoración que el Juez o Tribunal aplicó a los hechos al decidir el incidente cautelar". Así pues, solo cambios extraprocesales permiten modificar o revocar la medida cautelar.

En todo caso, procede tener presente que estas reglas sobre modificación o revocación de medidas cautelares solo son de aplicación en los supuestos en que estas han sido adoptadas, no en los supuestos en que se ha denegado la adopción de medidas cautelares. La revocación de autos que deniegan la adopción de medidas cautelares solo es posible obtenerla en la correspondiente vía de recurso [artículos 80.1.*a)* y 87.1.*b)*] o reiterando la solicitud de medidas cautelares, en atención a nuevas circunstancias, "en cualquier estado del proceso" (art. 129.1).

VIII. DAÑOS Y PERJUICIOS DERIVADOS DE LAS MEDIDAS CAUTELARES

1. Medidas para evitar o paliar los perjuicios que pudieran derivarse de la medida cautelar. En particular, el condicionamiento de su adopción a la prestación de caución o garantía suficiente para responder de aquellos

El art. 133.1 de la LJCA establece que "cuando de la medida cautelar pudieran derivarse perjuicios de cualquier naturaleza, podrán acordarse las medidas que sean adecuadas para evitar o paliar dichos perjuicios. Igualmente podrá exigirse la presentación de caución o garantía suficiente para responder de aquellos".

Se trata de medidas de "contracautela" que permiten asegurar el equilibrio de los intereses en conflicto siempre que la adopción de la medida cautelar, en principio procedente, pueda ocasionar un perjuicio a la Administración demandada o a terceras personas. La misma posibilidad de su adopción impide, pues, fundar la denegación de una medida cautelar en el único argumento de que de esta pudiera resultar algún daño o perjuicio a los intereses públicos o de terceros. Así se desprende, por lo demás, de lo dispuesto en los artículos 130.2 y 136.1 *in fine*, que en estos casos solo autorizan a denegar la medida cautelar cuando de esta pudiera seguirse perturbación grave de los intereses generales o de tercero", esto es, una perturbación que, además de grave, no pueda resultar paliada en medida suficiente mediante la adopción de contramedidas como, en particular, la exigencia de prestación de una caución o garantía.

Adviértase que la Ley no configura como preceptiva, sino como meramente facultativa, la adopción de estas contramedidas ("*podrán* acordarse las medidas que sean adecuadas para evitar o paliar dichos perjuicios"; "*podrá* exigirse la presentación de caución o garantía suficiente para responder de aquellos"). Ello resulta de suma importancia en aquellos casos en que, dada la elevada cuantía de los daños y perjuicios que pudieran derivarse la medida cautelar, la imposición de cauciones económicas preceptivas equivale a hacer imposible en la práctica la medida cautelar. El derecho a la tutela cautelar, incluido en el derecho fundamental a la tutela judicial efectiva (art. 24.1 CE) exige, así pues, que los jueces y tribunales ejerzan su facultad (discrecional) de condicionar la adopción de medidas cautelares a la prestación de una caución o garantía de tal modo que la misma no haga virtualmente imposible o excesivamente difícil la obtención de dicha tutela.

Por lo que respecta a los aspectos formales de la caución o garantía, el art. 133.2 permite que la misma se constituya "en cualquiera de las formas admitidas en Derecho". En los casos en que la medida cautelar se condicione a la prestación de una caución o garantía, la medida cautelar no se llevará a efecto hasta que la caución o garantía esté constituida y acreditada en autos, o hasta que conste el cumplimiento de las medidas acordadas para evitar o paliar los perjuicios que pudieran derivarse de aquella.

2. Indemnización de los daños y perjuicios ocasionados por la medida cautelar a la Administración demandada o a terceras personas

El art. 133.3 de la LJCA dispone que "(l)evantada la medida por sentencia o por cualquier otra causa, la Administración, o la persona que pretendiere tener derecho a indemnización de los daños sufridos, podrá solicitar esta ante el propio órgano jurisdiccional por el trámite de los incidentes, dentro del año siguiente a la fecha del alzamiento. Si no se formulase la solicitud dentro de dicho plazo, se renunciase a la misma o no se acreditase el derecho, se cancelará la garantía constituida".

La acción indemnizatoria la pueden ejercitar tanto la Administración demandada como terceras personas [normalmente, codemandados en el sentido del art.

21.1.*b)*] que hayan sufrido daños o perjuicios ocasionados por la medida cautelar adoptada. Esto último sucede, en particular, cuando el litigio tiene por objeto o bien la anulación o bien la adopción de un acto administrativo de doble efecto, esto es, un acto que tiene al mismo tiempo efectos favorables para un sujeto y efectos gravosos o desfavorables para otro. Piénsese, así, en supuestos de impugnación de licencias, autorizaciones o concesiones por terceros o en aquellos otros en que se impugnan nombramientos de funcionarios por concursantes u opositores que no han obtenido la plaza. Lo mismo ocurre cuando se ejercitan pretensiones de condena con el objeto de que la Administración dirija un acto de gravamen a un tercero (por ejemplo, dicte una orden de cierre contra un establecimiento que carece de la licencia o autorización preceptiva). En estos supuestos la medida cautelar consistirá o bien en la suspensión de la eficacia del acto impugnado, o bien en la condena cautelar a la Administración demandada a adoptar con carácter provisional el acto solicitado. Como es obvio, cualquiera de estas dos medidas causará un perjuicio al destinatario del acto (la parte codemandada), en un caso porque se le impide beneficiarse de los efectos de un acto que le favorece (el acto suspendido), y en el otro porque se lo convierte en destinatario de un acto de gravamen o desfavorable.

La indemnización de los daños sufridos solo se la podrá solicitar, en todo caso, una vez levantada la medida cautelar por sentencia (desestimatoria firme de la pretensión de fondo) o por cualquier otra causa; por ejemplo, revocación de la medida cautelar como consecuencia de un cambio de circunstancias (art. 132.1) o anulación del auto que la acuerda en vía de recurso [artículos 80.1.*a)* u 87.1.*b)*].

IX. EJECUCIÓN DE LAS MEDIDAS CAUTELARES

La LJCA somete las medidas cautelares al mismo régimen de ejecución de las sentencias. En efecto, el art. 134 establece que "(e)l auto que acuerde la medida se comunicará al órgano administrativo correspondiente, el cual dispondrá su inmediato cumplimiento, siendo de aplicación lo dispuesto en el capítulo IV del Título IV, salvo el art. 104.2".

La razón por la que se excluye al art. 104.2 de la LJCA de la remisión genérica a las normas reguladoras del régimen de ejecución de sentencias (artículos 103-113) es obvia: dicho precepto no permite instar la ejecución forzosa de las sentencias que condenan a la Administración a realizar una determinada actividad o a dictar un acto mientras no hayan transcurrido dos meses a partir de la comunicación de la sentencia o desde que expirase el plazo fijado en esta para el cumplimiento del fallo. Es evidente que se frustraría la finalidad propia de las medidas cautelares positivas que imponen a la Administración demandada la emisión provisional del acto solicitado o la práctica provisional de la actuación reclamada si, en caso, de incumplimiento, no se pudiera instar su ejecución forzosa hasta al menos dos meses después de haberse comunicado la medida al órgano administrativo correspondiente o de haber expirado el plazo establecido en la misma para el cumplimiento de lo ordenado. Así pues, la parte interesada podrá solicitar la adopción de las medidas de ejecución (forzosa) a que se refiere el art. 108.1 de la

LJCA tan pronto como exista el peligro de que se pueda frustrar la finalidad de la medida cautelar acordada.

Si la medida cautelar se refiere a una disposición reglamentaria o a un acto administrativo que afecte a una pluralidad indeterminada de personas, el artículo 134.2 dispone que "(l)a suspensión de la vigencia de disposiciones de carácter general será publicada con arreglo a lo dispuesto en el artículo 107.2. Lo mismo se observará cuando la suspensión se refiera a un acto administrativo que afecte a una pluralidad indeterminada de personas".

BIBLIOGRAFÍA BÁSICA: SANTAMARÍA PASTOR, J. A.: *La Ley Reguladora de la Jurisdicción Contencioso-Administrativa. Comentario*, Iustel, Madrid, 2012; GARCÍA DE ENTERRÍA, E.: *La batalla por las medidas cautelares. Derecho comunitario europeo y proceso contencioso-administrativo español*, Civitas, Madrid, 2006.

BIBLIOGRAFÍA COMPLEMENTARIA: BACIGALUPO, M.: *La nueva tutela cautelar en el contencioso-administrativo*, Marcial Pons, Madrid, 1999; CHINCHILLA MARÍN, C.: *La tutela cautelar en la nueva justicia administrativa*, Civitas, Madrid, 1991; JIMÉNEZ PLAZA, C.: *El* fumus boni iuris*: un análisis jurisprudencial*, Iustel, Madrid, 2005; OSORIO ACOSTA, E.: *La suspensión jurisdiccional del acto administrativo*, Marcial Pons, Madrid, 1995; RODRÍGUEZ-ARANA MUÑOZ, J.: *La suspensión del acto administrativo (en vía de recurso)*, Montecorvo, Madrid, 1986

JURISPRUDENCIA DESTACADA:

No puede acordarse la suspensión de un acto administrativo ya ejecutado: STS de 05.02.04 (Rec. 7124/2001).

Procede en todo caso la suspensión del pago de tributos cuando su pago quede garantizado mediante el oportuno aval: SSTS de 15.03.04 (Rec. 8614/1998) y de 24.03.04 (Rec. 8573/1998).

Interpuesto un recurso contencioso-administrativo y solicitada en el mismo la suspensión de la ejecución del acto impugnado, la Administración no puede proceder a la ejecución ni continuar con la misma: STC 78/1996 (Rec. 2698/1993); STS de 17.07.01 (Rec. 503/1997).

Entre las medidas cautelares que cabe adoptar se cuentan las denominadas positivas, amparadas por el artículo 24.1 CE, con lo que se supera la antigua doctrina sobre la imposibilidad de suspender actos negativos: STS 13.11.00 (Rec. 10009/1997).

Doctrina general sobre la pérdida de la finalidad legítima del recurso: STS de 21.05.08 (Rec. 3464/2007).

Doctrina general sobre la apariencia de buen derecho: SSTS de 11.11.03 (Rec. 7323/1999) y de 29.09.08 (Rec. 1048/2007).

La eficacia de las medidas cautelares dictadas por la Sala de instancia debe mantenerse hasta la resolución del recurso de casación interpuesto contra la sentencia dictada en dicha instancia, aunque la sentencia fuere desestimatoria: STS de 26.05.03 (Rec. 5591/1999).